GERHARD DETER

Handwerksgerichtsbarkeit zwischen Absolutismus und Liberalismus

MÜNSTERISCHE BEITRÄGE ZUR RECHTSWISSENSCHAFT

Herausgegeben im Auftrag der Rechtswissenschaftlichen Fakultät
der Westfälischen Wilhelms-Universität in Münster durch die Professoren
Dr. Hans-Uwe Erichsen Dr. Helmut Kollhosser Dr. Jürgen Welp

Band 26

Handwerksgerichtsbarkeit zwischen Absolutismus und Liberalismus

Zur Geschichte der genossenschaftlichen Jurisdiktion in Westfalen im 18. und 19. Jahrhundert

Von

Dr. Gerhard Deter

DUNCKER & HUMBLOT / BERLIN

CIP-Kurztitelaufnahme der Deutschen Bibliothek

Deter, Gerhard:
Handwerksgerichtsbarkeit zwischen Absolutismus und Liberalismus: zur Geschichte d. genossenschaftl. Jurisdiktion in Westfalen im 18. u. 19. Jh. / von Gerhard Deter. – Berlin: Duncker und Humblot, 1987.
(Münsterische Beiträge zur Rechtswissenschaft; Bd. 26)
ISBN 3-428-06239-6

NE: GT

D 6

Satz: Klaus-Dieter Voigt, Berlin 61
Druck: Werner Hildebrand, Berlin 65
Printed in Germany
ISBN 3-428-06239-6

Für

Alfons und Alexander

Vorwort

Der vorliegende Band ist die Frucht einer von Herrn Prof. Dr. Hans-Jürgen Teuteberg angeregten Beschäftigung mit dem Schicksal des westfälischen Handwerks in der Epoche der Einführung der Gewerbefreiheit, die der Gewerbestand als eine Zeit der tiefen Krise und des langwährenden Umbruchs erlebte.

Es stellte sich bald heraus, daß die Handwerksgerichtsbarkeit des 18. und 19. Jahrhunderts der Komplexität der Problematik halber eines monographischen Versuchs bedurfte. Das nunmehr vorliegende Bild mußte wegen des Mangels an Vorarbeiten aus zahllosen Einzelsteinen zusammengefügt werden, und als Ertrag entstand kein alle regionalen Details erschöpfendes Handbuch, sondern der erstrebte Überblick über die letzte Lebensphase der Jurisdiktion der Handwerkerstandes.

Abschließend bleibt mir die angenehme Pflicht zu danken: Herrn Prof. Dr. Teuteberg, der den Fortgang der Untersuchung mit stets wachem Interesse begleitete, Herrn Prof. Dr. Holzhauer, der es mir ermöglichte, als wissenschaftlicher Mitarbeiter an seinem Lehrstuhl die Arbeit anzufertigen, sowie den Mitarbeitern der Stadtarchive Bielefeld, Herford, Minden, Münster, Paderborn und Soest, des Kreisarchivs Warendorf, des Staatsarchivs Detmold, des Bundesarchivs und des Zentralen Staatsarchivs Merseburg, vor allem aber des Staatsarchivs Münster. Die verläßliche Anfertigung des Manuskripts war Sache von Frau Elke Sellenriek, der ich an dieser Stelle nochmals herzlich danke.

Ferner bin ich den Herausgebern der „Münsterischen Beiträge zur Rechtswissenschaft“, die den Band in ihre Reihe aufnahmen, sowie dem Landschaftsverband Westfalen-Lippe und der Universität Münster für die Gewährung von Druckkostenzuschüssen zu Dank verpflichtet.

Münster, im Sommer 1986

G. D.

Inhaltsverzeichnis

I. Zur Fragestellung

Die Geschichte der Handwerksgerichtsbarkeit ist nicht allein ein Gegenstand der Rechtsgeschichte; sie steht vielmehr in engstem Zusammenhang mit der Wirtschafts- und Sozialgeschichte. Wenn diese Untersuchung dem Schicksal der standeseigenen Handwerksgerichtsbarkeit in der Zeit des Übergangs von den noch mittelalterlichen Formen des Alten Handwerks zu den Strukturen der Gegenwart gewidmet ist, so erfordert es der Untersuchungszweck, den Blick auch auf die sich wandelnden sozioökonomischen Bedingungen, unter denen das Handwerk wirtschaftete und lebte, zu richten. Im Mittelpunkt des Forschungsinteresses aber steht der Einfluß der staatlichen Gewerbepolitik des 18. und 19. Jahrhunderts auf diesen bis dahin weitgehend autonomen Rechtsbereich. Erklärtes Ziel der landesherrlichen Gewalt in jener Zeit war es, den tradierten gewerberechtlichen Rahmen, wie er sich in der Institution der Zunft entfaltet hatte, nach neuen Prinzipien zu ordnen. Als dann das Zunftwesen vollends beseitigt wurde, begann die – lange Zeit fruchtlose – Suche nach neuen Formen einer spezifischen Handwerksgerichtsbarkeit, welche nach dem Scheitern verschiedener berufszentrierter Modelle erst gegen Ende des 19. Jahrhunderts mit dem Aufbau der modernen, allgemeinen Arbeits- und Verwaltungsgerichtsbarkeit ihren endgültigen Abschluß fand. Den Auswirkungen dieser Politik auf das Rechtsleben nachzuspüren, ist Aufgabe der vorliegenden Untersuchung.

Den Begriff des Handwerks verwenden verpflichtet sogleich, ihn zu klären. Da es eine unumstrittene Nomenklatur der im 18. und 19. Jahrhundert zum Handwerk gehörigen Professionen weder gab noch gibt, eröffnet sich die Möglichkeit, einen speziell auf das hier verfolgte, konkrete Forschungsziel zugeschnittenen Handwerksbegriff zu kreieren. Handwerk im Sinne dieser Untersuchung soll das für den lokalen Markt produzierende, ortsgebundene Kleingewerbe sein. Damit sind die auf den großräumigen Absatz ausgerichtete Manufaktur und die Fabrik ebenso wie das weit verbreitete Verlagsgewerbe ausgeschlossen. Diese Beschränkung zeitigt die erwünschte Folge, daß die Zunftgerichtsbarkeit des 18. Jahrhunderts zu einem der zentralen Untersuchungsgegenstände wird, die vielbeschriebene spezifische Jurisdiktion des Großgewerbes hingegen, die sich gegen Ende dieses Jahrhunderts lebhaft zu entwickeln begann, ausgeschlossen bleibt.

Unsere bisherigen Kenntnisse von der Handwerksgerichtsbarkeit sind durchaus begrenzte: Sie beruhen weitestgehend auf älteren Darstellungen des mittelalterlichen Zunfthandwerks, die ihre Aufmerksamkeit en passant auch der standeseigenen Jurisdiktion widmeten, sich gewöhnlich aber auf die Auswertung der Zunftstatuten, Rechtsquellen also, beschränkten. Eine monographische Behandlung hat das Thema allein durch die aus dem vorigen Jahrhundert stammende Arbeit von Neuburg (1880) erfahren, die zudem bereits mit dem 16. Jahrhundert abschließt. Für das 18. Jahrhundert fehlt es an einer Erforschung dieses Bereichs der Rechtsgeschichte beinahe vollständig. Lediglich die Arbeiten Wolfram Fischers, insbesondere seine Dissertation (1955), schenken der Handwerksgerichtsbarkeit einige Aufmerksamkeit. Gleichwohl wurde das Schicksal der Jurisdiktion der *Gewerbe* im 19. Jahrhundert zum Gegenstand zahlreicher Untersuchungen und eines dauerhaften, auch neuerdings nicht nachlassenden Interesses der rechtshistorischen Forschung. Hier sind insbesondere die Arbeiten von Gottlieb (1831), Meißner (1846), Eberty (1869), Ferié (1873), Stieda (1890 und 1900), Stein (1891), Schönberg (1896), Berléung (1906), Teuteberg (1961), Brexl (1971) sowie neuerdings Bernert (1982), Willoweit (1982), Schloßstein (1982), Globig (1985) und Schöttler (1985) zu nennen. Ihnen allen ist die ausschließliche Beschäftigung mit der sog. Fabrikengerichtsbarkeit, deren Gegenstand eben nur die Sondergerichtsbarkeit der Großgewerbe, der Fabriken und des Verlagswesens war, gemeinsam. Das für den lokalen Markt produzierende Handwerk und seine Standesgerichtsbarkeit hingegen blieben völlig unberücksichtigt. Dies hat verschiedene Gründe: Das die Rechtsgeschichte naturgemäß beherrschende Interesse an der Gesetzgebung und den nachhaltig wirkenden Institutionen verstellt den Blick auf gewohnheitsrechtliches Fortleben überholter genossenschaftlicher Einrichtungen und erfolglos gebliebener Versuche zur Etablierung neuer Formen der Handwerksgerichtsbarkeit, wie sie für das 19. Jahrhundert so typisch sind. Zudem läßt der in diesen Zeitraum fallende Übergang vom gewerblichen Klein- zum unternehmerischen Großbetrieb das Interesse an der Rechtsgeschichte des vermeintlich auf der Verliererseite stehenden Handwerks obsolet erscheinen. Diese allzu einseitige Betrachtung übersieht allerdings, daß die Industriewirtschaft erst nach 1850 ihren eigentlichen Siegeslauf begann und daß die Zahl der im lokal beschränkten Kleingewerbe tätigen Meister und Gesellen noch lange über diesen Zeitpunkt hinaus die Anzahl der Industriebeschäftigten weit überstieg. Schon deshalb verdienen die das Handwerk betreffenden Entwicklungen die Aufmerksamkeit des Rechtshistorikers.

Es ist demnach nicht nur für die Rechtsgeschichte des 19. Jahrhunderts wichtig genug zu wissen, ob die innerhalb des spezifisch handwerklichen Produktionssystems und im Zusammenhang mit diesem entstandenen Streitigkeiten standesgerichtlich entschieden wurden, ob man sich auf Schiedsgerichte verständigte, ob die ordentliche Gerichtsbarkeit tätig wurde oder ob sich der Staat selbst durch seine Verwaltungsorgane die Entscheidung vorbehielt. Im Gewerberecht des Alten Reiches war gerade die Jurisdiktion stets einer der zentralen Streitpunkte gewesen. Während des 18. Jahrhunderts geriet dann die Absicht der Zünfte, die autonome Standesgerichtsbarkeit aufrechtzuerhalten, in immer deutlicheren Gegensatz zur Landesherrschaft, die nunmehr entschlossen war, ihre eigene Jurisdiktion durchzusetzen. Damit war bereits das Spannungsverhältnis zwischen einer Sondergerichtsbarkeit auf genossenschaftlicher Grundlage einerseits und der ordentlichen Gerichtsbarkeit bzw. einer zumindest staatlich beaufsichtigten Sondergerichtsbarkeit[1] andererseits vorgegeben, welches das 19. Jahrhundert beherrschen sollte.

Diesem Neben- und Gegeneinander der verschiedenen Spruchkörper und Gerichtsgewalten nachzuspüren, ist Aufgabe der folgenden Untersuchung. Dazu reicht es allerdings nicht aus, in bewährter rechtshistorischer Manier den Gang der einschlägigen Gesetzgebung nachzuzeichnen und die einzelnen Bestimmungen in einen größeren Zusammenhang zu stellen. Vielmehr soll in unmittelbarer Auseinandersetzung mit allen zu Gebote stehenden Quellengattungen ein getreuliches Abbild der verschiedenen Rechtswege in ihrer Bedeutung für die Rechtswirklichkeit des Handwerks geschaffen werden. Zu den wichtigsten Erträgnissen der neueren Handwerksgeschichtsschreibung gehört gerade die Erkenntnis, daß die „alte", ausschließlich rechtshistorisch orientierte Zunftgeschichte zu sehr auf die Rechtsquellen vertraute. K. H. Kaufhold entwickelte in seiner Studie über das Hildesheimer Handwerk des 18. Jahrhunderts einen neuen, überaus fruchtbaren Ansatz, indem er das Augenmerk auf den frappanten Gegensatz zwischen Rechtssatz und Rechtswirklichkeit lenkte und feststellte, „daß . . . die Verengung der Zunftvorschriften, vor allem aber deren Wirkungen nicht so weitgehend waren, wie die Literatur überwiegend annimmt."[2] Daß diese schlichte Erkenntnis einem Wirtschafts- und nicht einem Rechtshistoriker zu verdanken ist, dürfte kein Zufall sein. Ist der Rechtsgeschichte durch ihre Fixierung auf die publizierten Rechtsquellen doch weitgehend der Blick auf die Rechtswirklichkeit, das eigentliche soziale Leben, den Alltag der Rechtssubjekte verstellt[3] – ein Mangel, der gelegentlich selbst sozialgeschichtlichen Untersuchungen, soweit sie sich mit dem Alten Handwerk beschäftigen, anhaftet[4].

Daß die Wahl des Untersuchungsgebiets auf den Raum Westfalen (unter Einschluß des erst im 19. Jahrhundert hinzugekommenen Siegen-Wittgensteiner Landes) fiel, hat seine simple Ursache in dem größeren Kontext, in welchem die vorliegende Darstellung der Handwerksgerichtsbarkeit entstanden ist. Da sie sich als Teil einer umfassenden Erarbeitung der Geschichte des

---

[1] Eine solche entwickelte sich in Frankreich und Preußen für den Bereich des Arbeitsrechts im Großgewerbe bereits am Ende des 18. Jahrhunderts.

[2] *Kaufhold* (1968), S. 282; s. dazu auch *Jeschke* (1977), S. 4, 5. Ähnliches hat jüngst *Schröder* (1984) für den Bereich des mittelalterlichen Arbeitsrechts unternommen.

[3] So erst neuerdings von *Scherner / Willoweit* (1982), S. 1 konstatiert.

[4] Dies gilt auch noch für die neueste Forschung; vgl. die beachtenswerte Kritik *Wesoly's* (1985), S. 10 an der Arbeit von *Reininghaus*, Zur Entstehung der Gesellengilden im Spätmittelalter (1981).

westfälischen Handwerks versteht, war das Untersuchungsgebiet vorgegeben. Der Untersuchungszeitraum ist durch zwei bedeutende Gesetzgebungswerke begrenzt: Am Beginn der Darstellung steht der Reichsabschied des Jahres 1731, und am Ende die Gewerbeordnung des Norddeutschen Bundes aus dem Jahre 1869[5]. Zwischen Reichsabschied und Gewerbeordnung dehnt sich die Phase der großen Reformen, welche den zentralen Gegenstand der Untersuchungen zur Geschichte des westfälischen Handwerks bildet. Lediglich für das Fürstentum Münster, wo die Reform der Handwerksgerichtsbarkeit weit früher, mit einem bis zum Ende der geistlichen Herrschaft im Jahre 1803 fortgeltenden Rezeß des Jahres 1632[6], begann, wird die Betrachtung bis ins 17. Jahrhundert hinein erweitert.

Da im Mittelpunkt des gesamten Forschungsvorhabens der Übergang von der Zunftverfassung zur Gewerbefreiheit und die Suche des Handwerks nach neuen Organisationsformen steht, wurde bei der Auswahl des Quellenmaterials zur Zunftzeit gerade den letzten Jahrzehnten des 18. Jahrhunderts besondere Beachtung geschenkt. Die verschiedenen Reformmaßnahmen, die nach 1869 ergriffen wurden, insbesondere die Etablierung einer selbständigen Arbeitsgerichtsbarkeit, finden hingegen keine Berücksichtigung mehr, da sie bereits unmittelbar zur Gegenwart hinüberleiten.

Die Untersuchung will einen Überblick über die Handwerksgerichtsbarkeit im Raum Westfalen geben. Primäres Erkenntnisziel ist es demnach, dies sei nachdrücklich betont, nicht, lokale Verhältnisse zu erhellen, sondern aus der verwirrenden Fülle der örtlichen und regionalen Sonderungen die den Rechtshistoriker interessierenden, tragenden Wesenszüge des Forschungsgegenstandes zu destillieren. Daraus folgt für die Auswahl der Quellen, daß insbesondere die Akten der Mittelinstanzen und Zentralbehörden im Staatsarchiv Münster, dem Zentralen Staatsarchiv Merseburg und dem Bundesarchiv, Außenstelle Frankfurt, herangezogen wurden. Auf die Bestände der zahlreichen Kreis- und Stadtarchive Westfalens wurde immer dann zurückgegriffen, wenn das staatliche Archivgut nicht hinreichte, um unausweichliche Fragen in der erforderlichen Vollständigkeit beantworten zu können.

---

[5] Gewerbeordnung vom 21. 6. 1869, in: Bundesgesetzblatt 1869, S. 245 ff., weitgehend übernommen in die Reichsgewerbeordnung vom 17. 7. 1878, in: Reichsgesetzblatt 1878, S. 199 ff.

[6] z. B. Recessus restitutorius für die Stadt Vreden vom 15. März 1632, abgedruckt bei *Terhalle* (1983), S. 107 ff.

II. Die standeseigene Gerichtsbarkeit der Handwerker zur Zunftzeit

1. Die Gerichtsbarkeit der Ämter und Gilden

Der Kernbereich des Standesbewußtseins des Alten Handwerks wurde durch die Befugnis der Meister und Gesellen markiert, in eigenen Angelegenheiten Recht zu sprechen. Die autonome Jurisdiktion stand für die Bewahrung des guten alten Rechts und die Fortdauer der tradierten Sozialverfassung, die Meister wie Gesellen gleichermaßen zu verteidigen entschlossen waren[1]. Das jeweilige Kräfteverhältnis der Kontrahenten in dem mehr als ein Jahrhundert währenden Kampf um die Autojurisdiktion der Zünfte offenbart seismographisch den Grad der Autonomie, den sich die Korporationen gegenüber Reichsgerichten, Landesherrschaft und städtischem Rat bewahren konnten. Damit weist die Bedeutung der Geschichte der Gewerbegerichtsbarkeit im 18. und beginnenden 19. Jahrhundert weit über das rechtshistorische Erkenntnisinteresse im engeren Sinne hinaus; es tritt ein wichtiges Stück Herrschaftsstruktur des Alten Reiches in den Blick. Das zähe Festhalten an ihrer standeseigenen Rechtsprechung einte Meister und Gesellen ungeachtet ihrer sonstigen, gegen Ende des 18. Jahrhunderts heftiger denn je aufbrechenden Divergenzen. Das schließt nicht aus, daß die Meister und die Obrigkeit schließlich doch gemeinsam versuchten, die Gesellengerichtsbarkeit auszuschalten. Diese blieb aber, mancherorts jedenfalls, bestehen und vermochte es trotz der heftigen Angriffe mancher Landesherrschaft, insbesondere Preußens, noch bis ins 19. Jahrhundert hinein, ihren Entschlüssen Geltung zu verschaffen und so Selbstverständnis und Selbstbewußtsein der korporierten Gesellen maßgeblich zu beeinflussen. Infolge der erstaunlichen Konsistenz der Gesellen- und Meisterorganisationen fand der preußische Absolutismus einen entschlossenen Gegner, wenngleich in Westfalen, der Überschaubarkeit der Stadtgemeinden wegen, die Auseinandersetzungen nicht zu solchen Eruptionen führten, wie sie aus Berlin und den Reichsstädten Süddeutschlands bekannt und vielfach beschrieben worden sind[2]. Erst als sich der Staat wie auch das Kleingewerbe in der ersten Hälfte des 19. Jahrhunderts zu neuen Formen wandelten, wurde dem jahrzehntelangen Konflikt der Boden entzogen.

---

[1] Zur Geschichte der Gewerbegerichtsbarkeit im Mittelalter s. *Schmitz* (1894), S. 3 ff.; *Neuburg* (1966), insbes. S. 199 – 309; *Schloßstein* (1982), S. 32, 33, 36 ff.

[2] Vgl. dazu neuerdings umfassend *Grießinger* (1981).

Der Blick auf die beeindruckende Fassade zünftiger Autonomie, die ihren überzeugendsten Ausdruck eben in der Autojurisdiktion der Handwerkerverbände fand, darf aber nicht vergessen machen, daß die Masse der westfälischen Handwerker zur Zunftzeit nicht an der selbstorganisierten Herrschaftsausübung der Ämter und Gilden teilhatte. Nicht nur die zahllosen Landhandwerker, die die Mehrheit der Gewerbetreibenden ausmachten, waren davon weitestgehend ausgeschlossen; ebensowenig wie diese hatten die Professionisten, die sich mit einer der grundsätzlich zunftfreien gewerblichen Tätigkeiten befaßten oder solche Berufsangehörigen, die in Städten, in denen man keine Zünfte kannte bzw. in solchen Orten, in denen es jedenfalls für ihre Profession keine Gilde gab und die sich auch nicht überörtlichen Zünften angeschlossen hatten, Anteil an der Jurisdiktion der Korporationen. So relativiert sich die Bedeutung der Zunftgerichtsbarkeit – ein Umstand, der in der – ohnehin spärlichen – einschlägigen Literatur mangels quantitativer Analyse zumeist übersehen wird. Auch in Westfalen mit seinem ungemein ausgedehnten Landhandwerk verdient die Sondergerichtsbarkeit der Korporationen weniger wegen ihres Umfangs besondere Beachtung; sie ist aber als ein wichtiger Markstein auf dem Weg zur Beteiligung sach- und fachkundiger Rechtsgenossen an der Rechtsprechung, wie sie seit langem zur alltäglichen Praxis gehört, von bleibendem Interesse.

Die berufsständische Gerichtsbarkeit, die den stolzen Geist handwerklicher Autonomie in so unnachahmlicher Weise verkörperte, entwickelte sich je nach Ort bzw. Gewerbe ganz unterschiedlich[3]. Maßgebend für die Gestalt der zünftigen Jurisdiktion war vor allem die Art und Intensität der Einflußnahme der Landes- und Stadtherrschaft auf die Korporationen, oder aber die Abwesenheit solcher von außen einwirkender, die Physiognomie der Zunft tiefgreifend prägender Kräfte. Demgemäß fand die Rechtsprechung der Handwerker ihre sichtbarste und reinste Ausbildung in den Städten, in denen die Zünfte die Stadtherrschaft ausübten oder doch wenigstens an ihr teilhatten.

Mit der gebotenen Zurückhaltung gegenüber unangemessenen Simplifizierungen läßt sich aus der Vielzahl der landschaftlichen und lokalen Sonderungen doch ein Katalog derjenigen typischen Zuständigkeiten destillieren, die Macht und Ansehen der korporativen Gerichtsbarkeit der Meister wie der Gesellen bis ins 19. Jahrhundert hinein begründeten.

- Nach Ortloff[4], dem wohl besten Kenner des Handwerksrechts zu Beginn des 19. Jahrhunderts, begriff die Zunftgerichtsbarkeit die „Rechte jeder

[3] Im 18. Jahrhundert hatte man in großen Städten (Hamburg, Regensburg, Augsburg) und im Lande Württemberg eigene Handwerksgerichte konstituiert; s. dazu *Berléung* (1906), S. 4, 5.

[4] *Ortloff* (1803), S. 141.

einzelnen Zunft in sich, ihre Handwerksgesetze und -gewohnheiten unter sich aufrechtzuerhalten und Vergehen der Zunftglieder gegen diese durch eine summarisch vorgenommene Untersuchung und darauf erfolgtes Erkenntniß, durch Büssungen (geringe Geldstrafen), vor offener Lade in Gegenwart eines obrigkeitlichen Beysitzers, auszugleichen und vorzubeugen".

Besonders wichtig war das von Ortloff eigens genannte Recht der Zünfte, einen Genossen, der wegen eines Vergehens oder Verbrechens durch die ordentlichen Gerichte verurteilt worden war, zusätzlich mit einer Handwerksstrafe belegen zu dürfen[5] – ein Privileg, welches nach der Ausdehnung der Zuständigkeit der ordentlichen Gerichtsbarkeit auf Handwerkssachen während des 18. Jahrhunderts von größter Bedeutung für den Fortbestand der Zunftgerichtsbarkeit wurde.

- Nach Stieda[6] lassen sich idealtypisch vier Gruppen von Streitigkeiten unterscheiden, die ursprünglich der Zunftgerichtsbarkeit unterworfen waren:
  1. Differenzen in Bezug auf den materiellen Inhalt der Zunftstatuten und sonstiger seitens der Obrigkeit erlassener Vorschriften
  2. Streitigkeiten der Genossen einer Zunft untereinander
  3. Streitigkeiten der Meister mit ihren Gesellen und Lehrlingen[7]
  4. Streitigkeiten der Zünfte untereinander über die von der Obrigkeit gezogenen Grenzen ihrer Tätigkeit[8].
- Eberty[9] bringt diese etwas umständliche Aufreihung auf den Punkt, indem er lapidar feststellt, „Zunftgerichte entschieden über innere Streitigkeiten". Dem fügt er zutreffend hinzu, daß diese Jurisdiktion – und damit nennt er geradezu eines ihrer Charakteristika – häufig mit der von dem Rat oder besonderen Behörden geübten Gewerbegerichtsbarkeit kollidierte.

Grosso modo gilt somit, daß den Zünften die Ahndung von Verstößen gegen die Zunftordnung oblag, während die städtischen Behörden Zuwiderhandlungen gegen Gewerbevorschriften verfolgten. Alle Streitigkeiten unter Amtsgenossen zog man zunächst vor das eigene Forum, ehe die ordentlichen Gerichte damit befaßt wurden. Die Gesetzgebung des 18. Jahrhunderts aller-

[5] *Ortloff* (1803), S. 147.

[6] *Stieda* (1890), S. 14 f.

[7] Der Gedanke, arbeitsrechtliche Streitigkeiten durch besondere, zu diesem Zweck geschaffene Gerichte entscheiden zu lassen, geht bereits auf das Ende des 13. Jahrhunderts zurück, s. *Syrup / Neuloh* (1957), S. 150; *Bergemann* (1931); *Schmitz* (1894).

[8] Die von *Syrup / Neuloh* (1957), S. 150 geäußerte Ansicht, die Zunftgerichtsbarkeit habe sich seit dem 16. Jahrhundert nur noch auf die Rechtsprechung innerhalb der Innungen bei Lehrlingsstreitigkeiten erstreckt, ist demnach völlig verfehlt.

[9] *Eberty* (1869), S. 3.

dings kehrte dieses Verhältnis zunehmend um, so daß die Zunftgerichte legal allenfalls nach vorherigem Eingreifen der ordentlichen Gerichte tätig werden durften.

Die Kompetenz der Zunftgerichte ging schließlich, und dies darf nicht übersehen werden, über den engeren jurisdiktionellen Bereich hinaus: Wie dem Mittelalter die Trennung von Justiz und Verwaltung überhaupt unbekannt war, so waren die Zunftgerichte ursprünglich nicht auf eigentlich rechtsprechende Aufgaben beschränkt; ihrer Verwaltungstätigkeit kam größere Bedeutung zu. Wesentlich war vor allem die Gewerbeaufsicht, die aber in den meisten Territorien während des 18. Jahrhunderts durch den Erlaß von Polizeiordnungen auf die städtischen Magistrate überging und damit dem polizeilichen Rechtsgebot unterworfen wurde[10].

Damit ist zwar noch keine erschöpfende Beschreibung der lokal und regional so ungemein verschieden ausgebildeten Zuständigkeiten der zünftigen Gewerbegerichtsbarkeit gegeben. Die knappe Charakterisierung läßt in diesem Fall aber die historische Wirklichkeit eher erahnen als die vollständige Aufzählung, welche notwendig scheitern muß: Die Kompetenzen waren, auch hier darf man sich von moderner, den historischen Gegebenheiten völlig fremder Klarheit und Perfektion nicht täuschen lassen, keineswegs scharf gegeneinander abgegrenzt[11]: Exakte Feststellungen zur sachlichen und örtlichen Zuständigkeit der Zunftgerichte lassen sich nur anhand der Gildebriefe und Privilegien, soweit diese einschlägige Regelungen enthalten, für einzelne Zünfte treffen. Fehlen, wie so häufig, ausdrückliche Bestimmungen völlig, so steht man auf dem schwankenden Boden jahrhundertealter, nicht fixierter Gewohnheiten, die sich weitgehend dem Zugriff des Historikers entziehen[12].

Es war demnach eine wenig faßbare Zuständigkeits- und Kompetenzvielfalt, die der Zunftgerichtsbarkeit eignete.

---

[10] s. dazu *Schmelzeisen* (1967), S. 16, 17; *Piesch* (1958), S. 81; Art. 6 – 8 der Fstl. Paderbornischen Polizeiordnung von 1665 (1785), S. 16 ff.; Tit. 22 – 27 der Chur-Cöllnischen Herzogthumbs Westphalen Verbesserten Policey-Ordnung De Anno 1723, (o. O.); §§ 44 – 56 der Gräflich Sayn-Hohen- und Wittgensteinischen Policeyordnung für die Stadt Laasphe, Berleburg 1772; § 42 – 66 der Gräflich-Sayn-Wittgensteinischen Policey-Ordnung, Biedenkopf 1776; Art. 9 der Polizeiordnung der Reichsgrafschaft Steinfurt (1622) gar wollte die Gilden gleich vollständig beseitigen; aus dem Zusammenhang ergibt sich allerdings, daß das Verbot nicht die Handwerksverbände, sondern die ebenfalls als Gilden bezeichneten Geselligkeitsvereine betroffen haben dürfte. Die „Policey-Ordnung der Stadt Münster“ (1740) enthält keine Bestimmungen zur Gewerbeaufsicht.

[11] Eine bestimmte und einheitliche Abgrenzung der Zuständigkeiten der Zunftgerichtsbarkeit ist selbst innerhalb derselben Stadt nicht nachweisbar, s. dazu *Stieda* (1890), S. 21.

[12] Grundsätzliches zur Jurisdiktion der Zünfte findet sich bei *Gierke* (1957), S. 396 ff.

Und dieses kaum rationale Nebeneinander und Gegeneinander verschiedener Gewohnheiten und Bestimmungen galt in gleicher Weise auch für die Zusammensetzung der Spruchkörper und für die Rechtszüge. Die genossenschaftlich gebildeten Zunftgerichte stellten ursprünglich eine Art von Standesgerichten dar, wie sie dem Mittelalter eigentümlich waren. Ausgeübt wurde die Gerichtsbarkeit teils durch Älterleute (auch Ober- oder Altmeister, in Ostwestfalen „Dechen" genannt) oder Geschworene, teils durch besonders gewählte Gerichte[13]. In ausdrücklich vorgesehenen Fällen konnte die Streitentscheidung auch durch die sog. Morgensprache, die Generalversammlung der Amtsgenossen also, erfolgen[14].

Insgesamt war die zünftige Rechtsprechung durch ein „formalisiert feierliches"[15], aber doch einfaches Verfahren gekennzeichnet. Gegen alle Verdikte des Zunftgerichts konnte der Betroffene an den städtischen Magistrat oder den ordentlichen Richter appellieren, gegen dessen Urteil dann der weitere Rechtsweg offenstand[16]. Der von der Zunft Bestrafte erschien in diesem Falle als Kläger, die gesamte Zunft als Beklagte. Daneben bestanden als tradierte Rechtsmittelinstanzen die Zunftgerichte anderer Städte fort. So war Rheine beispielsweise „Oberhof" für Handwerksstreitigkeiten der Ämter und Gilden der Grafschaft Bentheim[17]. Daß diese Art der Gerichtsverfassung den Hilfskräften im Arbeitsrechtsstreit keinen hinreichenden Rechtsschutz bot, liegt klar zutage. Denn was nützte es den Hilfskräften, denen die Zunft nicht Recht geschaffen hatte, bei einem städtischen Rat Berufung einzulegen, der selbst nichts als die bloße Exekutive der Zünfte war?[18]

Die regelmäßigen Gerichtstermine, die fixierten Strafen, vor allem aber die Fähigkeit der Zünfte, durch ihre über Jahrhunderte erprobte, stabile Organisation die Vollstreckung ihrer Verdikte zu gewährleisten, schufen, sieht man von den vielbeklagten „Mißbräuchen" einmal ab, doch eine gewisse Rechtssicherheit. Das schließt allerdings nicht aus, daß die Maßnahmen und Entscheidungen der Zunftgerichte auch von Vorurteilen und Leidenschaften diktiert sein konnten, so daß Fehlentscheidungen nicht selten waren[19]. Wie leicht aber wog dieser Mangel gegenüber dem Mehr an Macht und Selbstvertrauen, welches den verbundenen Handwerkern aus der autonomen Jurisdiktion ihres Standes zuwuchs!

---

[13] Dazu allgemein (ohne spezielle Bezugnahme auf Westfalen) *Schmitz* (1894), S. 3, 7.

[14] Zur Entwicklung der handwerklichen Gerichtsbarkeit bis 1731 vgl. *Schmitz* (1894), S. 3 ff.; *Ortloff* (1803), S. 146 geht davon aus, daß im Grundsatz immer die Zunftversammlung entschied.

[15] So *Schloßstein* (1982), S. 39.

[16] *Ortloff* (1803), § 37, S. 150.

[17] *Specht* (1975), S. 245.

[18] Vgl. zur Gesellengerichtsbarkeit knapp *Schönlank* (1892), S. 820 - 833 (824).

[19] *Wissell* (1929), Bd. 1, S. 191.

Die der Gerichtsbarkeit der Ämter und Gilden gemäße Rechtsquelle war das handwerkliche Gewohnheitsrecht. Bis ins 19. Jahrhundert hinein gab es zahlreiche Rechtsnormen, die nicht mit Hilfe der ordentlichen Gerichte durchgesetzt wurden, sondern ihre Fortgeltung durch die Jahrhunderte der tiefen Achtung verdankten, die die in der mittelalterlichen Vorstellungswelt verhafteten Rechtsgenossen der heimlichen Gerichtsbarkeit entgegenbrachten. Die handwerklichen Gewohnheiten, das im Denken der jeweils Lebenden zeitlose, von Generation zu Generation mündlich überlieferte, durch Alter, allgemeine Anerkennung und das Fluidum des Geheimnisses geheiligte Recht fand die ihm gemäße Anwendung in der Jurisdiktion der Ämter und Gilden. Der für sakrosankt erachteten Tradition, aber auch der größeren Sachnähe wegen gingen diese Handwerksgewohnheiten, die jeweils nur für bestimmte Gewerke Geltung beanspruchen konnten, nach Zunftbrauch den geschriebenen Gesetzen vor[20]. Dieser Grundsatz, der dem Anspruch des Staates auf Anerkennung seiner Normen zutiefst widersprach, war ursächlich für so manche Auseinandersetzung zwischen der Obrigkeit und den Handwerkern. Das wenig geregelte Nebeneinander zahlreicher Rechtsquellen ganz unterschiedlichen Ursprungs hatte zur Folge, daß die Verwirrung allgemein war und niemand genau wußte, welche Kompetenzen die Ämter kraft Gewohnheitsrechts erworben hatten und welche ihnen durch die Landesherrschaft zugestanden worden waren[21].

So etwa läßt sich – generalisierend allerdings – der ursprüngliche Zustand der handwerklichen Jurisdiktion beschreiben, der bestand, bevor die Einwirkung der Landesherren vielfältige Modifizierungen brachte. Die mannigfachen Versuche, die das Reich bzw. die einzelnen Territorien insbesondere während des 18. Jahrhunderts unternahmen, um die Zunft- und Gesellengerichte staatlicher Kontrolle zu unterwerfen, ihre Kompetenzen zu beschneiden oder sie gar ganz aufzuheben, bedeuteten zwar keine flächendeckende und einheitliche Reform der zünftigen Autojurisdiktion, hinterließen gleichwohl aber in der je eigenen Zunftgerichtsbarkeit der westfälischen Territorien sichtbare Spuren, ja, formten spezifische Gestaltungen, denen es, will man der historischen Wirklichkeit in ihrer in langen Jahrhunderten gewachsenen Vielfalt gerecht werden, nachzuspüren gilt.

Schließlich drängt sich die Frage auf, wie es unter der Herrschaft der während des 18. Jahrhunderts mit Macht erstarkenden Staatsgewalt um die Durchsetzung der von den genossenschaftlichen Gerichten gefundenen

---

20 *Ortloff* (1803), S. 22, 23.

21 *Stieda* (1890), S. 2.

Urteile bestellt war. Lange Zeit war man unter dem maßgeblichen Einfluß Gustav Schmollers, der, beeindruckt von der preußischen Regelungsfülle, angenommen hatte, daß die autonome Gerichtsbarkeit der Zünfte während des 18. Jahrhunderts beseitigt worden sei, davon ausgegangen, überall im Reich hätte die Jurisdiktion der Handwerker während dieser Zeit tatsächlich ihren Einfluß verloren.

So glaubte Schmitz[22], infolge der Bestimmungen des Reichsschlusses über die handwerkliche Jurisdiktion sei die Durchsetzungskraft der Zunftgerichte allmählich geschwunden. Der Zunftgerichtsbarkeit sei schließlich, den Vorschriften entsprechend, nur noch die Rechtsprechung über geringfügige Handwerksangelegenheiten verblieben. Streitigkeiten der Zünfte untereinander sowie der einzelnen Zunftmitglieder mit ihren Auftraggebern wegen der Qualität der Waren, auch Streitigkeiten zwischen Meistern und Gesellen seien regelmäßig vor den ordentlichen Gerichten ausgetragen worden.

Ebenso hatte Stieda undifferenziert die Auffassung vertreten, daß der größte Teil der gewerblichen Streitigkeiten im 18. Jahrhundert von den Polizeibehörden oder den ordentlichen Gerichten entschieden worden sei. Macht und Ansehen der Gerichtsbarkeit der Zünfte dagegen seien ins Wanken geraten und hätten schließlich nur noch eine geringe Rolle gespielt[23]. Die Morgensprache habe ihren Verdikten keine Geltung mehr verschaffen können. Schließlich sei sie nicht mehr mit richterlichen Entscheidungen befaßt gewesen, sondern habe sich auf Versuche zum friedlichen Vergleich der Parteien beschränkt[24].

Von dieser traditionellen, der Autorität der Rechtssätze allzusehr vertrauenden Auffassung wich vor allem Wolfram Fischer[25] ab. Unter Berufung auf bedeutende fach- und sachkundige Zeitgenossen des 18. Jahrhunderts[26], die berichteten, daß vielleicht kein Gesetz in Deutschland weniger ausgeführt worden sei als die Reichszunftordnung, stellte er fest, daß der Reichsabschied so gut wie nirgendwo wirksam geworden sei. Mit Ausnahme des Artikels über die Kundschaft habe kaum eine Bestimmung des Gesetzes wirklich Beachtung gefunden. Für die Annahme, die Zunftgerichtsbarkeit habe ihre Bedeutung verloren, fehle der Nachweis.

Der Meinungsstreit macht deutlich, daß die Zusammenschau von Reichs- und Landesrecht allein keinesfalls genügt, um der unendlich komplexen Wirklichkeit in dieser sensiblen, zwischen staatlicher und korporativer Gewalt angesiedelten Zone des Rechts und der Rechtsprechung gerecht zu werden.

---

22 *Schmitz* (1894), S. 7 – 9.

23 *Stieda* (1890), S. 33, 34.

24 Vgl. *Braubach* (1961), S. 140.

25 *Fischer* (1955), S. 25; so in Ansätzen schon *Jahn* (1910), S. 142.

26 *Sieber* (1771), S. 2; *Weißer* (1780), S. 76 ff.; so auch *Ortloff* (1803), S. 140.

Der Kampf zwischen der aufsteigenden Staatsmacht und der vergehenden genossenschaftlichen Ordnung wogte lange Zeit unentschieden hin und her. Das jeweilige Kräfteverhältnis prägte die sich wandelnde Physiognomie der gewerblichen Gerichtsbarkeit stärker als die Rechtssätze. In dieses Dunkel Licht zu bringen, ist Aufgabe der folgenden Untersuchung.

a) Grundzüge der Politik des Reiches gegenüber der Gerichtsbarkeit der Zünfte

Die Reichszunftordnung von 1731[27], maßgeblich von Preußen beeinflußt und bis zum Ende des Alten Reiches in Kraft geblieben, schränkte das Recht der Handwerkerkorporationen auf die Ausübung der eigenen Gerichtsbarkeit erheblich ein. Danach war es zunächst allein Sache der Obrigkeit, Untersuchungen über Handwerksvergehen durchzuführen, Urteile zu fällen und Strafen auszusprechen (Art. V). Zünfte wie einzelne Handwerker hatten Verstöße gegen Handwerksrecht und -brauch lediglich zu melden. Die Strafen des handwerklichen Gewohnheitsrechts, das Schelten, Auftreiben und das berühmte „Legen" des Handwerks, wurden für ungesetzlich erklärt. Die überterritoriale Organisation der einzelnen Gewerbezweige, die Gliederung in Haupt- und Nebenladen und die besondere Gerichtsbarkeit der Hauptladen sollten „gäntzlich vernichtiget, aufgehoben und abgethan"[28] und das Recht, die Gerichtsbarkeit auszuüben, bis auf eine geringe Ordnungsstrafgewalt den Landesherren allein übertragen werden. Der Zerschlagung traditioneller Rechtszüge diente das Verbot des brieflichen oder durch Abgesandte der Zünfte aufrechterhaltenen Verkehrs der Korporationen untereinander ohne Wissen der Obrigkeit (Art. VI). Um zu verhindern, daß die Bestimmungen – wie es gewöhnlich war – unterlaufen wurden, legte Art. I fest, daß ohne vorherige Mitteilung an die Obrigkeit keine Zunftversammlung abgehalten und keine Zunftordnungen oder „Artikel" aufgestellt werden durften. Die Rechtssetzung – und damit auch die Bestimmung über Art und Umfang der Gerichtsbarkeit in Handwerkssachen – sollte künftig das Privileg der Landesherren sein. Damit versuchte das Reich auf Betreiben einzelner Territorien insbesondere die traditionelle Gerichtsorganisation des Handwerks lahmzulegen. Die Länder hatten sich ja eben deshalb der fast vergessenen Gesetzgebungskompetenz des Reiches erinnert, weil sie vereinzelt der überterritorialen Verbindung der Zünfte, insbesondere dem Instanzenzug der Zunftgerichte, der Gewohnheit, um ein „Handwercks-Erkänntnis" aus „dreier Herren Länder"

---

[27] Der Text des Reichsabschiedes von 1731 ist abgedruckt bei *Wissell* (1929), Bd. 1, S. 554 ff.

[28] s. unten S. 66, 67.

nachzusuchen, nichts Wirkliches entgegenzusetzen hatten. Nur durch das gemeinsame, von der Autorität des Reichsrechts getragene Vorgehen glaubte man die Einflußnahme der Hauptladen auf die Zünfte unterbinden zu können.

Dennoch sprach der Reichsgesetzgeber den Zünften aber nicht[29] jede jurisdiktionelle Funktion ab. In Art. II des Reichsschlusses wurde „denen Meistern gleichwohl ein vernunftiger und heilsamer Zwang" gegenüber den Gesellen nachgelassen. Weiter heißt es: „Nun weilen auch öfters bey Abstrafung dergleichen Beschuldigten die Handwerker, da ihnen in ihren confirmierten Innungsartikeln aus bewegenden Ursachen einige Art zu bestrafen nachgelassen, dabey allzu sehr zu excediren pflegen; so soll hinführo weder denen Meistern, noch vielweniger Gesellen einem Angeschuldigten *vor sich allein* seine Kundschaft und Attestat zu verkümmern, oder denselben zu bestrafen nachgelassen, sondern dieselbe allemahl die vorgefallene Begünstigung sowohl bey denen Obermeistern und Beamten oder bey denen zu Handwerkssachen obrigkeitlich Verordneten anzumelden und diese die Sache zusammen untersuchen, forthin in aller Kürze sondern unnöthigen Aufwand abthun, der Obermeister und Beamte oder zur Handwerkssache Verordnete auch dergleichen Dinge ohne Entgelt zu entscheiden verbunden seyn"[30] . . . Damit war zwar nicht länger die in der Morgensprache versammelte Gesamtheit der Meister, aber doch immerhin deren Vertreter an der Verhängung geringer Handwerksstrafen bis zum Betrag von zwei Gulden, wie der Reichsabschied bestimmte, beteiligt. Im übrigen wurde die Obrigkeit für zuständig erklärt. Aufschlußreicher noch als diese Bestimmung ist Art. V des Reichsschlusses, der nicht nur alles Schelten, Schmähen, Auf- und Umtreiben, also die verschiedenen Ausdrucksmittel formengebundener Handwerksgerichtsbarkeit untersagte, sondern der auch von den Handwerkern verlangte, in ihren eigenen Streitfällen „an den Weg Rechtens und Richterlicher Hülff oder Einsicht sich gäntzlichen begnügen (zu) lassen, mithin die Sache bey der Obrigkeit anzeigen und deren Untersuchung Erkantniß und Ausspruch geduldig und ruhig erwarten, dergestalt, daß bis zur *Rechtskräftigen Decision* kein Meister und kein Geselle vor gescholten, unredlich und Handwercks unfähig gehalten werde, sondern die übrigen Meister und Gesellen respective bey neben ihm unweigerlichst zu arbeiten schuldig seyn und bleiben". Demnach versagte der Reichsschluß den Handwerkern nur das Recht auf die Durchführung des gerichtlichen Verfahrens im Sinne eines ausschließlichen Verfahrens. Den unmittelbaren Zugriff sicherte sich der Staat; einer Beteiligung der Meister und damit einer mittelbaren Berücksichtigung von Handwerksbrauch und -gewohnheit stand die Reichszunftordnung dagegen nicht im Wege.

---

[29] h. M., s. *Fischer* (1955), S. 26.

[30] Vgl. dazu *Ortloff* (1803), § 34, S. 142 – 144.

Schließlich, und das war wohl die wichtigste Vorschrift, bestimmte Art. VIII des Reichsgesetzes, daß „einige Strafen von geschenckt – oder nicht geschenckten Handwerks-Meisteren, Söhnen und Gesellen nicht mehr vorgenommen, gehalten und gebraucht wurden, als so weit ihnen dieselben kraft ertheilten und nach publicirten diesen neuen Reichs-Gesetzen je eher zu revidirenden Innungs-Briefen oder Handwercks-Ordnungen, mit Specificirung der Fälle und des Quanti der Strafen, auch dasz gleichwohl jederzeit der Obrigkeitlich zum Handwerck Verordnete darum wisse, von der Obrigkeit zugelassen werden". Damit war es also an den Territorien, die Grenzen der Autojurisdiktion der Handwerker zu bestimmen. Sie konnten, sofern sie in den Privilegien, die künftig erlassen werden sollten, die Tatbestände und das Strafmaß bestimmten, den Handwerkern eine über die vom Reichsabschied im Grundsatz vorgesehenen Grenzen hinausgehende Strafgewalt zugestehen.

Ältere Reichsgesetze waren in dieser Frage weit engherziger gewesen: Der Reichsabschied von 1559 hatte dem Handwerk die Befugnis, in Handwerkssachen Recht zu sprechen, vollständig genommen. Die Streitentscheidungskompetenz war ausschließlich den örtlichen ordentlichen Gerichten zugewiesen worden[31]. Ebenso hatte die Reichspolizeiordnung von 1577, Tit. XXXIII, § 4[32] bestimmt, daß „alle Sachen das Handwerk oder anderst betreffend von der Obrigkeit aus betragen werden" sollten[33]. Die, wenngleich eingeschränkte, Teilhabe an der Jurisdiktion in Gewerbesachen, die die Reichszunftordnung den Handwerkern demgegenüber nachgelassen hatte, wurde durch kaiserliches Dekret vom 30. 4. 1772 erneut festgeschrieben[34]. Das Reichsgesetz von 1731 mit seinen Bestimmungen zur Gerichtsbarkeit der Zünfte blieb bis zum Ende des Alten Reichs in Kraft. Seine Regelungen bildeten in Bremen sogar noch bis weit ins 19. Jahrhundert hinein die Grundlage des Handwerkerrechts[35]. Die so lange währende Geltung des Gesetzes rechtfertigt allerdings noch nicht den Schluß auf die Beachtung der Bestimmungen im praktischen Rechtsleben – ein Umstand, der in gleicher Weise wie für die Polizeiordnungen des 16. Jahrhunderts auch noch für die Gesetze des 18. Jahrhunderts gilt.

---

[31] *Proesler* (1954), § 78, S. 14*.

[32] *Ortloff* (1803), § 34, S. 142 – 144; *Proesler* (1954), S. 23*.

[33] Dieses Gesetz untersagte den Meistern, ebenso wie zuvor schon die Reichspolizeiordnung von 1548 insbesondere, eine Vielzahl von Berufen in den Handwerksstatuten für unehrlich zu erklären und dadurch den Zugang zum Handwerk zu erschweren. Die Bestimmungen, vor allem das Verbot standeseigener Jurisdiktion, waren aber durch die landesherrlichen Privilegien, die die Jurisdiktion der Zünfte zuließen, unterlaufen worden.

[34] Vgl. *Fischer* (1955), S. 25; *Berléung* (1906), S. 5; *Wissell* (1929), Bd. 1, S. 578.

[35] *Fischer* (1955), S. 301; in Bremen war die Reichszunftordnung noch in den vierziger Jahren des vorigen Jahrhunderts geltendes Recht; s. *Wissell* (1929), Bd. 1, S. 578.

b) Die Zunftgerichtsbarkeit in den Ländern Westfalens im 18. Jahrhundert

Das Reichsgesetz vermochte keine einheitlichen Wirkungen zu entfalten, da das Reich für die Durchführung seiner Erlasse auf die kreisausschreibenden Fürsten als Exekutoren des Reichswillens angewiesen war. So hing auch das Schicksal der Zunftgerichtsbarkeit von den Territorialherren und reichsstädtischen Räten ab, die auf den Beschluß des Reichstages in sehr verschiedener Weise reagierten[36].

aa) Das Hochstift Paderborn

Im Hochstift Paderborn war die Reichszunftordnung in ihrer „ungefügen Langatmigkeit"[37] in Kraft getreten[38], ohne daß die praktische Handhabung der Vorschriften zuvor durch die Übertragung in eine klare und verständliche Form erleichtert worden wäre. Dadurch wurde die Anwendung der Bestimmungen außerordentlich erschwert, wenn nicht gar unmöglich gemacht. War der Gesetzgeber schon nicht imstande, seine Intentionen in einer deutlich gegliederten Gesetzessprache zusammenzufassen und dadurch die Minimalvoraussetzungen für die Ausführung der Bestimmungen zu schaffen, so drängt sich der Verdacht geradezu auf, daß er erst recht nicht die Kraft hatte, die Normen zu gelebter Rechtswirklichkeit gerinnen zu lassen[39]. Nirgendwo in den geistlichen Staaten Westfalens wurde eine verbindliche Handwerksordnung geschaffen, keiner der Landesherren erließ, mit Ausnahme Preußens, Nassau-Siegens und des Hochstifts Osnabrück für die Stadt Wiedenbrück, allgemeingültige Zunftprivilegien[40]. Dieser Umstand mußte die größte Bedeutung für die standeseigene Jurisdiktion der Zünfte gewinnen. So fand die staatliche Politik gegenüber der tradierten Zunftgerichtsbarkeit, sieht man von der Inkraftsetzung des Reichsabschiedes selbst durch den Landesgesetzgeber einmal ab, auch im Fürstentum Paderborn keinen Niederschlag in den formellen Gesetzen. Lediglich das Statutarrecht läßt etwas von der Haltung der Landesherren gegenüber der autonomen Jurisdiktion der Zünfte aufscheinen[41].

---

[36] Zur Landesgesetzgebung vgl. *Ortloff* (1803), S. 23.

[37] So *Fischer* (1955), S. 25.

[38] Kayserl. Verordnung über die Abstellung der Handwerks-Mißbräuchen von 1732, in: Hochfürstl. Paderbornische Landesverordnungen, 2. T., (1786), S. 385 – 419.

[39] Vgl. *Fischer* (1955), S. 32.

[40] Vgl. Pr. Generalprivilegien, abgedruckt in N.C.C. (Mylius), Bd. 1 – 10 (1737 – 1801); für Nassau-Siegen s. General-Artikel, wornach die sämtliche Zünfte in denen Fürstlich-Oranien-Nassauischen Landen sich zu achten haben, 1779, in: Staatsarchiv Wiesbaden, Rep. Abt. 172, 3786; für Wiedenbrück s. Schmitz (1914), S. 77 – 79.

[41] Vgl. z. B. *van der Grinten* (1908), S. 33, 34.

Das Reichsgesetz hatte in Art. I bestimmt, daß alle „Handwercks-Artikel, Gebräuche und Gewohnheiten“, die von den Handwerkern selbst, seien es Meister oder Gesellen, ohne obrigkeitliche „Erlaubnis, Approbation und Confirmation“ aufgestellt worden waren und in Zukunft aufgestellt werden sollten, „null, nichtig, ungültig und unkräftig“ seien[42]. Unter souveräner Mißachtung dieser Bestimmung, die den Städten nur dann ein Konfirmationsrecht einräumte, wenn ihnen dies durch den Landesherrn zuvor zugestanden worden war, lebte die Masse der Ämter des Fürstbistums nach eigenem, nicht ordnungsgemäß konfirmierten, aber dem zünftigen Brauch entsprechenden Gewohnheitsrecht. Um 1800 standen den 44 „vorhandenen, aber bis hirhin nicht confirmirten Ämtern und Gilden“ nur 24 durch den regierenden Fürstbischof Franz Egon neu bestätigte Gildebriefe gegenüber[43]. Schon aus diesem Faktum folgt, daß die geistliche Regierung des Landes keine besondere Neigung verspürte, durch den Erlaß bzw. die Mitwirkung an statutarrechtlichen Bestimmungen Einfluß auf die korporative Strafgewalt der Ämter zu nehmen. Wie sich die Zurückhaltung des Gesetzgebers auswirkte, läßt sich leicht erahnen, wenn man die einschlägigen Bestimmungen einzelner, nicht neu bestätigter Amtsrollen einer näheren Betrachtung unterzieht.

Das von Fürstbischof Hermann Werner im Jahre 1684 erlassene Privilegium für die Leineweber in Brakel etwa enthielt gleich eine ganze Reihe von Straftatbeständen[44]. Die Strafgewalt war zwischen dem Amt und dem Landesherrn bzw. seinem Beamten geteilt: „Ehren verletzende Scheltungen, grobe Schlägereien und Verwundungen“ unter Amtsmitgliedern hatte allein der landesherrliche Beamte zu bestrafen. „Übermäßiges Fressen und Saufen“ sowie alles „Schelten, Fluchen, Schwören und Lästern“ bei den Amtszusammenkünften hatte der Dechant, also der Amtsvorsteher, dem zuständigen Gografen anzuzeigen. Dieser entschied dann, ob der Vertreter des Landesherrn oder das Amt selbst die Bestrafung der Übeltäter vorzunehmen hatte. Im Falle der Anstiftung von Tumulten bei den Zusammenkünften, dem Fehlen bei einem Leichenbegräbnis, schlechter Arbeit eines Amtsmeisters, dem Abwerben des „Dienstvolkes“ anderer Meister, der Wegnahme der Arbeit eines Amtsbruders, der Bestrafung renitenter Lehrlinge sowie der für nicht hinreichend befundenen Prüfungsleistung eines Bewerbers um das Amt hingegen stand die

---

[42] Reichsabschied von 1731, Art. I, u. a. in: Hochfürstl. Paderbornische Landesverordnungen, Bd. 2, (1786), S. 385 – 419; vgl. dazu *Fischer* (1955), S. 26.

[43] Acta generalia von der Verfassung der sämtlichen Zünfte im Erbfst. Paderborn 1802 – 1803, in: STAM, Spezialorganisationskommission Paderborn Nr. 222 a, fol. 92 ff.; zu den von den preußischen Behörden als nicht confirmirt betrachteten Ämtern zählten allerdings auch solche, die ältere landesherrliche bzw. städtische Privilegien besaßen. Zu den 44 nicht bestätigten Ämtern traten noch diejenigen in Lippspringe, für deren Bestätigung das Domkapitel zuständig war, hinzu. Auch die Brauämter sind in der o. a. Aufstellung nicht enthalten.

[44] Gildebrief für die Leineweber der Stadt Brakel vom 18. 5. 1684, in: STAM, Fst. Paderborn, Hofkammer Nr. 4081, fol. 22 ff.

Strafgewalt ausschließlich den Meistern zu. Während in den Fällen landesherrlicher Kompetenz das Strafmaß nach „der Beschaffenheit des excessus" oder „nach Befinden" festgesetzt werden sollte, waren Art und Umfang der Maßregeln bei Zuständigkeit der Meister fast immer in den Privilegien exakt bestimmt.

Die ordnende Hand des Gesetzgebers, seine Entschlossenheit, die staatliche Judikative jedenfalls partiell an die Stelle der traditionellen Zunftgerichtsbarkeit zu setzen, ist unverkennbar. Solche Tatbestände, die die öffentliche Sicherheit und Ordnung tangierten, wurden vor die staatlichen Rechtsprechungsinstanzen gezogen. Den Zunftgerichten verblieb die Jurisdiktion in den typischen Handwerksangelegenheiten[45].

Welch andere Handschrift hingegen trägt der Gildebrief des Braueramtes in der paderbornischen Kleinstadt Vörden[46]! Die Bestimmungen waren durch Übereinkunft der Senioren und sämtlicher Amtsbrüder, ohne Bestätigung durch den Landesherren oder die Stadt, erlassen worden. Entsprechend eigenwillig gestaltete sich der Inhalt. Nahezu jede der einzelnen Vorschriften war mit einer bestimmten Strafdrohung bewehrt. Die Vielzahl der so gesicherten Regelungen reichte von der ordnungsgemäßen Rechnungsführung des Amtes und der Durchsetzung des Zunftzwanges bis hin zu der Forderung nach sittsamem Verhalten bei den Zusammenkünften. Wer bei einer Amtsversammlung ein Glas zerbrach, wurde ebenso bestraft wie derjenige, welcher bei einer solchen Versammlung soviel Bier verschüttete, „daß es mit einer Hand nicht kan bedecket werden". Neben den üblicherweise strafbewehrten Bestimmungen über die Teilnahme an Begräbnissen und dem Verbot der Verwendung unrichtiger Maße und Gewichte wurden auch so private Dinge wie das Tanzen auf der Tenne, welches den Junggesellen nur vier Jahre lang erlaubt war, sowie der Verstoß gegen die amtseigenen Kleidervorschriften und die Mißachtung des zunftinternen Zapfenstreichs (die Mitglieder hatten spätestens um 21 Uhr nach Hause zurückzukehren) von der Korporation geahndet. Daß das Strafmaß für jedes Vergehen konkret bestimmt war, weist ebenso wie die fehlende Einflußnahme der städtischen bzw. landesherrlichen Obrigkeit auf ein hohes Alter der Amtsrolle bzw. auf eine erhebliche Resistenz gegenüber zeittypischen Veränderungen hin[47].

---

[45] Das Privilegium unterschied sich damit erheblich von der Mehrheit der älteren Gildebriefe, die gewöhnlich eine große Anzahl von Strafbestimmungen enthielten, die Frage der Zuständigkeit hingegen nur in den seltensten Fällen regelten. Fast immer aber wurde bestimmt, wer Empfänger der Strafgelder war. Gewöhnlich wurden diese zwischen dem Gewerk und der Obrigkeit geteilt. So z. B. für die Mark Brandenburg *Peitsch* (1985), S. 35.

[46] Gildebrief des Brauer-Amts der Stadt Vörden, o. J., in: STAM, Fst. Paderborn, Hofkammer Nr. 4081, fol. 47 ff.; ob die Bestimmungen des Gildebriefes um 1800 noch beachtet wurden, läßt sich nicht mehr feststellen, steht aber zu vermuten.

[47] Wie Peitsch für Brandenburg festgestellt hat, war die konkrete Bestimmung des Strafmaßes für jedes einzelne Vergehen dort nur bis ins 17. Jahrhundert üblich. Danach ging man zur Festsetzung arbiträrer Strafen über; vgl. *Peitsch* (1985), S. 36.

Die gelegentlich skurril anmutenden Bestimmungen, die bis zur Aufhebung der Zünfte faktisch beachtet worden sein dürften[47a], geben einen farbigen Eindruck von der Lebenskraft der Zunftgerichtsbarkeit im Hochstift noch während des ausgehenden 18. Jahrhunderts.

Wenngleich die Privilegien die Rechtswirklichkeit nicht unmittelbar abbilden, so vermitteln sie doch einen zutreffenden Eindruck von der völligen Abwesenheit landesherrlicher Gewalt in dem von der standeseigenen Gerichtsbarkeit der Korporationen abgedeckten Bereich. Die in den älteren Gildebriefen hervortretende Abstinenz des Staates blieb natürlich nicht ohne Bedeutung für den Umfang der jurisdiktionellen Befugnisse, die die jüngeren, nach Erlaß des Reichsschlusses erteilten Privilegien den Korporationen einräumten. So hatten selbst noch diejenigen Ämter und Gilden, die von dem letzten Landesherrn Franz Egon von Fürstenberg bestätigte Gildebriefe erhielten, keine spürbaren, über das bereits vor Erlaß des Reichsabschiedes bei landesherrlichen Privilegien übliche Maß hinausgehenden Einschränkungen ihrer Jurisdiktion hinnehmen müssen. Zwar weist Ortloff, der vorzüglichste Kenner des an der Schwelle zum 19. Jahrhundert geltenden Handwerksrechts, in offenkundiger Bezugnahme auf die Bestimmungen des Reichsabschiedes darauf hin, daß die Zünfte „nur bloß über das, was ihnen in den Artikeln zur Entscheidung überlassen wurde, erkennen“[48]. Doch legt die allzu bruchstückhafte Regelung der Zuständigkeiten der Zunftgerichte in den einzelnen Paderborner Privilegien die Vermutung nahe, daß die gewohnheitsrechtlich gesicherten Kompetenzen der Zunftgerichte weitestgehend fortbestanden. Allenfalls die Zusammenschau der Regelungen in der Vielzahl von Gildebriefen gewährt deshalb einen Eindruck vom tatsächlichen Umfang der Strafgewalt der Korporationen im Paderborner Hochstift.

Die von Franz Egon bestätigten Gildebriefe des ausgehenden 18. Jahrhunderts normierten gleich mehrere Gruppen von Tatbeständen, deren Verwirklichung die Ämter zu Sanktionen berechtigte[49].

Dazu gehörte zunächst einmal die Aufrechterhaltung der guten Ordnung bei Zusammenkünften, die ständig bedroht war. Verstöße gegen die althergebrachten Formen des Umgangs miteinander wurden durch die Verhängung von Bußen durch die Zünfte geahndet. In diesem Zusammenhang drohten die Paderborner Privilegien auch Strafen für den Fall des „Vollsaufens“, der

---

[47a] Daß die Brauer-Ämter nicht in das 1802/03 errichtete Verzeichnis in STAM, Spezialorganisationskommission Nr. 222 a aufgenommen wurden, spricht keineswegs gegen ihre Existenz.

[48] *Ortloff* (1803), S. 123.

[49] Die folgende Zusammenstellung beruht auf den in den „Acta generalia von der Verfassung der sämtlichen Zünfte im Erbfürstentum Paderborn 1802 – 1803“, in: STAM, Spezialorganisationskommission Paderborn Nr. 222 a enthaltenen Privilegien. Um den Anmerkungsapparat nicht übermäßig auszudehnen, wurde auf die Angabe der einzelnen Privilegien und ihrer Bestimmungen verzichtet.

„schlechten Aufführung bei Lustbarkeiten" oder „Ergötzlichkeiten" an. Zu den Fällen, in denen die Zunftgerichtsbarkeit eher schlichtend als ahndend einzugreifen hatte, zählten auch die Streitigkeiten der Meister untereinander, die nicht selten bei den Zusammenkünften der Amtsgenossen ausbrachen und zu schweren Mißhelligkeiten innerhalb der Gemeinschaft der Genossen führen konnten. Die Paderborner Zunfturkunden betrauten die Verteter des Amtes, die Dechanten bzw. Altmeister oder Obermeister, mit der Beilegung solcher Auseinandersetzungen. Blieben die internen Bemühungen um Konfliktbewältigung erfolglos, entwickelten sich die Streitigkeiten also zu „fortdauernden Zänkereien", so war es Sache des fürstlichen Beamten oder des Gografen, der Verwaltung und der unteren staatlichen Gerichtsbarkeit also, die Schuldigen zu ermitteln und zu bestrafen. Ereigneten sich sog. „Exzesse", worunter Ausschreitungen, deren Wirkungen über den engeren Rahmen der Zunftfamilie hinausgingen und die die öffentliche Sicherheit und Ordnung beeinträchtigten, verstanden wurden, war dagegen von vornherein das unverzügliche Einschreiten des Gografen vorgesehen.

Eine besondere Rolle im Rechtsleben auch der Paderborner Zünfte spielte die Ausschaltung der sog. Pfuscher, die bekannte „Bönhasen-Jagd" also. Mehrere Privilegien enthalten Bestimmungen über die Strafen, die gegen die „Fremden", also nicht zum ortsansässigen Handwerk zählenden Professionisten[49a], oder gegen die in den Städten „auf eigene Hand" arbeitenden Gesellen verhängt werden sollten. Bezeichnenderweise fehlen in den Gildebriefen selbst Bestimmungen, die den Zünften die Zuständigkeit für die Verfolgung und Bestrafung der illegal arbeitenden Gewerbetreibenden einräumen; die fürstliche Behörde vermerkte aber mehrfach, „daß bey derley affairen die angewiesene Ortsobrigkeit um assistenz angesucht werden muß" oder es verstehe „sich von selbst, daß das Amt wie gewöhnlich mit Zuziehung einer Gerichtsperson ihre ausschließliche Gerechtsame gegen Pfuscher geltend zu machen" habe[50]. Die Bönhasen durften demnach im Paderborner Hochstift nicht mehr allein und unmittelbar von den Amtsmeistern gejagt werden, wie es dem Zunftbrauch entsprochen hätte[51]. Die Meister hatten vielmehr die entdeckte Pfuscherei zunächst bei der Ortsobrigkeit anzuzeigen. Danach konnten sie, „sofern eine deputierte Gerichtsperson" anwesend war, die „Effekten",

---

[49a] Als ‚Professionisten' bezeichnete der Sprachgebrauch des 18. und frühen 19. Jahrhunderts den Handwerker: „der professionist, der sich zu einer profession bekennt, sie betreibt, besonders ein handwerksmann"; s. Deutsches Wörterbuch, Bd. 7 (1889), Sp. 2160 m. w. Nachw.

[50] So z. B. Anmerkung c zum Gildebrief des Schlosser- und Schmiedeamtes Paderborn v. 8. März 1794, fol. 33 und Anm. c zum Gildebrief des Paderborner Schreineramtes v. 2. 10. 1790, fol. 44, in: STAM, Spezialorganisationskommission Paderborn Nr. 222 a.

[51] So auch Bericht v. 17. 1. 1803, in: STAM, Fst. Paderborn, Hofkammer Nr. 351, fol. 65; desgl. Schreiben vom 7. 2. 1803, in: STAM, Spezialorganisationskommission Paderborn Nr. 222a, fol. 20f.

worunter das Handwerkszeug zu verstehen ist, fortnehmen. Diese für die Berufsausübung jedes Professionisten unerläßlichen Gerätschaften konnte die Zunft dann so lange asservieren, bis sie sich mit dem unliebsamen Konkurrenten auf gütliche Art über die Rückgabe geeinigt hatte. Die Autojurisdiktion der Zunftmeister zur Abwehr der unzünftigen Konkurrenz lebte demnach fort; sie erfuhr durch die unabdingbare Beteiligung eines Vertreters der ordentlichen Gerichtsbarkeit zwar einerseits eine Beschränkung, andererseits aber eine zusätzliche Aufwertung, die, wie es Art. VIII der Reichszunftordnung vorschrieb, ihren sichtbaren Ausdruck in der Sanktionierung der Vollstreckungsmaßnahmen durch die Obrigkeit fand. Daß es der Paderborner Regierung nicht darum zu tun war, den Korporationen die Ausübung ihrer angestammten Hoheitsrechte zu verweigern, zeigt das Beispiel der selbstbewußten und wohlhabenden Kramer in Paderborn, denen ausdrücklich zugestanden wurde, den Arrest verbotswidrig eingebrachter Waren „bei Meldung an die Hofkammer“[52] selbst vorzunehmen. Für alle Gewerke gleichermaßen galt, daß, wenn sich der ertappte Bönhase, in barockem Amtsdeutsch „Kontravenient“ geheißen, nicht in sein Schicksal fügen wollte und sich weigerte, die – häufig nur schwer nachweisbare – absolute Gewerbeberechtigung der Zunft anzuerkennen, eine Entscheidung der landesherrlichen Behörden herbeigeführt wurde[53]. Für Handwerksstreitigkeiten war die Paderborner Hofkammer zuständig. Sie erteilte auch die Gildebriefe und Gewerksprivilegien. Glaubten sich die Zünfte oder einzelne Genossen durch ein Erkenntnis der Hofkammer beschwert, stand ihnen der Rekurs an das Geheime Rats-Kolle-

---

[52] So Art. 7 des Gildebriefs des Paderborner Krameramtes v. 2. Okt. 1790: „betrifft die dem Amte verstattete Erlaubniß alle Übertreter . . . aus eigener Gewalt anzugreifen, denselben abzunehmen und die an die Hofkammer behufs Confiscation oder arbitrairer Bestrafung zu verhängende Denunciation, item die dem Amte geschehene Zueignung der confiscirten Waren oder Strafe zu 1/3 Teil“, in: STAM, Spezialorganisationskommission Paderborn Nr. 222 a, fol. 61.

[53] In STAM, Fst. Paderborn, Geh. Rat finden sich gleich eine ganze Reihe solcher Prozeßakten, so

Nr. 870: Klage des Viehhändlers Moritz Jacke aus Friedrichsdorf bei Bielefeld gegen das Metzgeramt zu Paderborn und den Bürgermeister Dr. Neukirch wegen der Fortnahme des Fleisches eines von ihm geschlachteten Bullen (1795 – 96)

Nr. 874: Klagen des Eisenkrämers A. Pickert aus Leiberg u. a. gegen das Schmiedeamt zu Paderborn wegen Pfändung von Eisenwaren (1797)

Nr. 875: Varia über das Schneider-Amt zu Paderborn, u. a.: 1. Mitteilungen wegen Bönhasen, 2. Prozesse (1722 – 1803)

Nr. 877: Differenzen zwischen dem Schneider-Amt zu Paderborn und dem C. Nolte wegen Eingriffen des Letzteren in die Rechte des Ersteren (1746)

Nr. 885: Streitigkeiten wegen Eingriffen in die Privilegien des Schreineramtes zu Paderborn (1789 – 1793)

Nr. 886: Klage des Tischler-Amtes Paderborn gegen den Lic. Neukirch wegen Einführung von 12 Rohrstühlen aus Steinheim (1796 – 1797)

Nr. 847: Differenzen des Valentin Rosenkranz mit dem Buchbinderamt zu Paderborn wegen Ausübung der Buchbinderei. Die Existenz des Buchbinderamtes wird bestritten, da die bischöfliche Confirmation nicht nachgesucht ist (1797 – 1798).

gium offen[53a]. Über die Einhaltung der Bestimmungen der Privilegien war die Hofkammer nach eigenem Bekunden aber kaum informiert, „da eines theils die mehrste Gerichtshändel in das Polizeifach einschlagen, andentheils die Beurtheilung . . . dieses oder jenes Privilegii nicht zur Hofkammer, sondern unmittelbar an den Landesherrn oder den dieserhalb abgeordneten gehört"[53b].

Breiten Raum widmen die Privilegien naturgemäß der Regelung arbeitsrechtlicher Streitigkeiten. Bei Auseinandersetzungen zwischen Meistern und Gesellen hatten die beiden erwählten Obermeister einer jeden Zunft zunächst eine gütliche Beilegung zu versuchen; falls dies nichts fruchtete, war die Sache an die Hofkammer abzugeben; ausdrücklich untersagt wurde hingegen, „auswärtige Behörden" hinzuzuziehen. Damit sollte gem. Art. VI des Reichsabschiedes der jurisdiktionellen Tätigkeit der Hauptladen der Boden entzogen werden. Ohne jede Mitwirkung staatlicher Stellen konnten die Paderborner Meister dagegen Strafen verhängen, wenn die Gesellen die Arbeit verweigerten. Ebenso selbständig durfte die Zunft andere Ordnungswidrigkeiten aus dem Bereich des Arbeitsrechts ahnden: Warb ein Meister einem Amtsbruder die Gesellen ab, so belegte das Amt den Genossen wegen des unkollegialen Verhaltens mit einer empfindlichen Geldbuße.

Noch gegen Ende des 18. Jahrhunderts stellten die Paderborner Korporationen, offenbar ganz unberührt von der zeitgenössischen Mißbrauchsdiskussion und den Vorhaltungen des erwachenden Liberalismus, ihre Gerichtsbarkeit in den Dienst standeseigener Interessenpolitik: Reichte ein Geselle beim Amt ein mangelhaftes Meisterstück ein, so wurde ihm nicht etwa nur die Meisterschaft verweigert; er mußte vielmehr noch eine nicht geringe Geldbuße zahlen[54]. Hier zeigt sich aufs deutlichste, wie wenig selbst in dieser Spätzeit der Zunft reformerische Ansätze Eingang in das Paderborner Zunftrecht gefunden hatten: Mit Wissen und Billigung des Landesherrn wurde die autonome Jurisdiktion der Ämter und Gilden unverhohlen zur Erschwerung der Meisterprüfung, zur Abweisung unliebsamer Konkurrenz mißbraucht. Denn welcher Geselle, der bei einem Scheitern im Meisterexamen all die Zeit und die Kosten für die Anfertigung des Meisterstücks nutzlos vertan und der noch

---

[53a] s. Schreiben des Pr. Geh. Rats Paderborn v. 28. Okt. 1802, in: STAM, Spezialorganisationskommission Paderborn Nr. 222a. Die Zuständigkeitsverteilung zwischen Hofkammer und Geheimem Rat war nicht immer so eindeutig geregelt. In den Jahren 1731 und 1742 kam es zu Kompetenz-Streitigkeiten zwischen den beiden Organen „wegen Gildesachen"; s. STAM, Fst. Paderborn, Geh. Rat Nr. 796.

[53b] Schreiben der Interims-Hofkammer v. 7. 2. 1803, in: STAM, Spezialorganisationskommission Paderborn Nr. 222a, fol. 20.

[54] Anders in den preußischen Provinzen Westfalens, wo nicht die Gesamtheit der Meister, sondern der Beisitzer und der Magistrat bei Streitigkeiten über die Annahme des Meisterstücks allein, allenfalls unter Zuziehung anderer sachkundiger Meister entschieden; dort kannte man solche Bußgelder nicht; s. General-Privilegium für das Zimmer-Gewerck Bielefeld (1771), Art. VI, in: STAM 4° WK 222; desgl. *Piesch* (1958), S. 80, 81.

dazu eine empfindliche Strafe zu zahlen hatte, war schon imstande, ein weiteres Mal die hohen Auslagen für das Prüfungsverfahren aufzubringen?

Von größter Wichtigkeit für die Gewährleistung korrekter und preiswürdiger Handwerksarbeit und damit für die Reputation des gesamten Handwerkerstandes war das Recht der Korporationen, ihre Mitglieder zur Verantwortung zu ziehen, wenn sie mangelhafte Arbeit geleistet hatten. Die Zünfte des Paderborner Hochstifts konnten bis zu ihrer Aufhebung das Recht und die Pflicht zur Gewerbeaufsicht bewahren: So regelte das Maureramt der Landeshauptstadt die Bestrafung eines Amtsmeisters, der fehlerhafte Arbeit geleistet hatte, selbst. Der Zunft war in ihrem Privilegium nachgelassen worden, den Stümper mit einer Buße von fünf Reichstalern zu belegen und die Ersetzung allen Schadens zu verlangen[55]. In ähnlicher Weise bestimmte der Gildebrief der Schreiner, daß ein Amtsmeister, der nasses Holz verarbeitete, eine Strafe in Höhe von einem Reichstaler zu gewärtigen hatte[56]. Im Interesse der durch solche Verdikte Beschwerten war aber ausdrücklich normiert, daß der von den Zünften mit einer Ordnungsstrafe wegen Sachmängeln seiner Produkte belegte Meister Rekurs bei den städtischen bzw. staatlichen Behörden nehmen konnte.

Sonderregelungen bestanden lediglich für die Nahrungsmittelhandwerke. Nach der „Fürstlich Paderbornischen Policeyordnung" aus dem Jahre 1665 waren für Qualitätskontrollen bei Brot, Fleisch und Bier und damit zugleich auch für die Verhängung erforderlicher Bußen in den Städten nicht die Amtsmeister, sondern Bürgermeister und Rat, ggf. beauftragte Aufsichtspersonen, zuständig[57]. Die lebhafte Entwicklung des Polizeirechts im Laufe des 17. und 18. Jahrhunderts hatte, wie man sieht, selbst in dem abseitigen Fürstentum eine, wenn auch vergleichsweise schwache, Spur hinterlassen.

Schließlich, und damit ist nicht die unwichtigste der Kompetenzen der Paderborner Zunftgerichtsbarkeit genannt, hatten jeweils zwei Vertreter der Meisterschaft an den Gesellenzusammenkünften teilzunehmen; ihre Aufgabe war es, die Disziplin auf der Herberge durch Ausübung der Strafgewalt, d. h. mittels Verhängung von Bußgeldern, aufrechtzuerhalten.

Hinweise auf die Zusammensetzung der so umfassend zuständigen Spruchkörper der Korporationen des Paderborner Hochstifts finden sich in den Privilegien nicht[58].

Die Zusammenschau dieser Vielzahl von Regelungen erweist, daß die Reichsgesetzgebung nicht ganz ohne Einfluß auf das in dem Fürstentum gel-

---

55 STAM, Spezialorganisationskommission Paderborn, Nr. 222 a, fol. 34.

56 STAM, Spezialorganisationskommission Paderborn, Nr. 222 a, fol. 42.

57 Fürstlich Paderbornische Policeyordnung, 1665, Art. 6 – 8, in: Hochfürstlich Paderbornische Landesverordnungen, 1. T., Paderborn 1785, S. 16 – 23.

58 Vgl. STAM, Spezialorganisationskommission Paderborn, Nr. 222 a.

tende Statutarrecht geblieben war. Die Privilegien schränkten, was bei bestätigten Zunftordnungen in einem gewissen Maße allerdings auch schon vor Erlaß des Reichsabschiedes von 1731 üblich war, die umfassende Strafgewalt der Zünfte insofern ein, als sie die nach Art. VIII des Reichsschlusses vorgeschriebene „Specificirung der Fälle und des Quanti der Strafen" enthielten, so daß das Strafmaß, welches die Meister verhängen konnten, begrenzt war. Auch sollten die Pfuscher, dem Reichsgesetz (Art. VIII) entsprechend, nur unter Zuziehung eines Vertreters der Obrigkeit verfolgt werden. Außerdem hatten die Zünfte den Behörden von den Zunftsitzungen Mitteilungen zu machen. Schließlich war ihre Jurisdiktion dadurch begrenzt, daß die Ämter dem Schutz und der Aufsicht der Behörden unterstanden – eine Bestimmung, die den Privilegien nunmehr jeweils ausdrücklich angefügt wurde. Sinn und Zweck dieser Regelung dürfte es vor allem gewesen sein, den Intentionen des Reichsabschiedes entsprechend, Rechtsschutz zu gewähren, soweit die Hofkammer nicht unmittelbar zuständig war. Keineswegs aber war durch diese Bestimmung die ordentliche Gerichtsbarkeit allein mit der Kontrolle der Zünfte betraut worden. Die Mehrzahl der Korporationen unterstand der städtischen Obrigkeit, andere den landesherrlichen Beamten, wieder andere dem Gografen oder den Stadtrichtern, manche auch unmittelbar der Hofkammer. Nur ein Privileg, nämlich das für die Schreiner, die – auch außerhalb des Hochstifts – den Ruf besonderer Renitenz rechtfertigten, wurde erst nach der Einfügung des ausdrücklichen Hinweises, daß sich das Paderborner Schreiner- und Tischleramt den Reichsgesetzen von 1731/32 und 1772 „gehorsamst zu fügen" habe, konfirmiert[58a].

Trotz dieser unübersehbaren Kontrollfunktionen der Behörden konnten sich die Zunftgerichte im Fürstentum Paderborn doch ein für die Zeit untypisches, erstaunliches Maß an Einfluß und Unabhängigkeit bewahren. Es läßt sich unschwer zeigen, daß sich die tatsächlich geübte Autojurisdiktion der Korporationen keineswegs in der Strafgewalt, welche den Zünften des Fürstentums durch die Privilegien eingeräumt war, erschöpfte: Das folgt schon aus der Tatsache, daß eben nur ein Teil der Gildebriefe den Korporationen die standeseigene Gerichtsbarkeit ausdrücklich zugestand, wie es Art. VIII des Reichsabschiedes verlangte. Es spricht nichts dafür, daß all die übrigen Ämter, insbesondere diejenigen, deren Privilegien durch den Landesherrn nicht erneut bestätigt und ggf. reformiert worden waren und die folglich mit den restriktiven Bestimmungen des staatlichen Handwerksrechts kaum in Berührung gekommen waren, auf die Ausübung ihrer standeseigenen Gerichtsbarkeit verzichtet hätten. Viel wahrscheinlicher ist, daß die Meister weit entfernt davon waren, die, wie es der Reichsabschied vorsah, „Abstra-

[58a] Schreiben des Pr. Geh. Rats Paderborn v. 21. 12. 1802 an die Civil-Kommission in Paderborn, in: STAM, Spezialorganisationskomission Paderborn Nr. 222a.

fung dergleichen Beschuldigten . . . bey denen zu Handwerkssachen obrigkeitlich Verordneten anzumelden" und alle wichtigeren Streitsachen nur mit den Behörden gemeinsam zu entscheiden. Das gilt schon deshalb, weil ja selbst den staatlicherseits konfirmierten Ämtern eine weitgehende Strafgewalt nachgelassen worden war. Es war auch kein Zufall, daß es die preußische Spezialorganisationskommission, die in den Jahren 1802 – 1803 die nach 1790 vom Landesherrn bestätigten Paderborner Privilegien sammelte, für notwendig erachtete, wiederholt anzumerken, es verstehe sich von selbst, daß die Ämter – über den positiven Inhalt der Gildebriefe hinaus – an allgemeine Rechtsgrundsätze gebunden seien[59]. Diese Tatsache legt den Schluß nahe, daß es mit der Autorität des geltenden Rechts nicht zum besten bestellt gewesen sein kann. Aus alledem folgt, daß die einzelnen Zunfturkunden die Möglichkeiten und Grenzen faktischer Rechtsausübung der Paderborner Handwerker jedenfalls nicht in umfassender Weise wiedergeben. Die Kompetenzen, die sich der Landesherr im Bereich der Zunftgerichtsbarkeit gegen Ende des 18. Jahrhunderts sicherte, schöpften die Möglichkeiten, die der Reichsabschied eingeräumt hatte, bei weitem nicht aus. Sie waren in Wahrheit nicht wirklich umfangreicher als diejenigen, die er sich schon ein Jahrhundert zuvor vorbehalten hatte.

So ist davon auszugehen, daß die Paderborner Zunftgerichte noch um 1800 nach mittelalterlicher Sitte nahezu alle internen Handwerksstreitigkeiten vor das eigene Forum ziehen konnten, ehe die ordentlichen Gerichte damit befaßt wurden. Soweit die Privilegien nicht bestätigt waren oder zur Standesgerichtsbarkeit der Zünfte schwiegen, verstießen die Handwerker bei der Ausübung ihrer Jurisdiktion gegen Art. VIII des Reichsabschiedes, der die Gerichtsbarkeit der Zünfte nur dann gestattete, wenn die Obrigkeit für die „Specificierung der Fälle und des Quanti der Strafen" Sorge getragen hatte[60]. Der Landesherr unterließ es, diesem Vorbehalt des Gesetzes allgemeine Achtung zu verschaffen. Zwar nahm der Eingang von Zunftsachen bei den ordentlichen Gerichten und Behörden des Fürstentums um 1800 spürbar zu[61]; dies bedeutet aber nicht, daß der Landesherr die Tätigkeit der Zunftgerichte tatsächlich auf die Fälle beschränkt hatte, in denen Art und Maß der zu verhängenden Strafe durch ein bestätigtes Privilegium bestimmt waren.

Daß der Gesetzgeber das vom Reichsabschied verlangte Bestimmtheitserfordernis nicht durchsetzte und dem gewohnheitsrechtlichen Gebrauch keine

---

[59] Vgl. z. B. Anm. zum Gildebrief des Schlosser- und Schmiedeamtes Paderborn vom 8. März 1794 und des Schreineramtes Paderborn vom 2. Oktober 1790, in: STAM, Spezial-Organisationskommission Paderborn Nr. 222 a, fol. 33, 44.

[60] s.o. S. 24.

[61] Aus der Fülle der einschlägigen Akten seien genannt: STAM, Fst. Paderborn, Hofkammer Nr. 397 (1795 – 97), Nr. 401 (1800); Nr. 412 (1800); Nr. 413 (1801); Nr. 414 (1802); Nr. 415 (1803); Nr. 416 (1798 – 99); Nr. 417 (1800 – 1801); Nr. 422 (1798, 1800); Nr. 423 (1803); Nr. 425 (1799); Nr. 430 (1801); Nr. 431 (1802); Nr. 433 (1797); Nr. 434 (1797 – 1801); Nr. 435 (1798 – 1801); Nr. 437 (1801); Nr. 440 (1800).

Fesseln anlegte, scheint symptomatisch für den Grad der Freiheit, der den Zünften im rückwärtsgewandten Paderborn geblieben war.

Eben dieses starre Festhalten an der Multifunktionalität der Korporationen oder, negativ gewendet, das untrügliche Zurückbleiben der Paderborner Rechts- und Verwaltungsordnung hinter den Veränderungen der Zeit läßt sich noch an einem anderen Regelungsgegenstand zeigen: In fortgeschrittenen Staaten hatte das entwickelte Polizeirecht die Zünfte entweder völlig von der Qualitätskontrolle und damit auch von der Ahndung von Qualitätsmängeln ausgeschlossen oder aber es war den Amtsmeistern allenfalls ein Mitspracherecht bei der Warenprüfung belassen worden. In Paderborn dagegen hielt man, sieht man von der Nahrungsmittelüberwachung einmal ab, an der traditionellen Form der Qualitätskontrolle der Handwerker fest[62].

Der archaische Zug des kleinstaatlichen Rechtslebens, der hier sichtbar wird, scheint zunächst nur schwer verständlich, da die ungebrochene Teilhabe autonomer Genossenschaften an der öffentlichen Gewalt an der Schwelle zum 19. Jahrhundert wie ein Relikt aus einer bereits versunkenen Zeit anmutet. Ebenso wie die eigene Gerichtsbarkeit für die Zunftmeister das Kennzeichen des freien Standes war, hätte es der entwickelten Staatsgewalt doch *das* Signum souveräner Staatlichkeit schlechthin sein müssen, die Rechtsprechung ausschließlich zu handhaben. Selbst für die behäbigste geistliche Gewalt galt ja noch, daß derjenige, der seine Vorschriften nicht durchsetzen konnte, keine Autorität hatte. Wo also lag der Grund für diese, den Überzeugungen der aufgeklärten, liberalen Zeitgenossen gänzlich zuwiderlaufende, beharrende Tendenz der gewerblichen Gerichtsbarkeit in dem kleinen Land? Die eigentümliche, in das landauf, landab kolportierte Bild ungewöhnlicher Zurückgebliebenheit des ostwestfälischen Stifts[63] so vortrefflich passende Stabilität der Zunftgerichtsbarkeit hatte, neben dem natürlichen Interesse der Handwerker am Fortbestand dieser Einrichtung, ihre wesentliche Ursache in der Person des letztregierenden Fürstbischofs Franz Egon von Fürstenberg, der als entschiedener Gegner jeden Einflusses der französischen Revolution in seinen Landen alles tat, um die beharrenden Elemente, zu denen er auch die ehrbaren Meister und ihre Zunftordnung zählte, stabil zu erhalten. Mehr noch, er suchte ihre Bedeutung im Sozialgefüge des Landes möglichst zu stärken[64]. Als

---

[62] s.o. S. 32; für Preußen s. unten S. 55, 56.

[63] Zum Bild des Hochstifts Paderborn im öffentlichen Bewußtsein vgl. u. a. *Keinemann* (1970), S. 399 ff.; *Heggen* (1976/77), S. 541 ff.; *Heggen* (1978), S. 14 ff.

[64] Das Urteil über Franz Egon von Fürstenberg ist in den zeitgenössischen Quellen wie in der landesgeschichtlichen Literatur kontrovers: Während sein Zeitgenosse *Justus Gruner* (1802), Bd. 1, S. 111 f. ihn wegen seiner „Indolenz" scharf kritisierte, zeichnete Schwarz die Persönlichkeit des letzten Paderborner Landesherrn positiver, vgl. *Schwarz* (1828), S. 325 ff.. *Heggen* (1978, S. 88 ff.) beurteilt seine wirtschafts- und sozialpolitischen Leistungen recht kritisch. *Wolf* (1979, S. 251, 252) hingegen betont die partiellen Erfolge, die er auf diesem Gebiet erzielt hat.

probates Mittel drängte sich die Bewahrung der Zunftgerichtsbarkeit geradezu auf. So konnte er hoffen, daß die Zunftmeister weiterhin zu den konservativen Stützen des Staates zählten. Die Zurückhaltung der öffentlichen Gewalt in diesem sensiblen Bereich brachte aber noch einen weiteren Vorteil: Der Landesherr konnte getrost darauf setzen, daß die Ämter und Gilden ihre Gerichtsbarkeit nicht zuletzt dazu nutzten, an der Kontrolle der stets unruhigen Gesellen mitzuwirken.

Das Ende dieser althergebrachten Verteilung der Kompetenzen im Bereich der gewerblichen Gerichtsbarkeit kündigte sich erst an, als die Preußen im Jahre 1803 die Nachfolge des geistlichen Regiments angetreten hatten. Zwar kam es wegen der Kürze der Zeit, die ihnen verblieb, nicht zu einer grundlegenden Reform bzw. Beseitigung der funktionellen Befugnisse der Ämter und Gilden. Die wenigen überlieferten Einzelfallentscheidungen lassen aber immerhin erahnen, welche Ziele die preußische Politik gegenüber der im Paderborner Land noch immer lebenskräftigen Jurisdiktion der Handwerker verfolgte. Als der Magistrat der Stadt Nieheim im Jahre 1806 beim Landesherrn um Bestätigung eines lange verschollenen, gerade wieder aufgefundenen Gilde-Privilegs nachsuchte, wurde diese zwar gewährt; doch nutzte die Kriegs- und Domänenkammer die Gelegenheit zur Einfügung von Reformvorschriften: Die städtische Obrigkeit in Nieheim hatte künftig, und das war ein absolutes Novum, nach dem Vorbild der preußischen Generalprivilegien einen Magistratsbeisitzer zu ernennen. Dessen Aufgaben waren es, bei den Versammlungen des Bäckeramtes anwesend zu sein und die vorkommenden Streitigkeiten zu entscheiden[65]. Damit war die traditionelle Zunftgerichtsbarkeit, preußischem Vorbild entsprechend, weitgehend beseitigt worden. Das Beispiel belegt aufs deutlichste, daß der neue Landesherr entschlossen war, der berufsständischen Autonomie, wie in seinen Stammlanden, so auch in den erworbenen Gebieten jenseits der Weser ein Ende zu machen. Nur hatten die Preußen keine Möglichkeit mehr, ihre Pläne in größerem Rahmen in die Tat umzusetzen, da ihnen die Franzosen mit ihren weitaus radikaleren Lösungen zuvorkamen.

bb) Das Fürstbistum Münster

Natürlich hatten auch die Zunftmeister in den anderen Ländern Westfalens ursprünglich, handwerklicher Tradition gemäß, die autonome Jurisdiktion ihres Standes unabhängig ausgeübt. So war für die Handwerker im münsterländischen Vreden Pfingsten der große Festtag gewesen, an dem sie sich zur alljährlichen „Beisammenkunft" getroffen und ihre Vorsteher gewählt,

---

65 Schreiben der Kriegs- und Domänenkammer vom 18. 5. 1806 an den Magistrat in Nieheim, in: STAM, Fst. Paderborn, Hofkammer Nr. 352, fol. 145.

zugleich aber auch Gericht gehalten, Verstöße gegen die Gildeordnung geahndet und über Streitigkeiten zwischen einzelnen Gildemeistern entschieden hatten[66]. Auseinandersetzungen zwischen verschiedenen Ämtern, wie sie insbesondere um die Arbeitsabgrenzung oder um die Handelsbefugnisse der einzelnen Gewerke an der Tagesordnung waren, wurden hingegen vor dem städtischen Magistrat ausgetragen. Gaben sich die Parteien mit dessen Bescheid nicht zufrieden, bedurfte es einer weiteren Instanz: Als die Warendorfer Kramer im Jahre 1615 die Erzeugnisse der Baumseidenmacher am Orte beschlagnahmten, verschafften diese sich sogleich ihre Waren mit Gewalt wieder, ohne den Entscheid des Magistrats in der Sache abzuwarten. Die Vorgänge verursachten erheblichen Aufruhr in der Stadt. Im folgenden Prozeß gegen das Krameramt wegen der ungerechtfertigten Beschlagnahme und gegen das Baumseidenmacheramt wegen der Unruhen, die dessen Selbstjustiz ausgelöst hatte, wurden die Kramer zu einer Gelstrafe von 200, die Baumseidenmacher aber zu einer solchen von 300 Goldgulden verurteilt. Da beide Ämter das Urteil nicht annahmen, wandte sich der Magistrat im November 1615 an die „Unpartheyßsche Universität" zu Köln, von der die Rechtmäßigkeit des ergangenen Spruchs bestätigt wurde: „Daß dieß vorgeschriebene Urtheil den uberschickten acten und rechten gemees, bezeugen wir Dechant und andere Doctores und professores der Juristen Faculteten bey der universitet zu Colln"[67].

Der alten Ordnung, die in den Warendorfer Vorgängen noch einmal lebendig wird, machte der Landesherr des nördlichen Westfalen aber weit früher ein Ende, als dies in anderen Regionen der Fall war. Damit verschwand die typische, starke Stellung der Jurisdiktion der Zünfte und Städte in Handwerksangelegenheiten. Mit der Aufhebung der Handwerksverbände zahlreicher Städte des Fürstentums Münster im Jahre 1623 war auch die Gerichtsherrlichkeit, jedenfalls nach den Buchstaben des Gesetzes, verloren gegangen. Gerichtliche Instanz für gewerberechtliche Streitigkeiten sollten seither weder die Zünfte noch der städtische Magistrat, sondern der fürstbischöfliche Richter sein[68]. Als die Gilden nach Erlaß des Recessus restitutorii der Jahre 1627 / 1632, der bis zum Ende des geistlichen Staates in Kraft blieb, wieder hergestellt wurden, lebte ihre umfassende Gerichtsbarkeit, den Buchstaben des Gesetzes entsprechend, in der Tat nicht wieder auf[69]. Aber auch die von

---

[66] *Terhalle* (1983), S. 30.

[67] Kreisarchiv Warendorf, Stadt Warendorf, Altes Archiv, 2 E VII, 2.

[68] Vgl. *Klümper* (1940), S. 69.

[69] In Warendorf, Bocholt, Borken, Ahlen, Rheine, Dülmen und Haltern waren die Gilden bereits 1627 wieder zugelassen worden, s. *Terhalle* (1983), S. 41. Die einschlägige Bestimmung des Recessus restitutorii für die Stadt Vreden vom 15. März 1632 z. B. lautet: „So viell dan die Gilde betreffen thuet, wollen Wir für dießmahl aus Landtfürstlicher Gnaden dieselbewoll restituiren, aber dergestalt daß dießelbe nicht von dem Magistratus, sondern soll von uns als Landtfürsten bewilliget, und daß einer iederen

den Bestimmungen des Jahres 1623 vorgesehene Zuweisung der gewerberechtlichen Streitigkeiten an den landesherrlichen Richter wurde nicht praktisch. Dies hatte vor allem zwei Gründe:

1. Die meisten der vorhandenen Gildeordnungen galten unverändert fort. In Rheine oder in Beckum etwa wurden die Gildebriefe unter Verletzung der Bestimmungen des Recessus restitutorii während des 17. Jahrhunderts nicht neu bestätigt[70]. Die mangelnde Anpassung des Statutar- an das Landesrecht dürfte nicht zum wenigsten dazu beigetragen haben, die gewerbliche Gerichtsbarkeit in traditioneller Weise lebendig zu erhalten. 2. Diejenigen Zünfte, die um die landesherrliche Konfirmierung nachsuchten und denen die Bestätigung der Privilegien auch gewährt wurde, mußten zwar eine strenge Beschneidung ihrer Jurisdiktionsrechte im Sinne des Gesetzes von 1623 hinnehmen. Sie fanden sich aber mit der Verkürzung ihrer traditionellen Rechtsmacht leichten Herzens ab, da die Konfirmierung der Briefe ihnen ein überlegenes Äquivalent, nämlich die vor Gericht unanfechtbare Position in der Auseinandersetzung mit Pfuschern, Landhandwerkern und Händlern brachte. Die Meister allerdings wollten, wenn sie schon nicht mehr selbst Recht sprechen und ihre Verdikte vollstrecken durften, diese Funktionen nicht bei den landesherrlichen Behörden, sondern bei den örtlichen Magistraten angesiedelt wissen. Denn seit den Städten des Münsterlandes im Jahre 1632 die Ratswahl wieder gestattet worden war, konnten die Zünfte, die traditionell bedeutenden Einfluß auf das städtische Regiment ausgeübt hatten, erneut davon ausgehen, daß ihre Interessen bei der lokalen Behörde stets ein offenes Ohr fänden. So verabschiedete der Stadtlohner Magistrat im Jahre 1710 auf Ersuchen der örtlichen Schneider eine Gildeordnung, die nicht den landesherrlichen Richter, sondern den Magistrat zur richterlichen Instanz in Zunftangelegenheiten bestimmte[71]. Der Landesherr allerdings wollte sich seiner durch die Bestimmungen von 1623 und 1632 erweiterten Gerichtsbefugnis nun nicht mehr länger widerstandslos begeben. Deshalb lehnte Fürstbischof Franz Arnold von Wolff-Metternich zur Gracht die Bestätigung des Stadtlohner Entwurfs ab. Stattdessen erließ er im Jahre 1711 für das Gewerk eine neue Ordnung, die den ordentlichen Richter in gewerberechtlichen Streitigkeiten für zuständig erklärte. Als dessen Aufgabe wurde die Bestrafung der Beteiligung an Streitigkeiten oder Schlägereien bei Zusammenkünften der Handwerker exempla-

---

Gilden eine newe Rolle und Ordnung, wornach sie sich halten, gegeben werden solle, damit sowohl in Religion alß anderen politischen Sachen keine weitere Newerung als vorhin verspüret werden p." (abgedruckt bei *Terhalle* (1983), S. 110). Von einer Wiederherstellung der alten Jurisdiktionsgewalt der Gilden und Städte in Handwerksangelegenheiten ist nicht die Rede. Die Mehrzahl der Gilden dürfte aber, wie die Feststellungen Kaisers für Rheine zeigen, auch in den Jahren des Verbots fortbestanden haben, vgl. *Kaiser* (1978), S. 138.

[70] *Kaiser* (1978), S. 138 f.

[71] *Terhalle* (1983), S. 49; der Text der Ordnung vom 30. Nov. 1710 ist wiedergegeben bei *Terhalle*, a. a. O., S. 115 ff.

risch genannt. Die landesherrliche Gerichtsbarkeit sollte auch über Betrügereien gegenüber den Kunden, Sachmängel der verfertigten Arbeit und Mißhandlung der Lehrjungen befinden[72]. Es waren naturgemäß vor allem die deliktischen Tatbestände, für welche der staatliche Gesetzgeber seiner Gerichtsherrlichkeit Achtung verschaffen wollte. Den Meistern wurde die eigentliche Standesgerichtsbarkeit jedoch nicht völlig genommen. Ihnen blieb allerdings nicht mehr als die Befugnis, „Gesellen und Lehrjungen in denjenigen Sachen und Fällen, so zu der Schneyder-Handwerck praecise gehörig", ggf. mit einer Buße zu belegen; diese durfte ein Quantum Bier oder die Zahlung von drei oder vier Schillingen nicht übersteigen. Außerdem hatte der Meister, der die Gesellen eines Amtsbruders abwarb, auf das Verdikt seiner Genossen hin einen halben Taler Buße an die Zunft zu leisten[73].

Die knappe Skizzierung einschlägiger Bestimmungen zeigt bereits, daß die Aufzählung der jurisdiktionellen Zuständigkeiten des ordentlichen Richters bzw. der Meister in den Privilegien auch hier keine abschließende war, sondern daß, der unentwickelten Rechtstechnik jener Zeit entsprechend, aus der Vielzahl denkbarer gewerberechtlicher Streitigkeiten einige besonders signifikante herausgegriffen und exemplarisch vorgestellt wurden.

Der an dem Beispiel der Vredener Schneiderinnung ablesbare Versuch des Landesherrn, seiner Gerichtsbarkeit auch in der Rechtswirklichkeit umfassendere Kompetenzen zu verschaffen, hatte aber keinen über die kleine Zahl landesherrlich privilegierter Zünfte hinausgehenden Erfolg. Als sich der Vredener Schreiner Trahe im Jahre 1715 weigerte, der ihm nach Zunftbrauch obliegenden Pflicht nachzukommen, den übrigen Gildebrüdern seiner vom Landesherrn nicht bestätigten Zunft die Gildefeste, Prozessionen und Begräbnisse anzusagen, schritten weder die Zunft noch die Richter, sondern der örtliche Magistrat gegen ihn ein. Die städtischen Organe waren es, die dem Widerspenstigen, wie es der Handwerksbrauch verlangte, die Werkzeuge wegnehmen ließen[74]. Der nach den Bestimmungen von 1623 und 1632 allein zuständige fürstbischöfliche Richter hingegen wurde übergangen. Es war im Münsterland – den Vorschriften zuwider – erneut zur allgemeinen Gewohnheit geworden, daß der städtische Magistrat die gewerbliche Gerichtsbarkeit ausübte. So berichtete der fürstbischöfliche Drost von Twickel im Jahre 1715, die früheren Landesherren des Hochstiftes hätten ihre Beamten und Bedienten im allgemeinen „mit diesen geringen Sachen" nicht belästigen wollen, sondern die Gewerbegerichtsbarkeit den städtischen Magistraten überlassen[75]. Das

---

[72] Art. 6 – 8, 11 der Zunftordnung der Stadtlohner Schneider vom 20. August 1711, abgedruckt bei *Terhalle* (1983), S. 118 ff. (119, 120).

[73] Art. 21, s. Anm. 72), S. 122.

[74] STAM, Fst. Münster, Geh. Rat Nr. 354, zitiert nach *Terhalle* (1983), S. 44.

[75] s. *Terhalle* (1983), S. 44; so verhielt es sich, wie Beispiele aus Rheine zeigen, auch noch gegen Ende des Jahrhunderts, s. *Kaiser* (1978), S. 132.

Festhalten an der Prärogative des Magistrats dürfte seine Ursache nicht zuletzt darin gehabt haben, daß die meisten Zünfte, wie die Beispiele Vredens und Rheines[76] zeigen, nicht um die Bestätigung neuer Gildebriefe nachgesucht hatten. Vor allem deshalb scheiterte die Verwirklichung der einschlägigen Bestimmungen des Rezesses[77].

Als dann Kurfürst Clemens August am 4. Januar 1732 den Reichsabschied des Jahres 1731 mit einem Ausführungsedikt für das Fürstentum Münster publizierte[78], wurde die nach den Buchstaben des Gesetzes bereits bestehende Beschränkung der Jurisdiktion der Zünfte nochmals eingeschärft. Unter Bezugnahme auf die Art. II und V des Reichsabschiedes bestritt der Gesetzgeber den Meistern die Strafgewalt ausdrücklich. Stattdessen betraute er in der Landeshauptstadt Münster den eigens zu diesem Zweck ernannten „Deputierten zu Handwercks-Sachen" mit der Entscheidung gewerberechtlicher Streitigkeiten, während er in den übrigen Städten und Wigbolden[78a] des Hochstifts die Ortsrichter oder Gografen für zuständig erklärte (Art. I). Damit war es zu einem Auseinanderfallen der Zuständigkeiten zur Entscheidung gewerberechtlicher Streitigkeiten gekommen, welches noch das ganze Jahrhundert über fortwirken sollte.

Auch zum Verfahren traf der Gesetzgeber damals Anordnungen: Der münsterische Deputierte sollte „die (gemeldeten) Exzesse oder sonstigen Sachen . . . im Beyseyn der Ober- und Gildemeisteren vermits anhörender mündlicher Klage und Antwort, auch falls nöthig durch summarische jedoch Aydliche Abhörung der Zeugen untersuchen und in aller Kürtze ohnentgeltlich durch schriftlichen Bescheid entscheiden". Damit wurde, für jedermann deutlich sichtbar, Abschied von den geheimen Entschlüssen der Zunftversammlung, die weder eine geregelte, an rationalen Grundsätzen orientierte Beweiserhebung noch eine schriftlich fixierte – und damit nachprüfbare – Entscheidung kannte, genommen. An ihre Stelle sollte ein Verfahren treten, welches – dank der Mitwirkung der Handwerker – sachnahe Entscheidungen, zugleich aber auch wenigstens ein Mindestmaß an Rechtssicherheit garantierte.

Auch diese Verordnung gelangte in rechtstechnischer Hinsicht nicht über das ganz unzureichende Prinzip, einzelne Tatbestände, in denen der Münsteraner Deputierte zuständig sein sollte, exemplarisch aufzuzählen, hinaus.

---

76 *Kaiser* (1978), S. 138 f.

77 Vgl. *Terhalle* (1983), S. 54.

78 STAM, Fst. Münster, Edikte A 5 Nr. 454; desgl. STAM, Edikten-Sammlung Landsberg-Velen, Nr. 270; bei *Scotti* ist die Bestimmung nicht abgedruckt.

78a Wigbold hießen nördlich der Lippe die seit 1290 bewußt geschaffenen Minderstädte. Sie waren zwar rechtlich noch städtisch, besaßen aber oft schon keine Befestigung mehr und wiesen auch im Siedlungsbild sowie in den wirtschaftlichen Funktionen kaum Unterschiede zu den spätmittelalterlichen Großdörfern auf; s. *Balzer* (1983), S. 231 ff. (246, 247).

Dazu gehörte die Bestrafung des sog. „Schleifens“ bzw. „Hobelns“, der Initiationsriten der Gesellen also. Verstöße gegen das Verbot dieser archaischen Sitten sollten mit einer Buße von 50 Reichstalern geahndet werden. Die „bey Verfertig- und Besichtigung sothanen Meister-Stücken zur bösen Gewohnheit gediehene Freß- und Söffereyen“ wurden ebenfalls mit einer Strafe von 50 Reichstalern belegt. Streitigkeiten über die Annahme eines Meisterstücks sollte der Deputierte entweder selbst entscheiden oder aber die Probearbeit von zwei Meistern seines Fachs aus einem Nachbarort beurteilen lassen. Für dieses Verfahren wurde eine exakte Kostenregelung getroffen. Das weit verbreitete Abkaufen von Mängeln am Meisterstück wurde bei Strafe von 50 Goldgulden untersagt. Diese Bußgelder, die je zur Hälfte dem Denunzianten und dem Amte verfallen sein sollten, konnte der Deputierte erforderlichenfalls „durch würckliche, auch allenfalls Militaire Execution“ beitreiben. Für den Fall, daß ein Geselle oder Lehrjunge sich freiwillig bereit erklärte, dem Amt anläßlich der Freisprechung oder des Erwerbs des Meisterrechts mehr als vom Gesetz vorgesehen zukommen zu lassen, war der Geselle zu einer Strafe in Höhe von 25 Rtl., ersatzweise der Verlängerung der Gesellenzeit um ein Jahr, zu verurteilen. Auch der Lehrling, der dem Amte solch unerlaubte Vorteile gewährte, mußte gewärtigen, daß den abgeleisteten Lehrjahren noch ein weiteres hinzugefügt wurde. Schließlich wies der Landesherr die mit den Handwerkssachen betrauten Gerichtsinstanzen nochmals und in ausführlicher Weise auf das Vorgehen gegen die in Art. XIII des Reichsabschiedes genannten „Unordnungen“ hin. Er wollte „dieselbe in genere hiemit unter arbitrari Straff respektive auffgehoben, abgeschaffet, und ernstlich verbotten“ wissen, „weilen davon unter anderen nachbenahmste in unserem Hoch-Stifft Münster sehr starck eingewurtzelet, und in Zwanck gehen“; deshalb wirkte er nochmals selbständig auf die Beseitigung einer Vielzahl traditioneller Zunftgebräuche, die nunmehr als Mißbräuche empfunden wurden, hin. Um diesem Ziel näher zu kommen, bestätigte er, wie sich etwa für die Stadt Rheine zeigen läßt[79], nach Erlaß des Reichsabschiedes zahlreiche Gildebriefe neu. Durch Art. VIII des Reichsschlusses in Verbindung mit den einschlägigen Bestimmungen des Ausführungsgesetzes war den Handwerkern die standeseigene Jurisdiktion nochmals ausdrücklich entzogen worden; sie blieb nur noch in dem eng begrenzten Rahmen zulässig, den das Gesetz ihr belassen hatte. Auf diese Rechtslage machte der Landesherr in unverhohlener Sorge un die Einhaltung der Bestimmungen aufmerksam, indem er in einem Zusatz zu dem Genehmigungsvermerk der neu bestätigten Gildebriefe eigens darauf hinwies, daß nicht nur das bestätigte Privileg, sondern auch die Reichszunftordnung des Jahres 1731 in ihrer landesrechtlichen Fassung aus dem 1732 geltendes,

---

[79] 1739 wurden u. a. die Privilegien der Schuhmacher-, Fleischer- und Schneidergilde in Rheine neu bestätigt; vgl. *Kaiser* (1978), S. 138 ff., 161 ff. und 174.

von den Zünften zu beachtendes Recht sei[80]. An der Beschränkung der zünftigen Jurisdiktion in der durch den Reichsschluß vorgesehenen Weise konnte damit kein Zweifel bestehen.

Die einschlägigen Bestimmungen fanden, wie sich am Beispiel der neu bestätigten Zunftrollen zeigen läßt, auch allmählich Eingang in eine größere Zahl bestätigter Gildebriefe[81]. So bestimmte die Rolle der Warendorfer Tabakspinner aus dem Jahre 1740, daß Unstimmigkeiten über den vorzeitigen Abbruch der Lehre dem „Deputierten Commissario" vorzubringen seien, falls die Amtsvorsteher die Sache nicht beilegen könnten[82]. Und die Schreiner in Stadtlohn durften nach der Zunftrolle von 1751 nur noch bei geringfügigen Vergehen ihrer Zunftgenossen selbst einschreiten. Es war ihnen beispielsweise nachgelassen, einen Meister wegen unordentlicher Arbeit mit Bußgeldern, namentlich 14 Schillingen an das Amt und zwei Schillingen münsterisch an die Gildearmen, zu belegen[83]. Für den Wiederholungsfall hingegen wurde mit „fiscalischer Bestraffung" gedroht, d. h. die Angelegenheit sollte sofort vor das landesherrliche Gericht gezogen werden, welches auch im Falle der Warenveruntreuung unmittelbar zuständig war. Die grundsätzliche Anerkennung der landesherrlichen Gerichtshoheit kommt besonders deutlich in der Rolle der Warendorfer Schmiede aus dem Jahre 1740 zum Ausdruck, in dem diese den Richter zu Warendorf auffordert, die Privilegien des Amtes wider „jedermännigliche Contraventores" zu schützen[84].

Offenkundig mußte der Landesherr aber auch jetzt noch die seit langem untersagte Justiz der Landstädte in Gewerbesachen fürchten. Wie anders soll man erklären, daß der Stadtlohner Richter der örtlichen Schreinergilde eindringlich einschärfte, niemandem in der Stadt, „in specie dasigen Rat copiam (des Gildebriefes des Jahres 1752) zu geben und fals von Seiten der Bürgermeister und Rat dieserhalb sie ad curiam citirt zu werden unternommen würden, nicht zu erscheinen für fünf Gulden Straf anbefohlen"[85]?

Auch in der Instanzenfrage bestand für die Handwerker der Landstädte keine Klarheit: Die Zunftsachen der kölnischen Nebenländer in Westfalen, des Herzogtums Westfalen und des Vestes Recklinghausen also, gingen zur

---

80 Vgl. *Kaiser* (1978), S. 144.

81 Vgl. *Terhalle* (1983), S. 59 ff. (insbesondere S. 61).

82 Art. 6 der Rolle des Warendorfer Tabakspinneramtes aus dem Jahre 1740, in: STAM, Fst. Münster, Gilden und Zünfte, Nr. 97.

83 Art. 8 der Gildeordnung der Stadtlohner Schreiner vom 12. Juni 1752, abgedruckt bei *Terhalle* (1983), S. 123 ff. (125).

84 Rolle der Warendorfer Schmiede etc. aus dem Jahre 1740, in: STAM, Fst. Münster, Gilden und Zünfte, Nr. 61.

85 Zusatz zur Gildeordnung der Stadtlohner Schreiner vom 12. Juni 1752, abgedruckt bei *Terhalle* (1983), S. 123 ff. (128); s. dazu auch *Terhalle* (1983), S. 62.

Beratung an den Hofrat in Bonn. Für das Fürstbistum Münster war in diesem Fall nach van der Grinten der Geheime Rat in Münster zuständig[85a]. Wie ein Beispiel aus Rheine aus dem Jahre 1798 zeigt, wurde aber dasselbe Verfahren in Handwerkssachen zu gleicher Zeit beim Weltlichen Hofgericht und bei der Regierung in Münster sowie beim „Rheinischen Gericht" anhängig gemacht[85b].

Noch weit verworrener als in den Landstädten gestaltete sich die Abgrenzung der Zuständigkeiten in gewerberechtlichen Streitigkeiten im Rechtsalltag der Landeshauptstadt selbst. Hier, wo der Magistrat bald in die Funktion des Deputierten, den die Verordnung von 1732 vorgesehen hatte, hineingewachsen war[86], kam es bis zum Ende der geistlichen Herrschaft nicht zu einer wirklichen Kompetenzverteilung zwischen Zunft, Magistrat und ordentlicher Gerichtsbarkeit. An landesherrlichen Bestimmungen und Regelungen in dieser Frage fehlte es nicht[87] – die erhoffte Klarheit aber blieb, nicht zuletzt wegen der Eigenmächtigkeit der ordentlichen Gerichte – aus. Insbesondere führte die Frage der Zulässigkeit von Rechtsmitteln gegen die Entscheidungen des Magistrats in Gewerbesachen zu fortdauernden „Zweifeln und Irrungen".

Verursacht wurden die Wirrnisse durch die Widersprüchlichkeit der einschlägigen Bestimmungen: Während der Fürstbischof Franz Arnold den Beschwerten durch Verordnung vom 18. 2. 1718 die Appellation – ausschließlich an das Stadtgericht allerdings – zugestanden hatte, überantwortete die Münsterische Polizeiordnung (Art. 19)[88] die Gildesachen allein der Zuständigkeit des Magistrats, wenngleich unter Zuziehung der Alderleute der Gilden, ohne gegen die so getroffene Entscheidungen Rechtsmittel zuzulassen.

[85a] So *van der Grinten* (1908), S. 21.

[85b] s. *Kaiser* (1978), S. 75.

[86] Vgl. Art. XIX der Münsterischen Polizeiordnung (1740).

[87] Dekret des Fürstbischofs Franz Arnold vom 18. 2. 1718; Dekret des Fürstbischofs Clemens August vom 22. 7. 1737; Bescheid des Fürstbischofs Maximilian Friedrich vom 5. 8. 1772; Bescheid des Fürstbischofs Maximilian Friedrich vom 17. 6. 1784; s. Schreiben von Bürgermeister und Rat der Stadt Münster an den Landesherrn (undatiert), in: STAM, Fst. Münster, Kabinettsregistratur Nr. 3231, fol. 1 ff.

[88] „Damit aller Unlust unter den gemeinen Aembteren oder Gilden und sonsten verhütet und hingegen guter Fried und Einigkeit erhalten werden möge, so ist verordnet und beschlossen, wo sich in oder unter den gemeinen Aembteren einiger dieß Verstand, Zweytracht oder Uneinigkeit erheben und zu tragen, oder das eine Ambt gegen das andere in Unwillen sich aufflehnen, ob sonsten einer muthwillig wieder ein gantzes Ambt oder desselben Gerechtigkeit handelen und sich widersetzen würde, daß in solchen Fällen ein Erbahrer Rath mit und zu sambt Alder- und Meister Leuthen so denselbigen Aembteren nicht verwandt, die irrige Partheyen ihrer Gebrechen halben gütlich vorbescheiden und verhören, auch wo möglich freundlich vergleichen, vertragen, oder aber in Entstehung der Gütlichkeit sich eines einhelligen Außspruchs nach bester Billigkeit vereinbahren, und dadurch beyde Partheyen voneinander legen und entscheiden sollen mögen, welchen Außspruch auch beyderseiths Partheyen ohne einige Appellation Reduction obsonsten andere Außflucht anzunehmen, und es dabey endlich bewenden zu lassen schuldig seyn sollen", s. Art. XIX der Policey-Ordnung der Haupt- und Residentz-Stadt Münster in Westphalen (o. O.), (1740).

Die Regelung des Landesherrn wurde bestätigt durch ein kurfürstliches Reskript vom 5. 7. 1788, welches bestimmte, „daß von den städtischen Erkänntnissen in Gildesachen der Weg an das Münsterische Stadtgericht zu nehmen, und allenfalls von Seiten höchst dero geheimen Raths dorthin zu verweisen sein“[89]. „Weiter aber und an anderen Örtern“ sollten Rechtsmittel nicht zugelassen sein. Der Geheime Rat und das Weltliche Hofgericht waren mit ihrer Ausschaltung aber keineswegs einverstanden. Ungeachtet der landesherrlichen Verordnungen judizierten sie weiterhin in gewerberechtlichen Streitigkeiten. Das Weltliche Hofgericht rechtfertigte seine Rechtsprechungstätigkeit mit der an scholastische Spitzfindigkeit gemahnenden Begründung, „daß zwarn die Anbringung der appellation für unerlaubt“ zu achten sei, „die Annehmung derselben aber dem weltlichen Hofgericht nicht verbotten seyn“. Trotz wiederholter Vorstellungen des Magistrats führte auch der letzte Kurfürst Max Franz keine Klärung der Rechtswegfrage herbei, so daß der Kompetenzenstreit weiterhin schwelte. Deshalb dürfte es nicht nur das unübersehbare Mißtrauen gegen die staatliche und städtische Gerichtsbarkeit, sondern ebensosehr der heillose Kompetenzenwirrwarr gewesen sein, der die Meister veranlaßte, den Rechtsweg auszuschöpfen. Bei den Unterlegenen in gewerberechtlichen Streitigkeiten war es nämlich üblich geworden, sich nicht mit der Entscheidung des Magistrats und des Stadtrichters zufrieden zu geben[90]. Naturgemäß beschleunigte die Erprobung des Instanzenzuges die Rechtsverfolgung nicht gerade. So schwebte ein von den Warendorfer Leinewebern gegen die Kramer der Stadt angestrengter Prozeß, in dem die Kläger behaupteten, nicht nur das Privileg auf das Weben von Leinen, sondern auf den alleinigen Handel mit Leinenerzeugnissen zu besitzen, der sich schon 1706 in einem akuten Stadium befand, im Jahre 1755 noch immer[91]. Angesichts solch ausufernder Verfahren beabsichtigte Max Franz gegen die Ausschöpfung des Rechtsweges Maßregeln zu ergreifen, wurde aber durch die Kriegsereignisse an wirksamem Vorgehen gehindert[92].

---

[89] Schreiben v. Bürgermeister und Rat der Stadt Münster an den Fürstbischof (undatiert) in: STAM, Fst. Münster, Kabinettsregistratur 3231, fol. 1 ff.

[90] So wandte sich z. B. der Münsteraner Schreinergeselle Eckenkötter, der wegen verweigerter Zulassung zum Schreineramt der Stadt beim Magistrat und beim Stadtrichter geklagt hatte, 1778 unmittelbar an den Landesherrn; s. Petition v. 19. 3. 1778, in: Stadtarchiv Münster, AXI 226; vgl. auch *van der Grinten* (1908), S. 34; der Bürgermeister der Stadt Rheine klagte im Jahre 1798 wegen der ausschließlichen Gewerbsberechtigung der Schmiede beim weltlichen Hofgericht und bei der Regierung; vgl. *Kaiser* (1978), S. 75.

[91] Kreisarchiv Warendorf, Stadt Warendorf, Altes Archiv 2 E VIII 9; STAM Fst. Münster, Gilden und Zünfte Nr. 128; der Rechtsstreit war entbrannt, weil die Kramer die Wandmacher am Verkauf von Tuchen gehindert hatten. Streitobjekt war ein leichter Futterstoff, der nach Ansicht der Kramer allein zu ihrem Handelsbereich gehörte.

[92] *van der Grinten* (1908), S. 34.

Im übrigen aber betrieb der Fürst eine Gewerbe- und Zunftpolitik, die durchaus die persönliche Handschrift dieses aufgeklärten und reformeifrigen Habsburgers erkennen ließ. So wies er in schöner Regelmäßigkeit in allen Privilegien, die er bestätigte oder revidierte, darauf hin, daß die gewerblichen Streitigkeiten nach den Vorschriften der landesherrlichen Verordnung vom 4. Januar 1732 zu entscheiden seien. An der damit begründeten, zwischen der Landeshauptstadt und den Landstädten differenzierenden Zuständigkeitsregelung solcher Verfahren hielt er fest. Die Gildebriefe, mit denen Max Franz die Zünfte in den Landstädten des Münsterlandes begabte, betrauten, ganz im Sinne dieses Gesetzes, ausdrücklich die „besonders deputierten Richter“, die Vertreter der staatlichen Gerichtsbarkeit also, mit der Entscheidung von Handwerkssachen[93].

Die Entscheidungsgewalt der Meister in gewerblichen Streitigkeiten hingegen wurde in der Mehrzahl dieser Privilegien nicht mehr erwähnt. Man geht nicht fehl in der Annahme, daß es sich hier um nicht weniger als um eine unmißverständliche Absichtserklärung handelte. Die Stellung der öffentlichen Gewalt sollte gestärkt, die traditionellen Rechtsprechungsaufgaben der Zunft hingegen möglichst der Vergessenheit anheimgegeben werden. Nurmehr mittelbar fand die jurisdiktionelle Tätigkeit der Zünfte noch Aufmerksamkeit, indem verordnet wurde, daß die bei der Zunft eingehenden Zahlungen, „so wie auch die etwaigen Strafgelder“ zum Besten der Korporation verwendet, nicht aber „durch Zechereien verschwendet“ werden sollten[94].

Allein in den Privilegien, die Max Franz den Handwerkern der Landeshauptstadt Münster gewährte, räumte er den Meistern ausdrücklich eine gewisse Strafgewalt ein. So durften die Mitglieder der münsterischen Maler-, Sattler-, Glaser- und Wagenmacherzunft selbständig Strafen, die nicht mehr als einen Taler betrugen, verhängen[95]. Die Uhrmacher in Münster ermächtigte der Fürst sogar, alle in „sonstigen (arbeitsrechtlichen) Streitigkeiten und Amtssachen vorkommenden Klagen und Beschwerden“ selbst beizulegen[96]. Generell behielt jeder, der sich durch ein Verdikt der Zunftgenossen in Münster zu Unrecht beschwert fühlte, das Recht der Appellation an den Magistrat[97]. Daß arbeitsrechtliche Streitigkeiten zwischen den Meistern und ihren

---

93 Gildebrief für das Bäckerhandwerk in Rheine vom 3. 10. 1800, Art. 9, 17, in STAM, Fst. Münster, Geh. Rat, Nr. 358; Gildebrief für das Schreiner-Amt Beckum v. 10. 4. 1799, Art. 4, in: STAM, Fst. Münster, Geh. Rat, Nr. 386; Gildebrief für das Schmiedeamt Beckum v. 2. 3. 1801, Art. 10, in: STAM, Fst. Münster, Geh. Rat, Nr. 377; Gildebrief für das Schneideramt Beckum, v. 11. 11. 1797, Art. 4, in: STAM, Fst. Münster, Geh. Rat, Nr. 379; vgl. auch *van der Grinten* (1908), S. 34.

94 So Art. 23 des Gildebriefes für das Bäckeramt Rheine vom 3. 10. 1800, in: STAM, Fst. Münster, Geh. Rat, Nr. 358.

95 *van der Grinten* (1908), S. 33.

96 STAM, Fst. Münster, Geh. Rat, Nr. 402 (1802).

97 *van der Grinten* (1908), S. 33.

Gesellen und Lehrlingen in der Tat durch den städtischen Magistrat entschieden wurden, läßt sich für das münsterische Schreineramt nachweisen[98].

Um den unleidlichen Auseinandersetzungen vorzubeugen, griff man in den Ländern Max Franzens im Bereich der Arbeits- und Ausbildungsverhältnisse auch zu dem Mittel der Vereinbarung von Vertragsstrafen. Auf diese Weise ließen sich die Ordnungsvorstellungen der Zünfte durchsetzen, ohne daß der kostspielige ordentliche Rechtsweg beschritten werden mußte. So berichtet das Gildebuch der Schmiedegilde in Recklinghausen von einer Vereinbarung zwischen Meister und Lehrling aus dem Jahre 1785, wonach der Lehrling bei vorzeitigem Abbruch der Lehre eine Ohm Bier sowie der Meister, falls er den Lehrling überforderte, ebenfalls dieses Quantum an die Gilde zu liefern hatte[99].

Trotz mancher Einzelfallregelungen gelang es aber auch der Gewerbepolitik Max Franzens nicht, die Rechtswirklichkeit allerorten mit der bestehenden Rechtslage zu versöhnen[100]. Daß die Bemühungen des letzten Landesherrn auf diesem Felde Stückwerk blieben, läßt sich besonders plastisch am Beispiel der Vollstreckungsmaßnahmen der Zünfte zeigen. Wie unklar und verworren die Zuständigkeiten gerade in diesem Bereich den Zeitgenossen noch unter der Ägide Max Franzens erschienen, zeigt ein Fall aus Rheine überaus deutlich: Der dortige Stadtadvokat Crone schilderte die Vorgänge folgendermaßen: „Im Jahre 1798 im junius liß der Bürgermeister Meyer zu Rheine einen von ihm auswärts beschlagenen wagen nach seinen hauße transportiren; er gebrauchte denselben einige tage und nach verlauf zweir tage nahmen sich die schmiede ambtsgenoßen der Stadt Rheine die freyheit mit zuziehung eines gerichts dieners, den sie pro forma bey sich führten vermitz erbrechung der Stallthüre den wagen eigenmächtig fort zu nehmen und in voller jubel über die straße nach des wirts overmans hauße zu transportiren, worauf auf der glücklichen ankunft des wagens nicht ein wenig getrunken wurde; da dieses spolium offenbar war, und der Bürgermeister Meyer die klage darüber angestellt hatte, auch beym Rheinischen gericht, beym weldlichen hofgericht, und bey der Hochlöblichen Regierung die Restitution des wagens S.C. angefohlen war, so sahen die schmiede ambtsgenoßen um bey künftigen unerlaubten handlungen ihre schande zu decken sich genötiget Sr. Kuhrfürstlichen Durchlaucht zu ersuchen, damit der selbe geruhen mögte ihre Edicts wiedrige Rolle zu bestättigen respee ihnen zu erlauben, daß sie mit zuziehung eines gerichts dieners zu jeder zeit die thüren eines privat Eingeseßenen erbrechen und die im hauße auf eines anderen Eigenthum befindliche schmiede arbeit mit gewaldt fortnehmen mögten, welches doch wohl (k)ein Landes Herr erlauben

---

98 Einzelne Beispiele finden sich in STAM, Fst. Münster, Geh. Rat, Nr. 383, fol. 53, 56.

99 *Molitor* (1926), S. 41.

100 So aber *van der Grinten* (1908), S. 34.

wird noch kann"[101]. Der Gildebrief des Schmiedeamtes aus dem Jahre 1719 enthielt – durchaus typisch – keine Hinweise auf die Zwangs- und Bannrechte sowie auf die Ausübung der standeseigenen Gerichtsbarkeit durch die Zunft. Daher wurden, nachdem die Gilde, angestoßen durch den Erlaß des Reichsabschiedes und die Verordnung vom 4. 1. 1732, um Konfirmierung ihrer Privilegien nachgesucht hatte, im Jahre 1740 die „Edictmäßigen" Bestimmungen des geltenden Privilegs bestätigt, „wegen deren übrigen aber gnädigst verordnet", daß „an statt deren, die deren Zünften halber . . . gnädigst erlaßenen Edicta eingefolget werden sollen . . ."[102]. Damit waren der Reichsabschied und das münsterische Ausführungsgesetz des Jahres 1732 nochmals ausdrücklich zur maßgeblichen Norm für Art und Umfang der Gerichtsbarkeit der Zunft bestimmt worden. Während der Reichsabschied keine Regelung zur Durchsetzung der Zwangs- und Bannrechte traf, gestattete er die Ausübung der standeseigenen Jurisdiktion der Handwerker in Art. VIII immerhin insoweit, als . . . „ihnen dieselbe Kraft ertheilten und nach publicierten diesen neuen Reichs-Gesetzen je eher zu revidierenden Innungs-Briefen oder Handwercks-Ordnungen . . . von der Obrigkeit zugelassen" worden war. Somit blieb, da das Privileg der Schmiede in Rheine nichts zur Gerichtsbarkeit der Zunft aussagte, die Verordnung von 1732 hingegen den örtlichen Richter allein für zuständig erklärte, problematisch, ob man die Zuziehung des Gerichtsdieners als zureichenden Ersatz für eine gerichtliche Entscheidung gelten lassen konnte. Ebenso unklar war die Frage, ob die Gilde nachweisen konnte und nachweisen mußte, daß sie durch Zwangs- und Bannrechte privilegiert war. Der Stadtadvocat Crone jedenfalls vertrat die Auffassung, daß solche Gewohnheitsrechte, sofern sie bestünden, überholt und daher unbeachtlich seien – eine Ansicht, die auch von der Mehrheit des Magistrats in Rheine geteilt wurde. Eine Klärung wurde schließlich dadurch herbeigeführt, daß der Landesherr der schon beinahe verlorenen, von vielen als unzeitgemäß betrachteten Rechtsposition der Zunft zu neuer Achtung verhalf: Er erteilte den Schmieden in Rheine einen neuen Gildebrief unter ausdrücklicher Zusicherung der bis dahin nicht schriftlich fixierten Zwangs- und Bannrechte. Auch die Bäcker in Rheine konnten wenig später eine Bestätigung ihrer Privilegien durch den Landesherrn erreichen. Den Meistern der Stadt wurde bei Verstößen gegen die Zwangs- und Bannrechte ausdrücklich das Recht der Konfiskation zugestanden: „Dem übertreter dieses Verboths kann mit Vorwissen und Erlaubnis des Ortsrichters das gebackene Brod vom Amte fortgenommen werden und soll dieser . . . in eine Strafe von einem Reichstaler nach Erkenntnis der Ortsrichters verfallen seyn"[103]. Das konfiszierte Brot sollte an die Armen verteilt werden. In ganz ähnlicher Weise begünstigte Max Franz

---

[101] s. *Kaiser* (1978), S. 75.

[102] Verordnung vom 10. Januar 1740, abgedruckt bei *Kaiser* (1978), S. 465.

[103] Art. 14 des Gildebriefs für das Bäckerhandwerk Rheine vom 3. 10. 1800, in: STAM, Fst. Münster, Geh. Rat, Nr. 358.

auch die Beckumer Zünfte, deren bis dahin allein auf dem Herkommen beruhenden Vorzugsrechte ebenfalls kaum noch durchsetzbar gewesen waren. So gestattete er dem dortigen Schreineramt, dem die in jedem einzelnen Kontraventionsfall notwendige Klage beim ordentlichen Richter zu langwierig und kostspielig erschien, daß die Meister, „wie in Münster üblich“, den Pfuschern die Arbeit selbst fortnehmen durften (Art. 10). Eine spätere rechtliche Überprüfung des Vorgangs durch den Richter war allerdings vorgesehen[104]. Auch anderen Beckumer Ämtern räumte Max Franz das Konfiskationsrecht gegenüber Pfuschern und Händlern, immer jedoch nur außerhalb der Jahrmärkte, und, anders als bei den Schreinern, allein aufgrund zuvor vorliegender Erlaubnis des Ortsrichters, ausdrücklich ein[105]. Mit der Restituierung des Vollstreckungsrechts der Zünfte in den von Max Franz bestätigten Privilegien war allerdings keine Wiederherstellung der zünftigen Strafgewalt gegenüber den Pfuschern verbunden. Der Fürst nämlich untersagte Ämtern und Gilden die selbständige Bestrafung der Bönhasen mit der aufgeklärtes Denken verratenden Begründung, daß sie, die Meister, ja Partei seien und ihnen eine Strafgewalt in eigener Sache schlechterdings nicht zukommen könne[106]. Glaubten die Gildegenossen ihre Zwangs- und Bannrechte durch Außerzünftige verletzt, so hatten sie um eine über die bloße Konfiszierung des Handwerkszeugs hinausgehende Bestrafung der Schuldigen bei den Gerichten nachzusuchen. Dies galt vor allem für die große Zahl der Zünfte, denen der Fürst die Bestätigung oder Verbesserung der Gildebriefe verweigerte. So blieben beispielsweise alle Bemühungen der Bocholter Handwerker, deren Amtsrollen im Jahre 1707 zum letzten Male bestätigt worden waren, um erneute Konfirmierung fruchtlos[107]. Die Vielzahl dieser nicht mehr privilegierten Korporationen, deren Zwangs- und Bannrechte zumeist ebensowenig wie die Befugnis zur Ausübung standeseigener Gerichtsbarkeit oder das Vollstreckungsrecht gegenüber Pfuschern ausdrücklich festgeschrieben waren, lebte bis zur Aufhebung der Zünfte weiterhin in ungesicherten Rechtsverhältnissen. Die selbständige, legale Verteidigung ihrer Rechtsposition durch Ausübung des traditionellen Konfiskationsrechts blieb ihnen durch die Bestimmung des Reichsabschiedes in Verbindung mit dem Ausführungsgesetz des Jahres 1732 verwehrt. Die Anrufung der ordentlichen Gerichte setzte ein langwieriges und kostspieliges

---

104 Art. 9, 10 des Gildebriefes des kombinierten Schreiner-, Drechsler-, Faßbinder- und Glasemacher-Amtes in Beckum vom 10. 4. 1799. In Art. 10 hieß es: „Es soll aber dies dem dasigen Richter eingeliefert werden, damit von demselben, nach vorheriger Untersuchung, puncto confiscationis das Rechtliche erkannt werden könne“, in: STAM, Fst. Münster, Geh. Rat, Nr. 386.

105 Art. 9, 10 des Gildebriefes für das Schneideramt Beckum vom 11. 11. 1797, in: STAM, Fst. Münster, Geh. Rat, Nr. 379; Art. 20 des Gildebriefs für das kombinierte Schmiedeamt in Beckum, vom 2. März 1801, in: STAM, Fst. Münster, Geh. Rat, Nr. 377.

106 s. *van der Grinten* (1908), S. 34.

107 s. *Reekers* (1976), S. 172.

Verfahren in Gang, dessen Ergebnis wegen der nicht immer leichten Beweisbarkeit der gewohnheitsrechtlichen Beachtung ihrer Zwangs- und Bannrechte unsicher war. Daß viele der Zünfte die gewerblichen Vorzugsrechte am Ende des 18. Jahrhunderts nicht mehr durchsetzen konnten, hatte hier seine Ursache. Zudem fanden die Vorzugsrechte der Korporationen allmählich immer weniger Verteidiger. Als die Warendorfer Zimmerleute im Jahre 1804 über die Anfertigung von Pumpen durch fremde Meister Klage führten, strengten sie den Vorschriften entsprechend ein ordnungsgemäßes gerichtliches Verfahren an. Der Stadtrichter Schlüter allerdings ließ den Zunftzwang der Zimmererprofession nur für solche Arbeiten gelten, die alle Zimmerleute mit ihren gewöhnlichen Werkzeugen verrichten konnten, und nicht für diejenigen Fertigkeiten, welche die Amtsgenossen quasi „nebenbei" erlernt hätten, „denn sonst könnte der Zunftzwang des Zimmereramts über alle möglichen Kunstwerke ausgedehnt werden"[108]. Daß der Richter seine Aufgabe nicht allein in der Streitentscheidung sah, sondern darüber hinaus im Sinne des unter den Gebildeten der Zeit längst zum Gemeingut gewordenen liberalen Denkens maßregelnd auf das Gewerbeleben einwirken wollte, lassen seine weiteren Ausführungen erkennen: „Nur fordern wir diejenigen, die sich damit (der Herstellung vom Pumpen) abgeben, auf, sich durch gute Arbeit, prompte Bedienung und billige Preise dem Publicum zu empfehlen, welches das beste Mittel ist, die Fremden Mitbewerber zu verdrängen"[109]. Für jedermann sichtbar ersetzte der Warendorfer Richter das den Kern zünftigen Selbstverständnisses ausmachende Prinzip der gleichen Nahrung durch dasjenige des freien Wettbewerbs. Die Gewerbefreiheit warf auch in den Landstädten des Münsterlandes ihre Schatten voraus.

Andererseits veranlaßte, und darauf muß an dieser Stelle gerade wegen des frappanten Gegensatzes nochmals und mit Nachdruck hingewiesen werden, die wenig durchschaubare Rechtslage die Handwerker selbst noch nach dem Ende der fürstbischöflichen Herrschaft, zur Verteidigung ihrer Vorzugsrechte zur Selbsthilfe greifen. Die Masse der Ämter, die eine Konfirmierung ihrer zumeist recht unvollständigen Briefe nicht mehr erreichte, lebte bis zur Aufhebung nach ihrem alten Gilderecht bzw. nach zünftigem Gewohnheitsrecht. Besonders anschaulich läßt sich die fortdauernde Ignorierung der Intentionen der Reformgesetzgebung am Beispiel Warendorfs zeigen: Dort bestimmte die Rolle des Schneideramtes aus dem Jahre 1634: „Es soll auch keiner, so im Amte nicht ist, hiebinnen in der Bürger Häusern Heimblich oder öffentlich arbeiten, und da einer oder ander desse zuwieder handlen würde, der oder dieselbe sollen derowegen in gepuerende straeff genohmen werden, und

---

108 Schreiben der Warendorfer Zimmererzunft vom 23. 8. 1804 und Entscheidung des Stadtrichters vom 27. 8. 1804, in: Kreisarchiv Warendorf, Stadt Warendorf, Altes Archiv 2 E XVI, 1.

109 s. Anm. 108).

dabey dem Ambte frey stehen, dieselbe (die Arbeit) in der Bürger Häuser ohne einige Einrede dem alten Gebrauch nach zu suchen"[110]. Und eben dieser Bestimmung entsprechend, ohne die mindeste Rücksicht auf den Reichsabschied und die dort verlangte, aber fehlende „Einrichtung" der Gildebriefe „nach der Sachen gegenwärtigen Zustand" (Art. I) zu nehmen, verfuhr das Warendorfer Schneideramt noch im Jahre 1807: Als die Meister bei der Jungfer Ambsen sowie bei der Ehefrau Fils und deren Schwester Sophia Zwoll monopolwidriges Werkeln witterten und in der Tat bei einer Haussuchung unter Assistenz eines Gerichtsdieners je ein in Arbeit befindliches Kleid fanden, wurden die auf frischer Tat Betroffenen durch einen Vergleich vor dem Richter Schlüter zur Lieferung eines Scheffels Roggen an die Armen des Schneideramtes verpflichtet. Die Kleider aber wurden Meistern zur Vollendung übergeben[111]. Immerhin wurde hier – ohne daß sich in dem Schneiderprivileg eine solche Vorschrift fand – der Richter als für die Festsetzung der Strafe kompetent erachtet. Die bedeutungslosen und deshalb von der Gewerbepolitik Max Franzens unbeachtet gebliebenen Ämter und Gilden hingegen konnten, da sie außerstande waren, ihre Vorzugsrechte nachzuweisen, nicht auf den Beistand des Gerichts hoffen. Als typisches Beispiel einer solchen, insbesondere in den Kleinstädten und Wigbolden des Münsterlandes beheimateten, nur rudimentär entwickelten Korporationen sei auf die Genossenschaft der Vredener Weber hingewiesen, die sich im Jahre 1798 lediglich erinnerten, daß einst eine Zunftrolle für ihr Amt existiert hatte. Die Meister waren aber weder über deren Verbleib noch über die dort getroffenen Bestimmungen unterrichtet[112]. Damit war ein Vakuum entstanden, welches dem Gewohnheitsrecht notwendig neues Gewicht geben mußte. Solche Ämter dürften durchaus bereit gewesen sein, ihre standeseigene Jurisdiktion in traditioneller Weise auszuüben, sofern sich deren Verdikte nur durchsetzen ließen.

cc) Das Herzogtum Westfalen

Für das kurkölnische Westfalen kann der Erlaß einer der münsterischen Verordnung vom 4. 1. 1732 vergleichbaren Ausführungsverordnung zum Reichsabschied des Jahres 1731 nicht nachgewiesen werden. Überhaupt verharrte das Land im Schatten der reformerischen Bestrebungen seiner Landesherren und bewahrte auf diese Weise seine archaischen Rechtszustände in erstaunlichem Maße. Der Gildebrief der Schreiner, Schneider, Schuster und

---

[110] Art. 20 der Rolle des Warendorfer Schneideramtes von 1634, in: STAM, Fst. Münster, Gilden und Zünfte Nr. 102.

[111] Protokoll vom 23.12.1807, in: Kreisarchiv Warendorf, Stadt Warendorf, Altes Archiv 2 E X, 1, Nr. 45.

[112] *Terhalle* (1983), S. 76.

Schmiede der Freiheit Meschede vom 3. August 1719 beispielsweise wurde noch im Jahre 1765, Jahrzehnte nach Erlaß des Reichsabschiedes, in unveränderter Form erneut konfirmiert[113]. Damit wurde nicht nur der Zunftzwang in altgewohnter Weise bestätigt; wichtiger war, daß das Recht der Meister, Pfuschern und Händlern ohne Zuziehung des Gerichts die Arbeitsgerätschaften ebenso wie die verfertigten Waren fortnehmen zu dürfen, unangetastet blieb. Streitigkeiten zwischen den Meistern wurden durch das Amt geahndet, indem die Delinquenten zur Hergabe von Wachs in jeweils für den Einzelfall festzusetzender Höhe verurteilt wurden. Kam es zu Tätlichkeiten, war das Amt unter ausdrücklichem Hinweis auf das landesherrliche Interesse gehalten, den Vorfall dem Bürgermeister und Rat der Stadt anzuzeigen. Neben der „gebührenden Brüchtenstrafe“, die die öffentliche Gewalt verhängte, hatten die Täter der Korporation, so wollte es das Statut, eine Tonne Bier sowie Wachs zu liefern. Arbeitsrechtliche Streitigkeiten – im Gildebrief sind nur solche zwischen Meister und Lehrling erwähnt – wurden ausschließlich durch das Amt entschieden.

Die Gesamtheit der Regelungen beschreibt einen Zustand des Gewerberechts, der nicht lediglich vorreformatorische Züge trägt, sondern nachweist, daß das Handwerk im Herzogtum Westfalen von den zahlreichen Impulsen des Reichsabschiedes weitgehend unberührt geblieben war. Der sauerländische Ständestaat unternahm nicht einmal den Versuch, den Korporationen die Zuständigkeit zur Entscheidung gewerberechtlicher Streitigkeiten zu entwinden. Lediglich die sog. „Exzesse“, die die öffentliche Sicherheit und Ordnung verletzten, waren der öffentlichen Gewalt überantwortet. Der Vergleich mit dem Zustand des Gewerberechts im Paderborner Hochstift drängt sich auf. Unter dem Kölner Krummstab allerdings waren die Rechtsverhältnisse noch um Grade archaischer geblieben. In den Privilegien fehlt vor allem der Hinweis auf die Aufsicht staatlicher oder städtischer Behörden und Ämter, insbesondere über deren Rechtsprechungstätigkeit. Daraus folgt zwar nicht, daß der Rekurs an den Magistrat bzw. die ordentlichen Gerichte in gewerblichen Streitigkeiten ausgeschlossen gewesen wäre; das Schweigen der Quellen wirft aber ein bezeichnendes Licht auf den geringen Einfluß, den die öffentliche Gewalt auf die Entscheidung solcher Fälle nehmen konnte. Im Grundsatz dürfte die einschlägige Rechtsprechung unverändert und unangefochten in der Hand genossenschaftlicher Korporationen verblieben sein.

Daran änderten auch die reformerischen Intentionen Max Franzens nichts. Die Bemühungen dieses letzten geistlichen Landesherrn des kölnischen Westfalen fanden ihren Niederschlag in der Neufassung nur weniger, für das Handwerk des Sauerlandes geltender Bestimmungen, und die Korporationen der

---

[113] Gildebrief der Schreiner, Schneider, Schuster und Schmiede in der Freiheit Meschede vom 3. August 1719, in: STAM, Hzgt. Westfalen, Landesarchiv III, 59.

kleinen Landstädte des südlichen Westfalen gehörten nicht zu denjenigen, die sich der bevorzugten Aufmerksamkeit des Fürsten, der einer Befestigung der Zunftmonopolien grundsätzlich kritisch gegenüberstand, erfreuten. So lassen sich für das westfälische Herzogtum nicht einmal Ansätze zu einer Reform der gewerblichen Gerichtsbarkeit nachweisen.

Die Rechtspflege in gewerberechtlichen Streitigkeiten blieb nach alledem selbst unter der Ägide des im Grunde reformeifrigen, aufgeklärten Landesherrn Max Franz mit schwerwiegenden Mängeln behaftet: Da das Statutarrecht der Zünfte in den von dem Habsburger regierten Ländern, ja selbst innerhalb einzelner Städte von Zunft zu Zunft variierte und es zu einer allgemeinen Zunftreform in den Territorien des Kurfürsten nicht kam, zog er beim Entwurf seiner Maßnahmen stets die Behörden der einzelnen Gemeinden zu Rate[114]. Die notwendige Folge war, daß der Neuordnung der Zunftgerichtsbarkeit das einheitliche Konzept fehlte. Die Verbesserungen erfaßten nur einzelne Korporationen, so daß die lokalen Unterschiede fortbestanden bzw. sich noch weiter verfestigten. Die Inhalte der Privilegien und Gildebriefe blieben nach Ort und Gewerbe außerordentlich verschieden. So wie die Rechtsverhältnisse der einzelnen Ämter insgesamt disparat waren, blieben auch Art und Umfang der zünftigen Jurisdiktion von den unterschiedlichen Gegebenheiten der lokalen und territorialen Rechtspolitik der ständisch organisierten Länder, die Max Franz regierte, abhängig. Der trotz mancherlei Klarstellungen bis zum Ende der geistlichen Territorien fortbestehende, verworrene Zustand der Rechtspflege in Gewerbesachen warf ein bezeichnendes Licht auf die Unfähigkeit des Staates, an die Stelle der vergehenden Zunftordnung rechtzeitig neue, funktionstüchtige Organisationsformen zu setzen.

dd) Die preußischen Länder Westfalens

Ein ganz anderes, klareres Urteil ermöglicht und verdient Preußen, welches energisch darangegangen war, die von dem Reichsgesetz vorgezeichnete Reform des Zunftrechts und der Zunftgerichtsbarkeit durch den Erlaß landesgesetzlicher Bestimmungen zu verwirklichen. Das entschlossene Vorgehen fiel um so leichter, als der Staat auch in seinen westfälischen Provinzen bereits frühzeitig auf die Verlagerung der Kompetenz zur Entscheidung gewerberechtlicher Streitigkeiten von den Zunftgerichten zu speziellen städtischen Organen gedrungen hatte.

Wie sich am Beispiel der märkischen Gewerbezentren nachweisen läßt[115], trat an die Stelle der traditionellen Standesgerichtsbarkeit der Korporationen

---

114 *van der Grinten* (1908), S. 21.

115 s. dazu *Schloßstein* (1982), S. 59.

schon frühzeitig die Judikatur des städtischen Bürgermeisters, der neben dem landesherrlichen Richter fungierte[116]. Ein anschauliches Beispiel für die regelmäßige Befassung auch des städtischen Magistrats mit gewerberechtlichen, insbesondere arbeitsrechtlichen Streitigkeiten gibt schon die Gerichtsordnung der Freiheit Altena vom 25. 6. 1676, wonach der Magistrat unter anderem für alle Streitigkeiten unter 10 Reichstalern, klare Schuldforderungen sowie für die Auseinandersetzung zwischen Reidemeistern und Knechten zuständig war. Das Bürgergericht, welches sich aus einem jährlich aus der Bürgerschaft zu wählenden Laienrichter, 6 Gemeindevorstehern als Schöffen und älteren Bürgern als Sachkundigen zusammensetzte, fungierte sowohl als Berufungs- wie auch als Eingangsinstanz bei höheren Streitwerten. Sonstige gewerberechtliche Instanzen scheinen neben den städtischen Spruchkörpern nicht mehr existiert zu haben[117]. In ähnlicher Weise nahm auch der Lüdenscheider Magistrat schon frühzeitig jurisdiktionelle Befugnisse wahr. In dem märkischen Industrieort stand es jeder der streitenden Parteien frei, sechs der redlichsten und einsichtsvollsten Gewerbetreibenden zu wählen, die dann unter dem Schutz eines Eides ihr Gutachten in der Streitsache abgaben. Deren Votum mußte der Magistrat bei der Entscheidung berücksichtigen. Die Funktion der Gutachter war wohl die von sachkundigen Beisitzern in Arbeits- und Gewerbesachen[118]. Grundlage der Judikatur des Magistrate in gewerberechtlichen Streitigkeiten waren die Zunftordnungen und die – für die lokalen Metallgewerbe – erlassenen Reglements, die im Laufe des 18. Jahrhunderts gründlich reformiert wurden.

Diese Ansätze zur Entwicklung einer Sondergerichtsbarkeit für gewerbliche, insbesondere arbeitsrechtliche Streitigkeiten waren offenbar typische, den besonderen Bedürfnissen der durch das Metallgewerbe geprägten Orte angepaßte Formen. Sie können daher für Art und Umfang der gewerblichen Gerichtsbarkeit zu Beginn des 18. Jahrhunderts in den preußischen Territorien Westfalens nicht unbedingt als repräsentativ gelten. Inwieweit die Morgensprache der Zünfte daneben faktisch noch jurisdiktionelle Funktionen ausübte, läßt sich allenfalls durch Detailuntersuchungen an Hand lokalen Quellenmaterials feststellen.

---

116 Vgl. zu dieser Entwicklung in Iserlohn ausführlich *Schulte* (1937), Bd. 1, S. 46 – 48; s. dazu auch *Stievermann* (1978), S. 96; zu den weit bis ins 18. Jahrhundert reichenden Kompetenzstreitigkeiten zwischen landesherrlichen und städtischen Gerichten *Göbel* (1961), S. 132 ff.

117 So *Schloßstein* (1982), S. 59; s. dazu auch *Huber* (1956), S. 88. Peitsch wies neuerdings nach, daß die Kompetenzverteilung in der Mark Brandenburg im wesentlichen nach zwei Kriterien erfolgte: Entweder stand den Zünften das Recht zu, Geldstrafen bis zu einer bestimmten Höhe zu verhängen, während schwerere Strafen nur vom Rat ausgesprochen werden durften; oder es war den Genossenschaften gestattet, gegen unbotmäßige Mitglieder zunächst selbst Strafen zu verhängen. Gaben sich die Kontrahenten damit nicht zufrieden, hatte der Rat zu entscheiden; vgl. *Peitsch* (1985), S. 39.

118 Vgl. *Huber* (1956), S. 103.

Die preußische Handwerksordnung von 1733, die allerdings nur in dem nicht zum Reich gehörenden Ostpreußen in Kraft trat, sowie die 1734 – 1737 in der Kurmark Brandenburg erlassenen 63 Generalprivilegien maßen der Beschränkung der zünftigen Jurisdiktion besonderes Gewicht zu[119]. Auch in Westfalen, in den entlegenen Westprovinzen der Monarchie, wurden die reformerischen Intentionen schnell spürbar. Während man hier, wie der Gildebrief für das Schreineramt in Iserlohn aus dem Jahre 1734 zeigt, für die Streitentscheidung in einfachen Fällen zunächst noch an der Zuständigkeit der traditionellen Zunftgerichtsbarkeit festhielt und den Korporationen eine, wenngleich beschränkte, Strafgewalt zugestand, wurde für alle anspruchsvolleren gewerberechtlichen Streitigkeiten die Zuständigkeit des Magistrats zwingend vorgeschrieben[120]. Seit der Mitte des 18. Jahrhunderts wurden dann jedenfalls den neu gegründeten Zünften im preußischen Westfalen die Generalprivilegien mit ihrer rigorosen, einer vollkommenen Beseitigung nahekommenden Beschränkung der autonomen Handwerksgerichtsbarkeit oktroyiert[121]. Hatte das Reichsgesetz von 1731 den Korporationen noch nachgelassen, Handwerksstrafen bis zu zwei Gulden zu verhängen, so nahmen die preußischen Privilegien den Zünften jede Strafgewalt mit Ausnahme weniger, in den Briefen jeweils besonders vermerkter Disziplinarstrafen, wie etwa den 4 – 6 Groschen, die für das Zuspätkommen bei der Morgensprache gefordert werden durften. Außer der Befugnis, mit solch praktischen, aber bedeutungslosen Sanktionen die Aufrechterhaltung der Ordnung in der Versammlung der Zunftmeister zu gewährleisten, blieb keine Spur von dem einstigen Stolz der Zünfte, ihrer jahrhundertealten Jurisdiktion[122]. Stattdessen verwiesen die

---

[119] Zur Zunftgerichtsbarkeit allgemein s. *Fischer* (1955), S. 19, 20; *Schönberg* (1896), S. 565/566; *Wegener* (1956/57), S. 46. Zur Zunftgerichtsbarkeit im preußischen Lünen *Nigge* (1912), S. 56 – 58, der allerdings nur Quellen des 16. Jahrhunderts benutzt.

[120] Abgedruckt bei *Mylius*, Bd. IV, T. II, Abt. X (1740); s. auch *Schulte* (1938) Bd. 2, Nr. 410. § 29 des Zunftbriefs der Schreiner-Zunft Iserlohn vom 27. 3. 1734 lautet: „Auch da etwan Streit und Disput zwischen einem und anderen bey Amt und Amtssachen fürfallen würden, gesamte Amtsbrüder darüber cognosciren und solches gütlich zu vergleichen suchen, allenfalls auch einige Strafe amtshalber auf sich legen können, in Entstehung dessen aber und falls es zu Weitläufigkeiten gedeihen sollte, so wie in anderen Sachen indistincte sich bey dem Magistrat als ordentlichem Richter melden und derselben Decision erwarten sollen".

[121] Peitsch scheint diese – wenngleich kaum realisierte – faktische Untersagung der standeseigenen Gerichtsbarkeit durch die Generalprivilegien völlig entgangen zu sein: „Während jurisdiktionelle Befugnisse der Obrigkeit in großem Umfang gesetzlich normiert sind, findet sich eine positive Zuweisung von Rechtsprechungskompetenzen an die Genossenschaften nicht. . . . Es ist interessant, daß die Zurückhaltung der Regierung in der Frage der Zunftgerichtsbarkeit, die bereits in der Zunftreform zu spüren war, noch am Ende des 18. Jahrhunderts anhielt. Erst ein Privilegium aus dem Jahre 1802 (!) weist die Gerichtszuständigkeit ausdrücklich allein der Obrigkeit zu"; vgl. *Peitsch* (1985), S. 169, 170.

[122] Vgl. General-Privilegium und Gülde-Brief des Zimmer-Gewercks insonderheit dessen der Stadt Bielefeld, Bielefeld 1771, Art. XI, in: STAM, 4° WK 222. Die einzelnen Vorschriften zur Gerichtsbarkeit sind in den preußischen Generalprivilegien inhalt-

Generalprivilegien die gewerberechtlichen Streitigkeiten an staatliche Stellen[123]. Von den Gesellen „geschimpfte“ Meister und Innungen hatten, wie unter Hinweis auf das Edikt gegen die verbotene Selbstrache sowie die Deklaration vom 8. 2. 1734 bestimmt wurde, künftig den ordentlichen Rechtsweg zu beschreiten[124]. Die notwendigen Mittel für die Durchführung der Handwerksstreitigkeiten sollten nicht länger der Zunftkasse entnommen, sondern von den Beteiligten selbst aufgebracht werden. Eine Ausnahme von dieser Kostenregelung wurde nur für den Fall geduldet, daß „das gantze Gewerck wäre geschimpfet worden“.

Zweck dieser ungewöhnlich restriktiven Bestimmungen war es vor allem, die folgenschwerste der von den Ämtern verhängten Handwerksstrafen, das „Legen“ des Handwerks, zu beseitigen. Statt der endlosen Auseinandersetzungen der Zünfte untereinander sollten die Gewerksgenossen, so empfahl es der Gesetzgeber, ihnen „angethane Injurien“ nicht gerichtlich verfolgen, sondern, „welches dem Christenthum gemässer ist . . .“[125], vergeben.

Bezeichnend für die Entschlossenheit des absoluten Staates, die eigene Hoheitsgewalt an die Stelle derjenigen autonomer Genossenschaften zu setzen, ist eine Bestimmung, die das eigenmächtige Auftreiben der Störer und

---

lich fast völlig identisch; vgl. für viele z.B. das „Privilegium und Güldebrief für die in eine Zunft tretende Schneider, Knopfmacher, Kürschner, Beutler und Handschuhmacher zu Hamm. De Dato Berlin, den 22. Sept. 1789“, in: N.C.C. Bd. 8, Berlin 1791, Sp. 2591ff.; ebenso „Privilegium und Gülde-Brief des Tischler-, Zimmer-, Böttcher- und Drechsler-Gewercks in der Stadt Lünen. De Dato Berlin, den 31. August 1776“, abgedruckt bei Nigge (1912), S. 95 - 122. Im folgenden wird daher lediglich auf die einschlägigen Textstellen des o.a. Generalprivilegiums für das Bielefelder Zimmergewerk hingewiesen.

[123] Dabei bedarf es des Hinweises, daß die städtischen Behörden in Preußen seit der Beseitigung jeglicher kommunaler Selbstverwaltung in der ersten Hälfte des 18. Jahrhunderts als untere staatliche Verwaltungseinheiten zu gelten haben. Für die Kurmark wurde durch § 9 des Ressort-Reglements von 1749 bestimmt, daß alle Entscheidungen über Streitigkeiten der Handwerkszünfte und ihrer Mitglieder in erster Instanz durch die städtische Polizeiobrigkeit zu treffen waren. In der zweiten Instanz wurden diejenigen Sachen, welche Handel, Manufakturen und Bevölkerung betrafen, sowie solche Streitigkeiten, welche sich aus den Privilegien ergaben, vor die Landespolizei- und Finanzbehörden gezogen. Ging es in dem Rechtsstreit nicht um die Auslegung eines Privilegiums, sondern lediglich um Verstöße oder Forderungen, die das Privatinteresse betrafen, so hatten die Magistrate in erster und die ordentlichen Gerichte (Justizkollegien) in zweiter Instanz zu erkennen, vgl. *Lamprecht* (1797), S. 13. Die Entscheidungen der Magistrate sollten ohne schriftliches Verfahren und ohne „proceßualische Weitläufigkeiten“ getroffen werden; so Immediat-Rescript vom 6. April 1746. Ließ sich nach dem Inhalt der Privilegien keine klare und bestimmte Entscheidung treffen, hatten die Magistrate nach Anhörung der Parteien auf Entscheidung des Steueramtes bei der Kammer und diese bei dem Kgl. General-Direktorium anzutragen; vgl. Rescr. vom 29. 7. und Circular vom 29. 8. 1778, s. *Lamprecht* (1797), S. 29. Es ist davon auszugehen, daß entsprechende Bestimmungen auch in den preußischen Provinzen Westfalens galten.

[124] General-Privilegium des Zimmergewerks Bielefeld (1771), a. a. O., Art. XIII.

[125] General-Privilegium des Zimmergewerks Bielefeld (1771), a. a. O., Art. VII.

Pfuscher seitens der Ämter untersagte. Um die Handwerker bei der Verteidigung ihres Arbeitsmonopols nicht schutzlos zu lassen, wurde stattdessen das sofortige Einschreiten des Magistrats gegen die unliebsame Konkurrenz auf Anzeige der Meister zugesagt[126]. Klagen wegen Sachmängeln der Handwerksprodukte waren, so bestimmten es die in Westfalen geltenden Generalprivilegien, ebenfalls beim Magistrat einzureichen. Der Brief für das Bielefelder Zimmergewerk etwa sah vor, daß die städtische Behörde die Sache „mit Zuziehung zweyer in der besten Reputation stehenden Meister, wozu insonderheit der Stadt-Zimmer-Meister zu nehmen, untersuchen“ solle. Hatte der Meister mangelhaft gearbeitet, sollte Nachbesserung angeordnet werden. War dies nicht möglich, hatte der Handwerker dem Auftraggeber den entstandenen Schaden zu ersetzen[127].

Verstöße gegen das Verbot unlauteren Wettbewerbs wurden bei den Bielefelder Zimmerleuten mit 10 Reichstalern geahndet[128]. Drechsler, die ihren Mitmeistern die Bestellungen verhinderten oder diese aus bestehenden Kontrakten verdrängten, hatten zwei Reichstaler Buße zu leisten[129].

Ebenso wie der unlautere Wettbewerb war auch das Abwerben von Gesellen und Lehrlingen durch höhere Lohnangebote oder andere Offerten untersagt. Solch unkollegiales Vorgehen war nach dem Privileg des Bielefelder Zimmergewerks mit einer Strafe von drei Reichstalern bewehrt[130]. Fleischer, die Dienstboten bestachen, wurden mit 10 Reichstalern Buße belegt[131]. Zwar enthielten diese Verbote keine Hinweise auf die Behörde, die die Strafen verhängen sollte. Aus der Höhe der angedrohten Bußen (Obergrenze 10 Reichstaler) kann aber geschlossen werden, daß dem Magistrat auch bei der Ahndung dieser Vergehen die Zuständigkeit vorbehalten war.

Für die Bestrafung von Eigentumsdelikten, die im Zusammenhang mit der Ausführung von Handwerksarbeit begangen wurden, war der städtische Magistrat ebenfalls zuständig erklärt worden. Das Verfahren unterschied sich in diesen Fällen nicht von demjenigen bei der Untersuchung und Entscheidung wegen Sachmängeln. Der Meister, der Baumaterialien entwendet hatte, mußte nach den Bestimmungen des Generalprivilegiums für das Bielefelder Zimmergewerk Wertersatz leisten und hatte, sofern er zum ersten Mal überführt wurde, 10 Reichstaler Strafe an die städtische Kämmerei zu zahlen sowie

[126] In der Mark Brandenburg war die Verfolgung von sog. „Störern“ schon seit langem allein Sache der Stadträte, vgl. *Peitsch* (1985), S. 37, 38. Zum Begriff „Störer“ vgl. *Bücher*, Art. ‚Gewerke‘ (1892), S. 933 f.

[127] General-Privilegium des Zimmergewerks Bielefeld (1771), a. a. O., Art. XVI.

[128] Im Privileg des Bielefelder Zimmer-Gewerks hieß es: „Es soll auch kein Meister dem anderen in seine Bau-Stelle oder gedungene Arbeit fallen“ . . ., s. General-Privilegium des Zimmergewerks Bielefeld (1771), a. a. O., Art. XVIII.

[129] s. *Schmoller* (1898), T. 1, S. 26.

[130] General-Privilegium des Zimmergewerks Bielefeld (1771), a. a. O., Art. XVIII.

[131] *Schmoller* (1898), T. 1, S. 27.

die entstandenen Unkosten zu erstatten. Zudem wurde der Ausspruch der Behörde, die „Sentenz", 14 Tage lang öffentlich angeschlagen. Im Wiederholungsfall sollte der Gewerksgenosse, der sich in Ausführung seines Gewerbes „auf Dieberey betreffen" ließ, „als ein würcklich unehrlicher Mensch aus dem Gewerck gestossen, und weiter dabey nicht gelitten, auch ihm zu seiner Subsistenz keine andere als Handlanger-Arbeit gestattet werden"[132]. Zur Durchsetzung dieses Spruchs hatten naturgemäß Magistrat und Zunft zusammenzuwirken. Ähnliche Bestimmungen zur Ahndung von Eigentumsdelikten finden sich auch in den Generalprivilegien für die anderen Gewerke. So wurde einem Schlosser, der zum ersten Mal entwendet oder gefälscht hatte, eine Ordnungsstrafe von 10 Reichstalern nebst öffentlichem Anschlag angedroht. Der Fleischer, der am Gewicht betrog, wurde ebenfalls mit 10 Reichstalern belegt[133].

Auch im Bereich des Arbeitsrechts entzogen die Generalprivilegien die Entscheidung von Streitigkeiten weitestgehend der Autojurisdiktion der Zünfte. Die Bestimmungen, die die Gesellen verpflichteten, den Weisungen der Meister zu folgen, sich einander nicht die Wanderschaft zu versprechen, keine guten Montage zu halten, in der Freizeit keine Nebenarbeit auszuführen und des Abends vor 10 Uhr ins Meisterhaus zurückzukehren, drohten bei Verstößen gegen diese Pflichten, sofern eine Anzeige des Meisters vorlag, die Verhängung einer Ordnungsstrafe von 2 – 6 guten Groschen durch den Gewerksbeisitzer an[134]. In Berlin wurden die arbeitsrechtlichen Streitigkeiten gegen Ende des 18. Jahrhunderts, aber noch vor Erlaß des ALR, zu sog. Bagatellsachen erklärt, deren Entscheidung generell der Gemeinde übertragen war[135] – ein weiterer Schritt auf dem langen Weg zu einer Sondergerichtsbarkeit für arbeitsrechtliche Streitigkeiten[136] – der in Westfalen in dieser Zeit mit Ausnahme der Ansätze in den märkischen Gewerbezentren keine Entsprechung fand[137]. Allgemein eingeführt hingegen war, daß es zur Aufgabe der städtischen Verwaltung gehörte, entlaufene oder anderen Arbeitgebern abgeworbene Beschäftigte wieder ihrem Dienstherrn zuzuweisen[138]. Diese

---

[132] General-Privilegium des Zimmergewerks Bielefeld (1771), a. a. O., Art. XVI.

[133] s. *Schmoller* (1898), T. 1, S. 26.

[134] General-Privilegium des Zimmergewerks Bielefeld (1771), a. a. O., Art. XXIX.

[135] In Berlin, wo die Klagen zwischen Handwerks-Meistern und Gesellen wegen Veruntreuung und Vorenthaltung von Lohn sowie die Aufsicht über die Gewerke und Privilegiensachen in die Zuständigkeit des Magistrats gehörten, wurde durch Reglement v. 23. 12. 1792 eine Deputation des Stadtgerichts mit der Zuständigkeit für arbeitsrechtliche Streitigkeiten eingerichtet, s. *Vietinghoff* (1972), S. 144; *Lamprecht* (1797), S. 15. Damit waren die Kompetenzen des Magistratsbeisitzers, die die Generalprivilegien vorgesehen hatten, in diesen Fällen erloschen.

[136] Vgl. *Grießinger* (1981), S. 363.

[137] So *Schloßstein* (1982), S. 60. Daher kann der von Mieck geäußerten Ansicht, wonach eine außerordentliche Gerichtsbarkeit in gewerberechtlichen Fragen in den westlichen Provinzen Preußens bestanden haben soll, nur mit großer Zurückhaltung begegnet werden, vgl. *Mieck* (1958), S. 253.

[138] Vgl. *Schmelzeisen* (1967), S. 17.

Regelung galt allerdings nur für solche Dienstboten der Handwerker, die nicht dem Zunftrecht unterfielen.

Aber nicht nur in Streitigkeiten wegen Sachmängeln, Delikten und in arbeitsrechtlichen Auseinandersetzungen sollte der Magistrat entscheiden. Auch in den für die Zunftverfassung so zentralen Fragen der gewerblichen Ausbildung wurde die Obrigkeit für zuständig erklärt. So sprachen die General-Privilegien die Entscheidungsbefugnis in Streitigkeiten über die Annahme des Meisterstücks[139] ausdrücklich dem städtischen Magistrat zu.

Soweit die Zünfte des preußischen Westfalen mit einem General-Privilegium begabt waren, besaßen demnach der städtische Beisitzer und der Magistrat umfassende Zuständigkeiten im Bereich der gewerberechtlichen Streitigkeiten. Wie ehedem die Zunftgerichte, so verhängten nun auch sie Strafen nicht bloß zur Ahndung von Delikten; sie griffen überdies im Falle der Nichterfüllung zivilrechtlicher Verbindlichkeiten entscheidend und maßregelnd ein. Mit diesen Kompetenzen waren die wesentlichen Gegenstände der traditionellen Jurisdiktion der Zünfte den städtischen Behörden, die im Preußen des 18. Jahrhunderts nichts anderes als untere staatliche Verwaltungsbehörden waren, zur Entscheidung übertragen worden[140]. Potentielle Kläger sollten sich mit einer Anzeige bei der Lokalverwaltung begnügen, um so das Risiko eines Prozesses zu vermeiden. Die Behörden waren im allgemeinen auch bereit, die ihnen neu übertragenen Pflichten wahrzunehmen und den polizeimäßigen Zustand aufrechtzuerhalten bzw. wiederherzustellen[141]. Ob die Beamten den neuen Aufgaben, die spezielle Sachkenntnis voraussetzten, allerdings auch gerecht wurden, läßt sich im Einzelfall kaum mehr feststellen, darf aber füglich bezweifelt werden[142].

Vor diesem Hintergrund war es denn nur konsequent, daß die General-Privilegien keine Angaben zur Zusammensetzung der Spruchkörper der Zunftge-

---

139 General-Privilegium des Zimmergewerks Bielefeld (1771), a. a. O., Art. IV.

140 Vgl. dazu für das preußische Ravensberg *Piesch* (1958), S. 80, 81. Die nahezu vollständige Beseitigung der zünftigen Autojurisdiktion durch die Generalprivilegien für die ausschließlich für den lokalen Markt arbeitenden Handwerker fand ihre Entsprechung in den Reglements für die protoindustriellen Gewerbe: So beließ das Reglement der Iserlohner Panzerzunft vom 3. 5. 1792 (§ 18) den Delegierten nur noch Kontrollbefugnisse, aber keine Ahndungsrechte, vgl. *Schulte* (1938), Bd. 2, Nr. 449. Verstöße gegen die Bestimmungen mußten der Ortsobrigkeit gemeldet werden. Die Durchführung des jährlichen Pflichttages, der nach alter Gewohnheit auch Gerichtstag war, durfte nur unter Vorsitz des Hagener Fabrikenkommissars und eines Magistratsmitgliedes stattfinden (§ 19). Dieser letzte Rest der zünftigen Gerichtsbarkeit, der sich auch im Reglement der Knopfnadelgilde nachweisen läßt (vgl. § 38 des Reglements für die Knopfnadelfabrik der Stadt und des Amtes Iserlohn v. 8. 12. 1796, s. *Schulte* (1938), Bd. 2, Nr. 448), war nach Auffassung Schloßsteins nur mehr von geringer praktischer Bedeutung; vgl. *Schloßstein* (1982), S. 58.

141 So *Schmelzeisen* (1967), S. 16.

142 Zweifelnd *Ortloff* (1803), S. 141.

richte machten, da sie die Sondergerichtsbarkeit gerade unterbinden wollten. Für die geringen Geldstrafen, die die Korporationen zur Aufrechterhaltung der Ordnung in den Versammlungen des Gewerks noch verhängen durften, blieben der „Altermann" und der Beisitzer des Rats zuständig[143].

Nach alledem war von den richterlichen Funktionen, die dem Zunftgericht bzw. der Morgensprache der Meister einst Macht und Ansehen gegeben hatten, im preußischen Handwerksrecht des ausgehenden 18. Jahrhunderts nichts als ein kümmerlicher Rest geblieben. Die Beschränkung auf diese geringen Mittel und Maßnahmen hatte, wie Fischer treffend feststellte, eine „Verharmlosung der Zunftfunktionen" insgesamt zur Folge. Der „Schnitt in die alten Handwerksprivilegien" war in Preußen weit tiefer gegangen als in den anderen Territorien[144]. Gewinn aus dieser Verkürzung der Zunftfunktion zog nicht eigentlich die städtische Gewalt; Nutznießer der Reformgesetzgebung war vielmehr, infolge der Beseitigung der städtischen Autonomie in Preußen im Laufe des 18. Jahrhunderts, niemand anderes als der Staat. Aus der Zunftgerichtsbarkeit entwickelte sich eine landesherrliche Rechtsprechung, wobei, wie sich etwa für Iserlohn zeigen läßt, der erste Bürgermeister als „Justizbürgermeister" in den ehemals der standeseigenen Jurisdiktion der Handwerker vorbehaltenen Streitsachen entschied[145]. Damit war der absolute Staat[146], dem ein überlegenes Instrumentarium zur Durchsetzung seiner Verdikte in Handwerksangelegenheiten zur Verfügung stand, Erbe der korporativen Gerichtsherrlichkeit geworden. Mit der Okkupation der jurisdiktionellen Funktionen der Zünfte war die Ausbildung bzw. Fortentwicklung der autonomen Gewerbegerichtsbarkeit wie auch der Einfluß der Zünfte auf die Gestaltung des Gewerberechts insgesamt im Grunde abgeschnitten.

Schmoller vertrat die Auffassung, daß sich infolge dieser Entwicklung in Preußen gänzlich veränderte Zustände ergeben hätten. Das Reichsgesetz von 1731 sei, „wie allgemein bekannt, durch die preußische Gesetzgebung von

---

143 So z. B. das General-Privilegium des Zimmer-Gewerks Bielefeld (1771), a. a. O., Art. XI.

144 So *Fischer* (1955), S. 38; die Meister beklagten dort, wo diese Bestimmungen Realität geworden waren, den Verlust ihrer Gerichtsbarkeit lebhaft. So sahen die Berliner Tischlermeister die Ursache für die Zunahme der Konfliktbereitschaft der Gesellen im Jahre 1804 darin, daß der autonomen Gerichtsbarkeit der Zünfte die Kontrolle über die Gesellen entzogen worden sei. Da die staatliche Jurisdiktion in diesem Bereich ineffektiv sei, hätten die „Excesse" zugenommen, „seitdem den Gewerksbesitzern (immerhin auch schon keine Zunftgenossen, sondern den Bestimmungen der Generalprivilegien entsprechend, Magistratsmitglieder) die Befugnis, auf Beschwerden der Meister über das Betragen ihrer Gesellen diese mit kurzen Gefängnisstrafen zu belegen, entzogen und der Grundsatz angenommen worden ist, daß die Gesellen nur durch Erkenntnisse des Magistrats gestraft werden können", vgl. *Grießinger* (1981), S. 263.

145 *Schulte* (1937), Bd. 1, S. 48.

146 *Schmelzeisen* (1967), S. 17. Der Staat handelte durch die weisungsgebundenen Gemeindeorgane.

1734 – 1737 erstaunlich streng durchgeführt worden“[147]. Da Friedrich der Große die Politik seines Vorgängers fortgesetzt habe, sei den sog. Zunftmißbräuchen wirksam entgegengetreten worden. Insbesondere sei einer „der am wenigsten erleidlichen Hauptmißbräuche“, die Autojurisdiktion der Zünfte nämlich, beseitigt worden. Meister und Gesellen hätten nun nicht mehr jeden Tag und jede Stunde vor der Gefahr gestanden, „wegen irgendeines Gerüchtes, wegen irgendeines angeblichen Fehltritts der Frau, wegen einer angeblichen Verarbeitung falschen Leders wochenlang brotlos zu werden“. Eine Rechtsprechung sei beseitigt worden, „welche oft mit der Exekution begann, ehe nur der Beschuldigte gehört, welche in der Hand von neidigen Konkurrenten, teilweise in der von jugendlichen Burschen lag, die beim Gelage sich erhitzt hatten“[148].

Dieses undifferenzierte Urteil des großen Gelehrten mag für die bedeutenden Städte Preußens, Berlin etwa, zutreffen[149]. Für den engeren Bereich Westfalens jedenfalls kann es nicht unwidersprochen bleiben. Es sind gleich mehrere Überlegungen, die Zweifel an den Feststellungen begründen:

- Die sog. „Hauptmißbräuche“ konnten in Westfalen kaum zu dem von Schmoller geschilderten, unentrinnbaren Schicksal für Meister und Gesellen werden, da die Autorität der Zunftgerichte das westfälische Handwerk niemals vollständig erfaßt hat. Gleich eine ganze Reihe von Städten der Grafschaft Mark und Minden-Ravensbergs besaßen noch in der zweiten Häfte des 18. Jahrhunderts nicht einmal eine einzige Zunft[150]. Dorthin reichte der Arm der autonomen Jurisdiktion der Korporationen ebensowenig wie in die oft zunftfreien Landgemeinden des preußischen Westfalen[151].
- Schmoller schloß aus dem Erlaß der Reformvorschriften selbstverständlich auf ihre Beachtung und Durchführung – ein Irrtum, welcher bei dem bekannt häufigen Auseinanderfallen von Rechtssatz und Rechtswirklichkeit im 18. Jahrhundert notwendig zu unrichtigen Ergebnissen führen mußte[152].
- Die unterstellte Einheitlichkeit der Rechtsentwicklung während des 18. Jahrhunderts wurde in Preußen keineswegs in dem Maße erreicht, wie es die Aktivitäten des Gesetzgebers vermuten lassen[153]. Für die Ämter und

---

[147] *Schmoller* (1869), S. 1 ff., insbes. S. 4; ebenso *Eberty* (1869), S. 3.

[148] *Schmoller* (1898), S. 27.

[149] So hatte sich das staatliche Rechtsprechungsprivileg im Bereich der arbeitsrechtlichen Auseinandersetzungen in Berlin um 1800 durchgesetzt, vgl. *Grießinger* (1981), S. 263.

[150] Vgl. für Ravensberg *Piesch* (1958), S. 76, 77; in der Grafschaft Mark waren z. B. Schwelm, Hagen und Bochum zunftfrei; vgl. *Lange* (1976), S. 101.

[151] *Schloßstein* (1982), S. 54 bestätigt die schwache Entwicklung des Zunftwesens in der Grafschaft Mark.

[152] Zum Auseinanderfallen von Rechtssatz und Rechtswirklichkeit im Preußen des 18. Jahrhunderts s. ausführlich mit Beispielen *Skalweit* (1942), S. 45 ff.

[153] Vgl. dazu *Fischer* (1955), S. 41. Im Grunde war das Interesse des preußischen Gesetzgebers am Zunftwesen gering. In der Regel wurden nur neu gegründete Zünfte

Gilden im preußischen Westfalen wurden die vereinheitlichten Privilegien mit ihren strengen Reformbestimmungen erst seit den fünfziger Jahren des 18. Jahrhunderts allmählich in Kraft gesetzt. Dabei bedachte der Gesetzgeber im wesentlichen neu errichtete Zünfte. Zwar wurde, wie in Lippstadt während der siebziger Jahre des 18. Jahrhunderts, das Zunftrecht einzelner Orte konsequent reformiert. Doch hatten diese Maßnahmen keineswegs flächendeckenden Charakter. Noch gegen Ende des Jahrhunderts war bei weitem nicht allen Zünften der Grafschaft Mark und Minden-Ravensbergs ein General-Privilegium verliehen worden[154]. Die Egalisierung des Gewerberechts in Preußen war demnach kein schnell abgeschlossener, sondern ein allmählich fortschreitender, bis zum Ende der Zunftzeit andauernder Prozeß. Eben weil der Erlaß des Reichsabschiedes allein, ohne Umsetzung in das Statutarrecht, auch in Preußen nicht ausreichte, die Reformmaßnahmen bei den einzelnen Zünften durchzusetzen, ist Schmollers Annahme einer frühzeitigen, einheitlichen und vollständigen Beseitigung der autonomen Jurisdiktion der Zünfte unrichtig.

- War schon das neue Gewerberecht nicht überall wirklich eingeführt, so sind selbst dort, wo die Bestimmungen in Kraft getreten waren, Bedenken gegen die Vorstellung, sie hätten ungeteilte Beachtung gefunden, angezeigt. Und diese finden leicht ihre Bestätigung: Mit dem in barocker Weitschweifigkeit als „Patent wegen Beschwerdeführungen besonders supplizierender Gewerke und Korporationen" bezeichneten Edikt vom 29. Juli 1794[155] wurde den Zünften und Gilden nochmals ausdrücklich eingeschärft, daß sie ihre Streitigkeiten vor den verschiedenen Instanzen der Polizei- und Justizbehörden zum Austrag zu bringen hätten. Nicht allein die Wiederholung der Bestimmungen verrät ihre jedenfalls partielle Nichtachtung. Es wird vielmehr sogleich deutlich darauf hingewiesen, daß alle Versuche, die Zunftgerichtsbarkeit auszutrocknen, bis dahin fehlgeschlagen waren: Gilde- und Zunftgenossen hätten sich verleiten lassen, ihre Zunftverbindungen zu mißbrauchen, statt von dem Schutz, welchen die Gesetze gewährten, Gebrauch zu machen. Die Korporationen wurden angewiesen, die vorkommenden Beschwerden ihren zunächst vorgesetzten Behörden „bescheiden vorzutragen" . . . (§ 1), statt sich „Zusammenrottierung, Drohung, oder andere ungebührliche Massregel (zu) erlauben" . . . (§ 4). Daß die standeseigene Gerichtsbarkeit der Handwerker auch noch im Preußen des ausgehenden 18. Jahrhunderts fortlebte, hätte deutlicher kaum zum Ausdruck gebracht werden können.

---

mit den Generalprivilegien begabt; vgl. *Roehl* (1900), S. 43; für Westfalen wurden laut N.C.C., Bd. V – X zwischen 1764 und 1800 30 Privilegien, davon die Mehrzahl nur für einzelne Ämter, erlassen.

[154] So wurde der Bäcker-Zunft in Lübbecke erst am 27. 1. 1800 das General-Privilegium verliehen; s. N.C.C., Bd. 10 (1801), Sp. 2751 – 2774.

[155] in: STAM, KDK Minden II, 147.

- Noch weitere Überlegungen sprechen dafür, daß die Vorschriften in dem sensiblen Bereich der Jurisdiktion in Handwerkssachen von den Adressaten durchaus nicht selten mißachtet wurden: Der Gesetzgeber hatte mit der weitestgehenden Entmachtung der Zünfte das bis dahin sakrosankt geglaubte gute alte Recht, diesen Kern der zünftigen Autonomie, die Quelle des Selbstbewußtseins der Zunftmeister, ins Mark getroffen. Hier war, so glaubte mancher standesstolze Handwerker, Widerstand zur Pflicht geworden. So ist es kein Zufall, daß Wolfram Fischer von Beispielen aus verschiedenen preußischen Städten zu berichten weiß, die die ungebrochene Fortdauer der Zunftgerichtsbarkeit noch um 1800 eindrucksvoll belegen[156]. Nichts spricht dafür, daß die Meister des preußischen Westfalen ihre Standesgerichtsbarkeit weniger hartnäckig verteidigten als ihre Handwerksbrüder östlich der Elbe – nein, im Gegenteil, die lebenskräftige Jurisdiktion der Ämter und Gilden in den der Mark und Minden-Ravensberg benachbarten geistlichen Staaten dürfte eher als Stimulanz auch für den Erhalt der Rechtsprechungstätigkeit der Meister in den preußischen Landesteilen Westfalens gewirkt haben. Der Mangel an Nachrichten über die Ausübung der Autojurisdiktion der Zünfte jedenfalls beweist nichts anderes, da er einen leicht erklärlichen Grunde hat: Der natürliche Schauplatz der Zunftrechtsprechung war ja die Versammlung der Meister, die Morgensprache also. Da den Handwerkern die Jurisdiktion allenfalls noch in Anwesenheit des Beisitzers des Rates gestattet war, verlagerte sich das Schwergewicht der handwerklichen Gerichtsbarkeit während des 18. Jahrhunderts naturgemäß zu den inoffiziellen Zunftversammlungen, die nicht aktenkundig gemacht wurden[157].

So dürfte auch im preußischen Westfalen die tradierte Zunftgerichtsbarkeit gegen Ende des 18. Jahrhunderts noch nicht spurlos verschwunden gewesen sein. Um vieles wahrscheinlicher ist, daß sie unter der dünnen Decke vordergründiger Gesetzestreue, heimlich also, fortlebte, wenngleich exakte Nachweise der Illegalität und Schriftlosigkeit des Verfahrens wegen im konkreten Fall kaum zu führen sind.

Damit ist die Situation der Gewerbegerichtsbarkeit beschrieben, die bestand, als das ALR 1794 in den preußischen Provinzen Westfalens, in Minden-Ravensberg, Mark und Lingen-Tecklenburg in Kraft trat[158]. Wie in ande-

---

[156] *Fischer* (1955), S. 49 – 53; ebenso *Wissell* (1929), Bd. 1, S. 282 ff. und S. 479 ff.

[157] Vgl. *Fischer* (1955), S. 49; vielleicht bringt die Auswertung des Quellenmaterials in den Kommunalarchiven zukünftig noch Details zutage.

[158] Zur Einführung des ALR in Westfalen vgl. *Possel – Dölken* (1978), S. 26; über Geist und Bedeutung des ALR handelt *Wieacker* (1967), S. 331, 335 m. w. Nachw. In Lippstadt, das unter der gemeinsamen Landesherrschaft Preußens und Lippe-Detmolds stand, wurde das ALR erst 1814 eingeführt.

ren Rechtsbereichen auch, so knüpfte die große Kodifikation bei der Regelung der gewerberechtlichen Streitigkeiten an das geltende Recht, in diesem Fall an die Bestimmungen des Reichsschlusses und der General-Privilegien, an. Wegen der subsidiären Geltung der Vorschriften des Gesetzbuches blieb die Mehrzahl der Bestimmungen der Provinzen wirksam. Die Subsidiarität des ALR galt allerdings nicht uneingeschränkt. Soweit die Provinzialgesetze und das Statutarrecht polizeiliche und strafrechtliche Bestimmungen enthielten, blieben diese nur dann in Kraft, wenn das ALR sie ausdrücklich billigte; anderenfalls waren sie aufgehoben, weil das Interesse des Staates an der öffentlichen Ordnung nicht nach Provinzen und Ortschaften verschieden, sondern im ganzen Lande gleich berücksichtigt werden sollte[159]. Demnach war die Zunftgerichtsbarkeit zwar nicht mehr allein und unmittelbar durch die Privilegien legitimiert. Die autonome Jurisdiktion der Zünfte war aber auch nicht, wie es noch die preußische Handwerksordnung von 1733 getan hatte, gänzlich untersagt worden. Das ALR gestand den Zünften vielmehr eine eigene Gerichtsbarkeit für den Fall zu, daß ihnen diese in den Artikeln ausdrücklich vom Staate verliehen worden war (ALR II, 17 §§ 20–45 u. II, 6 §§ 45–47)[160]. So wurde die landrechtlich sanktionierte „Privatgerichtsbarkeit" doch wieder durch den engen Rahmen, der der Zunftgerichtsbarkeit von den preußischen General-Privilegien gezogen war, begrenzt. Die Jurisdiktion der Ämter und Gilden blieb daher auf ein disziplinarisches Verfahren lediglich gegenüber den Mitgliedern der Korporationen wegen Übertretung der gewohnheitsrechtlich geachteten Zunftgesetze, die ihre Stellung als Zunftgenossen betrafen, beschränkt (ALR II, 6 §§ 45, 46 i. V. m. den einschlägigen Bestimmungen der General-Privilegien). Die Zünfte, die noch mit älteren Privilegien begabt waren, konnten ihre traditionelle Zunftgerichtsbarkeit auch nach Erlaß des ALR bewahren. Allerdings setzte die Ausübung der Strafgewalt durch die Korporationen immer voraus, daß die Privilegien die Höhe der Strafen ausdrücklich bestimmten (ALR II 8 § 204)[161]. Bei der Ahndung von Ordnungswidrigkeiten durch die Zunft mußten die allgemeinen gesetzlichen Vorschriften hinsichtlich des Verfahrens beachtet werden. Gegen Erkenntnisse der Zunftgerichte konnte die Berufung an den ordentlichen Richter erfolgen (ALR II 6, §§ 46, 47)[162].

Im übrigen waren die Handwerker, wie auch die anderen Bürger in den Städten „in Polizey- und Gewerbeangelegenheiten dem Magistrate unterworfen" (ALR II 8 § 25). So war auch die Ausstoßung aus der Zunft durch die

---

159 *Possel – Dölken* (1978), S. 27 m. w. Nachw.

160 s. dazu *Rüffer* (1903), S. 156, 163.

161 ALR II 8 § 204 bestimmt: „Beyträge und Strafen darf die Zunft von ihren Mitgliedern nur so weit fordern, als es in den vom Staate gegebenen oder bestätigten Innungsartikeln, mit Bestimmung der Fälle, auch der Summe des Beytrages, oder der Strafe, ausdrücklich zugelassen ist".

162 Vgl. *Rüffer* (1903), S. 163, 164.

Zunftgenossen nur bei gemeinen Verbrechen nach richterlicher Untersuchung und richterlichem Erkenntnis zulässig und als bloße Folge öffentlicher Strafe zu betrachten. Bestanden keine Zünfte am Ort, so waren für die gewerblichen Streitigkeiten ausschließlich die Magistrate zuständig.

Durch die Verordnung vom 22. 8. 1798 wurde die Berücksichtigung des Provinzialrechts zwar auf besonders notwendige und nützliche Vorschriften beschränkt[163]. Eine Beeinträchtigung der Wirksamkeit der Zunftstatuten folgte daraus aber nicht.

ee) Das Fürstentum Siegen

Die in enger Anlehnung an die preußischen General-Privilegien erlassenen „General-Artickel wornach die sämtliche Zünfte in denen Fürstlich-Oranien-Nassauischen Landen sich zu achten haben“[164] aus dem Jahre 1779 reduzierten die Rechtsprechungsbefugnisse der Morgensprache ebenso wie die preußischen Privilegien auf die Verhängung geringer Geldbußen. Wer zu den Zunftversammlungen zu spät kam bzw. vorzeitig wieder ging, sollte 15 bzw. 45 Kronen Strafe an das Amt zahlen (Art. 7). Ähnliche Geldbußen trafen denjenigen, der bei der Bestattung eines Amtsbruders säumig war (Art. 26).

Im übrigen aber wurde es den Meistern streng untersagt, die nach Zunftbrauch „sonst üblichen Geldstrafen wegen gar geringer und oftmals lächerlicher Versehen“ auszusprechen (Art. 6). Das galt vor allem für das eigenmächtige Auftreiben der Störer und Pfuscher. Für den Fall, daß die Zunftgenossen – obgleich ihnen dies im Siegerland bereits seit 1695 verboten war[165] – auch künftig noch den Unzünftigen „eigenwillig“ das Handwerk legten, hatten sie mit einer empfindlichen Bestrafung durch die Obrigkeit (in Höhe von 20 Rtl.) zu rechnen (Art. 28). Selbst für den Fall, daß ein Meister bzw. das Gesamtgewerk „geschimpft“ worden waren, wurde der Morgensprache das eigenmächtige Vorgehen gegen den Übeltäter untersagt. Die Artikel verwiesen, ebenso wie die entsprechenden Bestimmungen in den preußischen Privilegien, auf die ordentliche Gerichtsbarkeit (Art. 33). Auch die Bestrafung von Preisbrechern durch die Meister war ausdrücklich verboten (Art. 30). Geldbußen gegen renitente Gesellen hatte künftig nicht mehr die Genossenschaft der Meister, sondern der fürstliche Beamte zu verhängen (Art. 19). Durch das Verbot allen Briefwechsels mit anderen Korporationen (Art. 31) sollten die traditionellen Rechtszüge zu den Hauptladen unterbrochen werden. Die Jurisdiktion der Zünfte sah sich nach alledem gegen Ende des 18. Jahrhunderts auch im Siegerland eben der Repression seitens der Gesetzgebung ausgesetzt, die im preußischen Westfalen eine legale Ausübung der Handwerksgerichts-

---

[163] *Possel-Dölken* (1978), S. 28 m. w. Nachw.

[164] in: Staatsarchiv Wiesbaden, Rep. 172, 3786.

[165] *Scheuner* (1926), S. 88.

barkeit weitgehend unmöglich machte. Mehr noch als dort, sind aber für das Fürstentum Siegen Zweifel an der Beachtung der Bestimmungen angebracht.

ff) Die Grafschaften Wittgenstein

Als typisch für die passive Haltung der Obrigkeit in vielen Kleinstaaten des Reiches kann auf das Beispiel der Grafschaften Wittgenstein verwiesen werden. Dort bekleidete jeweils ein gräflicher Kammerrat das Amt des Oberzunftmeisters, der die hoheitlichen Funktionen gegenüber den Korporationen wahrnahm. Für diese Tätigkeit erhielt der Beamte keine besonderen Instruktionen. Nicht einmal minimale Kenntnisse der eigentlichen Zunftangelegenheiten waren erforderlich, da der Oberzunftmeister nur das herrschaftliche Kameralinteresse zu wahren hatte; weder das Rechnungswesen der Zünfte noch ihre innere Verwaltung, also auch die Jurisdiktion, gingen ihn, sieht man von gelegentlichem Tätigwerden als Appellationsinstanz in Zunftsachen einmal ab, etwas an. An Zunftversammlungen nahm der Beamte niemals teil[166]. Das Interesse des Wittgensteinschen Landesherrn an den Korporationen erschöpfte sich demnach in deren Funktion als ergiebige Geldquelle für die gräfliche Kasse. So erwartet man geradezu, daß die standeseigene Gerichtsherrlichkeit der Handwerker in dem weltabgeschiedenen Duodezterritorium ungebrochen fortlebte. Und daß dieses in der Tat der Fall war, läßt sich leicht nachweisen: Mit unbeschädigtem Selbstbewußtsein stellten die wittgensteinschen Zunftmeister den unliebsamen Pfuschern selbst noch in den zwanziger und dreißiger Jahren des 19. Jahrhunderts nach. Wie immer glaubten die Privilegierten, rechtmäßig zu handeln, wenn sie der unerwünschten Konkurrenz das Handwerk legten.

gg) Die interlokale Korporation der Kupferschmiede

Bekanntermaßen griff die Autojurisdiktion der Handwerker über die engen Grenzen der Stadt, ja des eigenen Territoriums hinaus. Worin diese weiträumige Verbindung des Amtsmeisters ihre Ursache hatte, erhellen schon die ältesten Gilderollen, die auf uns gekommen sind. Die Korporationen der kleinen Landstädte waren nach dem Vorbild der Handwerkerverbände der bedeutenderen Handels- und Hauptstädte gegründet und organisiert worden, und die Professionisten in den Ackerbürgerstädten des Münsterlandes bewahrten eben deshalb noch lange das Gefühl der Verbundenheit, ja, der Abhängigkeit von den Hauptladen, insbesondere denen der Landeshauptstadt Münster. So bemühten sich beispielsweise die Wandmacher und Tuchscherer Rheines in Streitfällen um die Stellungnahme auswärtiger Korporationen[167].

---

[166] Schreiben des Landrats des Krs. Berleburg an die Reg. Arnsberg v. 1. 2. 1823, in: STAM, Reg. Arnsberg Nr. B 56 I.

[167] *Kaiser* (1978), S. 216.

Die Meister in Münster, aber auch die Gilden Warendorfs als des ehemaligen Vororts aus der Hansezeit wurden von den Meistern Rheines als kompetent geachtet, schlichtend und entscheidend tätig zu werden. All diese Beziehungen beruhten auf dem Herkommen, besaßen also keine schriftlich fixierte Verbindlichkeit. Sie tangierten, und darauf ist in diesem Zusammenhang hinzuweisen, den Charakter der Gilde als lokales, in sich geschlossenes soziales Gebilde nicht.

Von dieser Feststellung ist eine, wenngleich quantitativ unbedeutende, Ausnahme zu machen, die aber wegen ihrer institutionellen Eigenart besondere Aufmerksamkeit verdient. Die Kupferschmiede Norddeutschlands hatten sich, ungeachtet ihrer Zugehörigkeit zu lokalen Gilden, zusätzlich zu einer überregionalen Korporation zusammengeschlossen[168]. Wesentlichstes Motiv für diese weiträumige Verbindung war nicht etwa, wie bei den süddeutschen Keßler- und Kaltschmiede-Zünften, die standeseigene Gerichtsbarkeit unter der Schirmherrschaft eines Adeligen[169]. Im Norden hatte vielmehr die gegenseitige Anerkennung „zünftiger“ Ausbildung und Beschäftigung als causa movens zu dem Zusammenschluß geführt. Gleichwohl zählte die Beilegung von Streitigkeiten zu den wichtigsten Aufgaben dieser ungewöhnlichen Korporation. 1631 wurde in Osnabrück bestimmt, welche Städte die vorkommenden Streitfälle zu schlichten hatten:

„35. Ferner sollen die Meister zu Bremen in Streitigkeiten zu sich nehmen, die zu Oldenburg, Jever, Wildeshausen und Verden.
36. Osnabrück fordert im gleichen Falle Minden, Wiedenbrück, Lubeke, Quakenbruk, Vechte, Melle, Helvern.
37. Münster soll Warendorf, Coesfeld, Dulmen, Borken und Bockholt fordern.
38. Lippstadt soll Paderborn, Soest, Brile, Iserloe, Mollen, Hatten und Ifler (?) fordern.
39. Bielefeld soll Lemgo, Hervord, Hörde und Uthofs Kupfer Mühle fordern.
40. Dortmund soll Limburg, Wehrenhusen, Hamm, Lünen, Werden, Essen und Iserloe fordern.
41. Rheine soll Steinfurt, Schüttorf und Nordhorn fordern“[170].

Das Netz der interlokalen Handwerksgerichte, welches in dieser Regelung der Rechtszüge plastisch sichtbar wird, verlor aber durch die Verbotsverfügung in Art. VI des Reichsabschiedes von 1731 seine Legalität und damit wohl allmählich auch an Festigkeit: „Als werden alle und jede solche Haupt-Laden oder so genannte Haupt-Hütten hiemit und in Krafft dieses, gäntzlich vernichtiget, aufgehoben und abgethan, und alle hier und das mißbräuchlich aufge-

---

[168] *Specht* (1975), S. 245.
[169] Vgl. dazu *Wissell* (1929), Bd. 1, S. 215.
[170] Vgl. *Krumbholz* (1898), S. 380 ff. (382, 383).

brachte Provokationes auf Handwerks-Erkänntniß aus dreyer Herren Landen verboten, vielmehr aber dessen Landes-Herrschaften überlassen, in ihren Landen Zünfften und Laden einzurichten, diesen die Gesätze allein vorzuschreiben, die Widerspänstige nach Belieben zu straffen, und die vorkommende Handwerks-Differentzien ohne Communication mit anderen Ständen oder Städten (außer sie finden solche für nöthig zu seyn) abzuthun und zu verbescheiden, wogegen kein Stand deß andern aufstehende Meister und Gesellen an- und aufnehmen oder schützen, diese aber im gantzen Römischen Reich sofort vor jedermänniglich für Handwercks unfähig und untüchtig gehalten werden sollen. Diesemnach wird verordnet, daß in Zukunfft eines Landes und Orts Lade so gut und gültig, als die andere zu achten seye; folglich so wenig unter diesen ehemaligen Haupt-Laden, dann irgends einigem Praetext eines des anderen Orts Handwerck, besonders etwan gar aus verschiedenen Territoriis vor sich fordere, oder ob auch schon ein- oder andere Cognition ihm freywillig angesonnen würde, derselben und des Verbrechens Bestrafung im geringsten sich anmaße; jedoch denen Churfürsten, Fürsten und Ständen an ihren dieserhalben erhaltenen Privilegien oder sonsten wohlhergebrachten Juribus unnachtheilig". Aber nicht nur diese langatmigen, nichtsdestoweniger aber eindeutigen Bestimmungen des Reichsabschiedes schwächten den großräumigen Rechtsverbund der Kupferschmiede. Die bedeutenden Seestädte hatten deren interlokale Organisation niemals anerkannt und der Austritt der Gewerksgenossen der Stadt Bremen aus der Vereinigung beschleunigte den Verfall des Verbandes. Wie lebenskräftig die standeseigene Gerichtsherrlichkeit der Kupferschmiede am Ende des 18. Jahrhunderts in den westfälischen Städten tatsächlich war, läßt sich allenfalls durch lokale Detailuntersuchungen ergründen. Daß die Sonderrolle der Kupferschmiede des nordwestdeutschen Raumes im Handwerk insgesamt noch lange fortwirkte, zeigt möglicherweise eine Feststellung des hannoverschen Staatsmannes Johann Karl Bertram Stüve, der noch in der zweiten Hälfte des 19. Jahrhunderts (1864) zu berichten wußte, daß die in Osnabrück, der Zentrale der überregionalen Kupferschmiede-Korporationen ausgebildeten Gesellen „in anderen Städten nicht für so gut erkannt" wurden[171].

hh) Macht und Ohnmacht der Zunftgerichtsbarkeit in den westfälischen Ländern um 1800

Es waren in der Tat einander widerstreitende Faktoren, welche über Macht oder Ohnmacht, Erfolg oder Mißerfolg der Jurisdiktion der Zünfte im ausgehenden 18. Jahrhundert entschieden:

---

171 *Stüve* (1864), S. 113.

(1) Viele Zunfthandwerker verband noch immer das tiefgreifende Gefühl, daß die Achtung der Verdikte der autonomen Gerichtsbarkeit gleichbedeutend war mit der Bewahrung des Herkommens, des von der Sage umwitterten und ewig befestigten Gewohnheitsrechts, des Guten schlechthin. Wer sich auf das geheiligte alte Recht berufen konnte, hatte die stärkste Autorität auf seiner Seite. Eben deshalb suchte während des Osnabrücker Gesellenaufstandes im Jahre 1801 einer der Alterleute die aufgebrachten Gesellen dadurch zum Einlenken zu bringen, daß er versicherte, von ihnen nichts zu verlangen, was den Handwerksgebräuchen zuwider wäre[172]. Das traditionelle Handwerksrecht besaß demnach noch zu Beginn des 19. Jahrhunderts eine besondere, in irrationalen Bindungen an das Althergebrachte wurzelnde Achtung, die seine Durchsetzung erleichterte.

Die Zünfte konnten ihre Urteilssprüche vielerorts deshalb mit so erstaunlicher Konsequenz vollstrecken, weil der Arm des Gesetzes nicht so weit reichte, um etwa den durch das Zunftgericht ausgestoßenen Handwerker vor der Einreihung unter die Pfuscher, die keine Rechte in der Zunft hatten, zu bewahren. Hier gestalteten die überkommenen Verhaltensformen die soziale Wirklichkeit während des 18. Jahrhunderts noch allemal stärker als der Wille der Obrigkeit, die regulierend und reformierend einzugreifen suchte.

Vielfach war auch die Appellation der Geächteten an die Lokalbehörden oder die ordentlichen Gerichte von vornherein zwecklos, da kleinere Territorien und städtische Räte den Zünften freie Hand bei der Untersuchung und Aburteilung der Handwerksvergehen nach dem Gewohnheitsrecht der Korporationen ließen.

Schließlich fehlte es, und das dürfte das Selbstbewußtsein der Zünfte und damit die Wirksamkeit ihrer Gerichte nicht zum wenigsten gefördert haben, noch gegen Ende des 18. Jahrhunderts nicht am Beifall für die Autojurisdiktion der Korporationen. Trotz der mächtig aufstrebenden, ausgesprochen zunftfeindlichen liberalen Wirtschaftstheorie, die ein neues Zeitalter einläutete, wurden Selbstachtung und Autorität der Zunftgerichtsbarkeit noch durch manche öffentliche Würdigung ihrer Vorzüge und Verdienste aus berufener Feder gestärkt. So hielt der Philosophieprofessor Ortloff, der ein vorzüglicher Kenner der Zunftverhältnisse seiner Zeit war, die Standesgerichtsbarkeit der Handwerker nicht nur für zweckmäßig, sondern auch für notwendig[173]. Zweckmäßig sei sie, weil sonst die Obrigkeit über jedes kleine Zunftvergehen richten müsse, und, wo es auf detaillierte Handwerkskenntnisse wie Qualität der Ware oder Übersetzung des Preises ankomme, den Behörden die notwendigen Kenntnisse fehlten; für nötig hielt Ortloff die Jurisdiktion der Zünfte, weil allein sie es gewährleiste, daß die Handwerksgesetze und

---

172 *Merx* (1901), S. 168 ff. (188).

173 *Ortloff* (1803), S. 141.

Gewohnheiten befolgt würden. Sein Vertrauen in die ordentliche Gerichtsbarkeit hingegen war, jedenfalls was die Entscheidung von Handwerksangelegenheiten betraf, eben äußerst gering.

(2) Allen diesen die Standesgerichtsbarkeit der Meister stützenden und fördernden Gegebenheiten zum Trotz waren Macht und Ansehen der zünftigen Autojurisdiktion aber doch einer schleichenden Auszehrung ausgesetzt.

Die einstmals selbstverständliche Achtung vor dem Herkommen verblaßte in dem Maße, in dem die Gedanken der Aufklärung in die Vorstellungswelt der unteren sozialen Schichten eindrangen und dort virulent wurden. Die starke Bindung an die Tradition schwächte sich allmählich ab, während gleichzeitig der freie Wille des Individuums und die Allgewalt des Staates an Bedeutung zunahmen. Die Folge war, daß im Laufe des 18. Jahrhunderts der strenge Handwerksbrauch, der sich nur bei einem geringen Grad der Reflexion und einer wenig ausgebildeten Kritikfähigkeit aufrechterhalten ließ, an wichtigen Stellen durchlöchert wurde. Der Konsens der Meister zur Behauptung der Zunftautonomie, die den Kern der Rechtsvorstellungen der Handwerker ausmachte, verlor allmählich seine traditionelle Achtung. Damit erleichterten die Handwerker selbst dem Staat den Weg zur Neuorganisierung der gewerblichen Gerichtsbarkeit – wenngleich die Landesherren jedenfalls der nichtpreußischen Länder Westfalens in dieser Frage keineswegs eine ihrer vordringlichsten Aufgaben sahen. Schließlich hatten die Handwerksgerichte in den westfälischen Kleinstädten, die abseits der großen Wanderstraßen des Reiches lagen und in der Regel kein voll ausgebautes, alle Handwerksberufe erfassendes und mit zugewanderten Gesellen arbeitendes Handwerk besaßen, natürlich nie solches Ansehen genossen wie die Zunftgerichte in den städtischen Zentren Nord-, West- oder Süddeutschlands (z. B. Hannover, Hamburg, Bremen, Kopenhagen[173a], Augsburg). Die Handwerkerverbände in Westfalen waren schon wegen der geringen Personalstärke der einzelnen Gewerke mehr von einer Schwächung des stillschweigenden Konsenses aller Genossen über die Handwerksbräuche und die Ehrbegriffe ihres Standes betroffen.

Hinzu kam der ungeklärte rechtliche Status, in dem die Masse der Ämter, zumal in den geistlichen Staaten Westfalens, lebte. Den gesetzlichen Bestimmungen zuwider, existierten viele von ihnen als „angemaßte“[174] Gilden, da sie keine zu Recht bestehende, vom Landesherrn bestätigte und „mit gewöhnlichen Rollen und Gildebrief förmblich versehene Zunft“ waren. Die Landesherren und die Beamten duldeten, wie das Beispiel des Münsterlandes zeigt, trotz der gegensätzlichen Bestimmungen des Rezesses von 1632 und des Reichsabschiedes stillschweigend die alten Gilderechte. Im Laufe des 18.

173a Das dänische Kopenhagen war in das Wandernetz der deutschen Gesellen einbezogen.

174 So der Vredener Amtmann v. Twickel im Jahre 1715; vgl. *Terhalle* (1983), S. 44.

Jahrhunderts begannen einzelne zunftkritische Handwerker, sich diese notorische Schwäche der Genossenschaften zu Nutze zu machen. So weigerten sich die Vredener Schreiner Hermann Trahe, Gerhart Elsbeck und Hermann Püttmann[175] im Jahre 1715, den „angemaßten" Gilden gegenüber gehorsam zu sein, d. h. den traditionellen, aus der Verbandsmitgliedschaft rührenden Pflichten nachzukommen. Damit gaben sie dem neuen Verhältnis zum tradierten handwerklichen Standesbrauch wie zum handwerklichen Gewohnheitsrecht sichtbaren Ausdruck.

Außerdem waren, worauf bereits hingewiesen wurde, manche Ämter in den Kleinstädten der geistlichen Staaten von den großen Gilden in Münster und Paderborn abhängig[176]. Die Handwerker unbedeutenderer Orte wie Rheine, Vreden, Bocholt oder Freckenhorst besaßen nur eingeschränkte Zunftrechte[177]. Die wenig durchgebildete Organisation des Handwerks insbesondere in den Minder- und Titularstädten[177a] ließ die Konstituierung einer funktionierenden Autojurisdiktion der Zünfte nicht zu. Dieser Umstand dürfte, im Verein mit mancherlei Abhängigkeiten und unter dem Eindruck einer allmählich fühlbarer werdenden Kontrolle des Staates, der Lockerung der ursprünglich engen Bindungen der Zunftmeister an ihre Standesgerichtsbarkeit Vorschub geleistet haben.

Bei allem Zurückbleiben hinter dem anvisierten Ziel war es schließlich doch diese stärkere Einflußnahme der öffentlichen Gewalt, welche den tatsächlichen Spielraum der Standesgerichtsbarkeit der Zünfte in der Endphase ihrer Existenz spürbar begrenzte. Jedenfalls in der Spätzeit finden sich Anzeichen dafür, daß die ordentlichen Gerichte sich nicht länger scheuten, das zünftige Statutarrecht, die von den Handwerkern gegen beträchtliche Geldzahlungen erkauften Privilegien also, außer Kraft zu setzen und damit der Tätigkeit der Morgensprache, der Hüterin zünftiger Rechtssätze und Handwerksgewohnheiten, faktisch den Boden zu entziehen.

---

[175] *Terhalle* (1983), S. 44.

[176] Ein Beispiel aus Rheine findet sich bei *Kaiser* (1978), S. 208.

[177] Für Bocholt s. *Langenberg*, Die Lage des Bocholter Handwerks, in: Stadtarchiv Bocholt, Z – LB XXVI Nr. 18; für Rheine s. *Kaiser* (1978), S. 208, 209 (betr. Schreiner).

[177a] Der Rechtsbegriff der Stadt wurde im Spätmittelalter vor allem durch die Entstehung der sog. Minderstädte stark aufgeweicht; s. dazu *Stoob* (1956), und (1959) sowie *Hase* (1960), S. 5. Stoob versteht darunter einen mittelalterlichen Typus, der die Stadtentstehung in Mitteleuropa in der Zeit von etwa 1300 bis 1450 beherrscht: „Gemeinsam ist ihnen eine gewisse, freilich . . . oft nur schwer zu fassende Verkürzung der Privilegien, ein Gehemmtsein in der Entwicklung. Fließend werden die Übergänge vom Dorf her, zur Vollstadt hin"; s. *Stoob* (1956), S. 41. Eine Aufzählung dieser in Westfalen „Freiheiten" oder „Wigbolde" genannten Minderstädte findet sich bei *Scholz* (1983), S. 403 – 468 (451).

c) Die Übergangszeit

Als man in Paris und Regensburg im Jahre 1802 an die Neuverteilung des geistlichen Westfalen ging, erhielt Preußen durch den französisch-preußischen Vorvertrag v. 23. Mai 1802 das Fürstbistum Paderborn, die größere, östliche Hälfte des Oberstifts Münster mit der Landeshauptstadt sowie die Abteien Essen, Werden und Herford. Hannover mußte sich mit dem Fürstbistum Osnabrück begnügen, während das Haus Oranien Dortmund und Corvey erhielt. Das Herzogtum Westfalen fiel an Landgraf Ludwig X von Hessen-Darmstadt, während das Vest Recklinghausen von dem Herzog von Arenberg in Besitz genommen wurde. Gleich eine ganze Anzahl von mediatisierten Fürstlichkeiten aus dem linksrheinischen Gebiet wurde durch den Erwerb westmünsterländischer Ämter entschädigt[178].

In den 1803 von Preußen erworbenen, Erbfürstentümer genannten Kerngebieten des Fürstentums Münster sowie des ehemaligen Fürstentums Paderborn wurde das ALR durch Patent vom 5. 4. 1803 mit Wirkung vom 1. 6. 1804 eingeführt, und zwar entsprechend den Grundsätzen des Publikations-Patents vom 5. 2. 1794[179]. Auch hier ließ das Landrecht als nur subsidiär geltende Rechtsquelle alle Gesetze und Gewohnheiten in dem beschriebenen Rahmen bestehen. In dieser Form blieb die Kodifikation bis zur Einbeziehung Westfalens in den französischen Rechtskreis geltendes Recht[180]. Neue Impulse für die Entwicklung der Gewerbegerichtsbarkeit gingen vor ihr aber nicht mehr aus. Auf die Einführung der Generalprivilegien in den 1803 neugewonnenen Gebieten wurde verzichtet. Die in Preußen geltenden Zuständigkeitsregelungen für die Entscheidung gewerblicher Streitigkeiten hingegen wurden auch für die sog. „Erbfürstentümer", die ehemaligen geistlichen Staaten also, verbindlich gemacht. Als im Jahre 1805 in Paderborn ein Streit zwischen einem Kaufmann und der Schustergilde über die Berechtigung zum Verkauf von bestickten Damenschuhen ausbrach, entschieden weder die Zunft noch die ordentliche Gerichtsbarkeit; an die Stelle des bis dahin zuständigen Geheimen Rates trat, offenbar in entsprechender Anwendung der preußischen Kompetenzordnung[181], die Kriegs- und Domänenkammer in Münster als Landespolizeibehörde. Und eben diese Behörde war es auch, die in einer der üblichen Auseinandersetzungen zwischen der Paderborner Schustergilde und einem sog. Bönhasen nach preußischen Vorschriften bestimmte, daß dieser, da Invalide, selbständig das Schuhmacherhandwerk als Freimeister, wenngleich ohne

[178] Zur Neuordnung Westfalens im Jahre 1802/03 im einzelnen vgl. *Lahrkamp* (1983), insbes. S. 8 ff.

[179] Vgl. *Possel – Dölken* (1978), S. 32.

[180] Vgl. *Possel – Dölken* (1978), S. 29.

[181] Schreiben vom 4. 7. 1805 und Entscheidung vom 24. 9. 1805, in: Stadtarchiv Paderborn 373 g.

Karte: Westfalen im Jahre 1804[182]

1 Hzgtm Oldenburg
2 zum Kftm Hessen
3 Fstm Schaumburg-Lippe
4 Hzgtm Braunschweig
5 Gft Spiegelberg
6 Fstm Lippe
7 Fstm Waldeck
8 Grafschaften Wittgenstein
9 Oranien-Nassauische Fürstentümer
10 Fstmer Nassau-Usingen und Nassau-Weilburg
11 Herrschaft Gimborn-Neustadt
12 Herrschaft Homburg
13 Hzgtm Arenberg
14 Hzgtm Croy
15 Gft Steinfurt
16 Fstm Rheina-Wolbeck
17 Herrschaft Wildenburg
18 Herrschaft Rheda
19 Gft Limburg
20 Gft Rietberg

[182] Quelle: *Lahrkamp* (1983), S. 1 ff. (11).

Lehrlinge und Gesellen zu halten, ausüben dürfe, ohne zuvor die Meisterprüfung abgelegt zu haben[183].

So war die „offizielle“ Gerichtsbarkeit in gewerblichen Streitigkeiten ebenso wie das Gewerberecht in den neugewonnenen Gebieten bereits weitgehend an die altpreußische Rechtsordnung angepaßt, während sich die autonome Jurisdiktion der Zünfte noch immer, ohne erloschen zu sein, in ihrer langdauernden Agonie befand, als die Fremdherrschaft aus dem Westen die noch verbliebenen Reste der Standesgerichtsbarkeit der traditionsreichen Ämter und Gilden zu demontieren begann. Daß die Beseitigung des Handwerksbrauchs und damit der einst so stolzen Gildegerichtsbarkeit auch den Preußen in den westfälischen „Erbfürstentümern“ nicht gelungen war, zeigt der Fall eines Schreinergesellen aus Rheine, der, entgegen dem Zunftbrauch, nicht vor der Gesellenlade in Münster „gehobelt“, d. h. freigesprochen worden war. Aus diesem Grunde nämlich weigerten sich die Genossen der Schreinerzunft in Rheine noch im Jahre 1807, ihn zur Meisterschaft zuzulassen. Daß die Meister das „Hobeln“ noch immer als selbstverständliche Voraussetzung für die Zugehörigkeit zum Amt betrachteten und in dieser Frage nicht einmal die Kosten eines mehrinstanzlichen Prozesses scheuten, zeugt von dem ungebrochenen Fortleben des Handwerksbrauchs noch beinahe ein Jahrhundert nach Erlaß des Reichsabschiedes. Schon das Reichsgesetz nämlich hatte in Art. IX die „seltsame, theils lächerliche, theils ärgerliche, und unehrbarliche Gebräuche, als hoblen, schleifen, predigen, taufen wie sie es heissen, ungewöhnliche Kleider anlegen, auf den Gassen herum führen, oder herum schicken, und dergleichen . . .“ untersagt. Der als Berufungsinstanz angerufene Provinzialrat des Arrondissements Steinfurt wies den zunächst mit dem Streit befaßten Landrichter zu Rheine dann aber doch an[184], das Amt dahin zu bescheiden, daß zukünftig auf das Erfordernis des „Hobelns“ zu verzichten sei. Wie wenig angefochten dieser Brauch bis dahin gewesen war, zeigt eine Schilderung noch in der selbsterlassenen Rolle der Schreiner Rheines aus dem Jahre 1819: „Das hiesige Schreineramt stand immer mit dem Münsterischen in Verbindung, und hatte eben auch die Münsterischen Rechte, die hiesigen Schreiner Meister konnten einen Lehrburschen auslernen und wenn dieser

---

[183] Dem Invaliden hatte das Schuhmacheramt die verfertigte Ware konfisziert; s. dazu Protokoll vom 27. 6. 1805 und Entscheidung der KDK Münster vom 2. 8. 1805, in: Stadtarchiv Paderborn, 373 g; die General-Privilegien bestimmten: „Und ob Wir wohl allergnädigst wollen, daß denen abgedanckten, bleßirten, und Invaliden Soldaten sich mit ihrer erlernten Profeßion, jedoch ohne Gesellen und Jungen zu halten, ehrlich zu ernähren, nach wie vor frey stehen solle . . .“, z. B. in: Art. VII des General-Privilegiums für das Zimmer-Gewerk Bielefeld (1771), in: STAM, 4° WK 222; zur Erteilung von Freimeisterpatenten an ehemalige Soldaten s. *Koselleck* (1980), S. 212.

[184] Der Rat, eine Verwaltungsbehörde, fungierte quasi als Verwaltungsgericht. Diese Regelung durchbrach den von der französischen Verfassung im Prinzip beachteten Grundsatz der Gewaltenteilung zutiefst; zur entsprechenden Regelung im Kgr. Westphalen vgl. *Weidemann* (1936), S. 49.

seine Lehr Jahre vollendet mußte dieser zu Münster bey dem Amte gehobelt und zum Gesellen gemacht werden"[185]. Aus alledem folgt, daß es noch in der letzten Lebensphase der Zunft in Westfalen nicht allein von der Rechtslage, sondern weit mehr vom Grad der Einflußnahme und Durchsetzungskraft der jeweiligen Verwaltung abhing, inwieweit die Wirksamkeit von Zunftrecht und Zunftgerichten im praktischen Rechtsleben beschränkt war[186]. Mit der endgültigen Aufhebung der Korporationen gelangte der durch so viele Widerstände aufgehaltene Abbau der Gilderechte schließlich auch im Fürstentum Münster an das schon seit längerem erwartete Ziel.

2. Die Gesellengerichtsbarkeit

a) Physiognomie und Aufgaben der Gesellengerichtsbarkeit

Die Ausübung der autonomen Gesellen-Gerichtsbarkeit, zu deren Aufgaben und Zielen nicht nur die Entscheidung interner Streitigkeiten des Verbandes, sondern, wichtiger noch, die Durchsetzung eigener Interessen zählte, war für Jahrhunderte eine der wesentlichsten Ursachen für den genossenschaftlichen Zusammenschluß abhängig beschäftigter Handwerker zu Gesellenvereinigungen[1]. Wie die Meister zu Zünften, so traten auch die Gesellen durch Vertrag zu freien Einungen zusammen, welche ihre erstaunliche Konsistenz der unbedingten Unterwerfung aller Mitglieder unter die selbstgesetzten Normen des Verbandes verdankten. So war es schon seit Beginn des 15. Jahrhunderts, als sich neben der Morgensprache der Meister eine autonome Gesellengerichtsbarkeit[2] zu entwickeln begann, die ihre Sprüche, sofern es die faktischen Machtverhältnisse zuließen, selbst gegenüber Meistern und auswärtigen Gesellen- und Zunftorganisationen durchzusetzen verstand. Sie wachte über Sitten und Gebräuche, die der Handwerksbursche auf der Wanderschaft zu beachten hatte, sie verteidigte die heilig gehaltene Gesellenehre, sie verrief die Zünfte ganzer Städte, die sie durch ihr nicht selten besonders rigoroses, unnachsichtiges, gar willkürliches Vorgehen wirtschaftlich schädigte. Ihre Schänken blieben der Kontrolle der Obrigkeit und, soweit sich der alte Zunftbrauch Achtung bewahren konnte[3], auch der Meister entzogen. Im Konfliktfall gingen die Gesellen eher in den Ausstand oder riskierten Gefängisstrafen,

---

185 *Kaiser* (1978), S. 208, 209.

186 Vgl. auch *Bahr* (1904), S. 4.

1 s. dazu *Schanz* (1876); neuerdings *Reininghaus* (1981), *Wesoly* (1985) und *Schulz* (1985).

2 Vgl. *Stieda* (1890), S. 29; *Schanz* (1876), S. 157 ff.; *Wissell* (1929), S. 206 ff.; *Wesoly* (1985), S. 347 ff.

3 s. *Merx* (1901), S. 169.

als daß sie dem Spruch eines ihrer Gerichte zuwider handelten[4]. Jeder, der die Gewohnheiten seines Handwerks vergaß, der sich gegen die traditionellen Ehrbegriffe seines Standes verging, der gegen die Beschlüsse seines Amtes oder seiner Bruderschaft verstieß, sich dem Richterspruch der versammelten Gewerksbrüder nicht unterwarf oder dessen Vollstreckung verhinderte, wurde „unredlich“ gemacht. Die Gesellen schalten den Abweichler und trieben ihn auf, d. h. sein Name wurde im ganzen Land bekanntgemacht und jeder, der nicht den Kontakt mit einem solchermaßen Geächteten abbrach und stattdessen weiterhin mit dem Delinquenten zusammenarbeitete, mußte die gleiche Strafe gewärtigen. Der Verruf traf nicht nur einzelne Meister und Gesellen, denen die Ausübung des Handwerks faktisch unmöglich gemacht wurde, sondern ganze Innungen und Städte. Der unsichtbare Zusammenhang aller wandernden Gesellen in Deutschland, ihre schwarzen Tafeln und althergebrachten Gewohnheiten waren nirgends faßbar, aber überall wirksam. Solange die Kraft der Zünfte und Brüderschaften ungebrochen war, wahrten alle Beteiligten diesen Handwerksbrauch im eigenen Interesse, da sie gescholten wurden, wenn sie ihn brachen. Konstitutiv für die Aufrechterhaltung der berufsständischen Jurisdiktion, die geradezu als das Palladium der Gesellenverbände bezeichnet worden ist[5], war demnach die von der Mehrheit anerkannte gegenseitige Kontrolle.

Noch im ausgehenden 18. Jahrhundert trugen diese genossenschaftlich gesetzte Rechtsordnung der Gesellen und ihre autonome Standesgerichtsbarkeit die typischen Züge mittelalterlichen Rechtsdenkens: Die Anrufung auswärtiger Bruderschaften blieb für die Gerichtsbarkeit der Verbände bis zum Ende der Zunftzeit das typische Mittel des Rekurses – ein Verfahren, das dem Rechtszug zu den Oberhöfen des Mittelalters nicht unähnlich war[6]. Die Gesellenartikel wurden vielfach noch „sine scripto“ und „de ore in os, de manu in manum“ bekräftigt und weitergegeben[7]. Mittelalterlicher Gewohnheit entsprach es auch, daß die Gesellen für Inhalt und Anwendung ihres Rechts strikte Geheimhaltung forderten. Deshalb trat die Tätigkeit dieser Gerichte, die nur das mündliche Verfahren kannten, immer erst dann ins Bewußtsein der Öffentlichkeit, wenn außerhalb der Korporationen stehende Personen betroffen wurden. Natürlich waren es vor allem die Meister und ihre Zünfte, mit denen die Gesellen in Konflikt gerieten. Gleichwohl duldete das etablierte Handwerk bis weit ins 18. Jahrhundert hinein die Tätigkeit der Jurisdiktion der Gesellenbruderschaften. Das hatte im wesentlichen zwei Gründe: Zum

---

[4] *Schmoller* (1898), S. 385.

[5] So *Schönlank* (1892), S. 824.

[6] In vielen Ländern war die Anrufung auswärtiger Gesellenverbände während des 18. Jahrhunderts wegen der Illegalität der Sondergerichtsbarkeit der Gesellen das einzig mögliche Mittel des Rekurses, s. z. B. unten S. 79.

[7] *Struve* (1738), Bd. 2, S. 225; s. dazu auch *Reininghaus* (1980), S. 78 ff.; *Vollrath* (1981), S. 571 – 594.

einen tolerierten die Meister nichts anderes als diejenigen Rechts- und Organisationsformen, die sie auch für sich selbst als verbindlich betrachteten. Zum anderen versprachen sie sich von der Rechtsmacht der Gesellenverbände, durchaus eigennützig, handfeste Vorteile: Die Autojurisdiktion ermöglichte es den Gehilfen, intern die Mitglieder ihres Verbandes zu kontrollieren. Die überlieferten, strengen Ehrbegriffe, deren Einhaltung sie durch ihre eigene Gerichtsbarkeit erzwangen, hatten offen erzieherischen, ja selektiven Charakter, wirkten also in einer den Meistern besonders willkommenen Weise[8]. Aus eben diesen Gründen stellten die Zünfte trotz zahlloser Streitigkeiten in einzelnen Fällen die Gesellengerichtsbarkeit als Institution erst am Ende des 18. Jahrhunderts in Frage[9].

b) Die Politik des Reiches gegenüber der autonomen Gesellengerichtsbarkeit

Es war vielmehr der Staat, der in der Nachfolge der städtischen Gewalt energisch gegen „aufgestandene" Gesellen und deren Verbände vorzugehen begann. Hatte sich die Obrigkeit, wie sich für Münster nachweisen läßt[10], in der Auseinandersetzung mit der genossenschaftlichen Organisation der Gesellen zunächst des römischen Rechts bedient, so schuf der Staat nun eigenständige öffentlich-rechtliche Normen mit dem Ziel, die organisierte Willensbildung der Gesellen, ihre korporative Verfaßtheit und damit auch ihre ständische Gerichtsbarkeit zu zerschlagen. Eben dem Entschluß zur Beseitigung sozialer Mißstände durch die Schaffung einer reglementierenden Ordnung verdankt, worauf G.K. Schmelzeisen hingewiesen hat, das moderne Polizeirecht seine Entstehung[11]. Eine frühe Frucht solcher Bemühungen war schon die Reichspolizeiordnung des Jahres 1530[12] gewesen, die es den Gesellen untersagt hatte, neben den eigentlichen Zunftgerichten der Meister eine eigene Strafgewalt auszuüben und das folgenschwere Recht des „Auftreibens", der organisierten Arbeitsniederlegung also, in Anspruch zu nehmen. Diese Tendenz fand ihren Nachhall in den Gildereglements, die manche Terri-

---

8 Die Gesellen schlossen „Unehrliche" von ihren Verbänden und damit faktisch auch von den Arbeitsplätzen im Handwerk aus. Damit wirkten sie in die gleiche Richtung wie die Zünfte; vgl. *Reininghaus* (1981), S. 95 ff.; desgleichen *Reininghaus* (1984), S. 230.

9 Vgl. *Reininghaus* (1984), S. 230.

10 Die Heranziehung des römischen Rechts als Argumentationshilfe in der Auseinandersetzung mit den Gesellenverbänden wird deutlich in: Stadtarchiv Münster, A XI, 225, fol. 178, 179, nach *Reininghaus* (1984), S. 231.

11 *Schmelzeisen* (1955), S. 15.

12 Abgedruckt bei *Proesler* (1954), S. 1 – 5*, s. dazu *Wissell* (1929), Bd. 2, S. 240; *Wegener* (1956/57), S. 40.

torien im 17. und frühen 18. Jahrhundert erließen[13]. Ein neuerlicher Anstoß ging dann von der Reichshandwerksordnung des Jahres 1731 aus. Art. X des Gesetzes, welcher sich in seinem ersten Teil schon in einem Reichsgutachten des Jahres 1672 fand, beklagte, es wolle der „wider alle Vernunft lauffende Mißbrauch einreissen, daß die Handwerksgesellen, vermittels eines unter sich selbst anmaßlich haltenden Gerichts, die Meister vorstellen, denenselben gebiethen, ihnen allerhand ohngereimte Gesätze vorschreiben, und in deren Verweigerung sie schelten, straffen und gar von ihnen aufstehen, auch die Gesellen, so nachgehends bei ihnen arbeiten, auftreiben und vor unredlich halten"[14]. Daher verlangte der Reichsschluß in Art. V, wie von den Meistern, so auch von den Gesellen nicht nur alles Schelten, Schmähen, Auf- und Umtreiben zu unterlassen[15]; er verwies sie vielmehr „an den Weg Rechtens und Richterlicher Hülff oder Einsicht" und befahl ihnen, „Untersuchungen, Erkanntnuß und Ausspruch" der Obrigkeit „gedultig und ruhig (zu) erwarten". Diese Bestimmungen waren die wichtigsten des gesamten Reichsschlusses.

Die Wanderschaft der Gesellen unterwarf man strengen polizeilichen Regeln, indem die Ausstellung von sog. „Kundschaften", Wanderzeugnissen also, über Wohlverhalten und ordnungsgemäße Beendigung der Arbeit an jedem Arbeitsort verlangt und die erneute Arbeitsaufnahme von der Vorweisung eines solchen Schriftstücks abhängig gemacht wurde. Zweck dieser einschneidenden Aufsichtsmaßregeln war es nicht nur, die wandernden Gesellen zu disziplinieren, sondern auch, die ungeregelte und unkontrollierte Ausübung der Gesellengerichtsbarkeit zu unterbinden.

Art. V des Reichsschlusses wollte vor allem verhindern, daß die Gerichtsbarkeit von „Meister und Gesell . . . der Obrigkeit vorgriffe"[16]. Insbesondere die arbeitsrechtlichen Streitigkeiten zwischen Meistern und Gesellen sollten den Gerichten vorgelegt werden. Auch die Auseinandersetzungen über die Güte der anzufertigenden Meisterstücke behielt sich die Obrigkeit vor (Art. XII des Reichsschlusses). Ein anschließendes Verfahren nach Gesellenbrauch scheint dagegen nicht strikt untersagt gewesen zu sein. Damit aber hatte der Reichsschluß der Gerichtsbarkeit der Gesellen noch eine gewisse Überlebenschance gewährt. Das ergibt sich auch aus Art. VII des Gesetzes, der die Strafgewalt der Gesellen, soweit die Landesgesetze und Privilegien dies gestatteten, ausdrücklich fortgelten ließ.

---

[13] So das für ganz Nordwestdeutschland wegweisende Braunschweig-Lüneburgische Gildereglement von 1692. Der Text des Entwurfs von 1685 findes sich abgedruckt bei *H.D. Welge* (1982), S. 28 (gekürzt).

[14] Reichsabschied von 1731, a. a. O.

[15] So schon Art. II des Reichsabschiedes, a. a. O.

[16] So auch *Reininghaus* (1984), S. 233.

c) Die westfälischen Territorien und die Gesellengerichtsbarkeit während des 18. Jahrhunderts

Aus den Bestimmungen des Reichsabschiedes auf ein „Festhalten an der Gesellengerichtsbarkeit“[17] zu schließen, ist allerdings verfehlt. Es kam eben auf die Haltung des Landesgesetzgebers in dieser Frage, nicht minder auf die Interessen und Machtverhältnisse innerhalb der durchaus heterogenen Handwerkerschaft selbst an.

Zunächst war es der Landesherr, der bestimmte, welcher Grad der Bewegungsfreiheit den Gesellenverbänden belassen werden sollte. Da die Territorien, je nach politischem Standort und Entschlossenheit ihrer Regierungen und Verwaltungen, in ganz unterschiedlicher Weise von der Möglichkeit der Einschränkung der Gesellengerichtsbarkeit Gebrauch machten, gestaltete sich das Schicksal dieses Teils der Rechtspflege in der Hand autonomer Genossenschaften im 18. Jahrhundert durchaus nicht einheitlich. Neben die Wirkkräfte, die von der Landesherrschaft ausgingen, traten gegen Ende des Saekulums andere, der Gesellengerichtsbarkeit noch weit weniger günstige Impulse: Unter dem Druck zunehmender wirtschaftlicher Schwierigkeiten begannen die Meister, den Gesellenverbänden Schutz und Förderung zu entziehen, ihre Autonomie einzuschränken, ja schließlich sogar die Existenz der Bruderschaft überhaupt in Frage zu stellen. Auf diese Vorgänge, die notwendigerweise die größte Bedeutung für die autonome Gerichtsbarkeit der Verbände der Gewerksgehilfen gewinnen mußten, hat jüngst Grießinger in überzeugender Weise hingewiesen[18]. Sie lassen sich auch für Westfalen nachweisen.

Die Paderborner Gildeprivilegien schränkten die Gesellengerichtsbarkeit expressis verbis nicht ein[19]. Allerdings waren die Gesellen der Aufsicht der Meister unterstellt, und damit, den Intentionen des Reichsgesetzes entsprechend, in der Ausübung ihrer korporativen Strafgewalt behindert. Auch das Nachsuchen von Entscheidungen bei den sog. Hauptladen, welches der Reichsabschied in Art. VI untersagt hatte, wurde nochmals ausdrücklich verboten und stattdessen die Paderborner Hofkammer für Streitigkeiten zwischen Meistern und Gesellen zum allein legitimierten forum competens erklärt[20].

Energischer suchte man die Unabhängigkeit der Gesellenschaft im Fürstentum Münster zu beschneiden: Unter Hinweis auf Art. II und V des Reichsab-

---

[17] So aber *Reininghaus* (1984), S. 233.

[18] *Grießinger* (1981).

[19] Vgl. STAM, Spezial-Organisationskommission Paderborn Nr. 222 a.

[20] s. Privilegium der Paderborner Färber-Zunft vom 13. Nov. 1790, in: STAM, Spezial-Organisationskommission Paderborn Nr. 222 a, fol. 76, 77.

schiedes verbot die münsterische Ausführungsverordnung vom 4. 1. 1732[21] in ihrem Art. I selbst in den Fällen, in denen die Zunftrollen den Gesellen eine entsprechende Strafgewalt einräumten, daß „einer dem anderen" gegenüber, die Meister gegen die Gesellen und die Gesellen gegen die Meister also, Sanktionen verhängten. Vor allem die Gesellen sollten nicht länger über die Meister zu Gericht sitzen dürfen. Stattdessen wurde auch für die aus dem Arbeitsverhältnis resultierenden Streitigkeiten, für welche die Gesellengerichte bislang die Kompetenz beansprucht hatten, die öffentliche Gewalt für zuständig erklärt. Für die Stadt Münster betraute der Gesetzgeber den mit der Entscheidung in Handwerkssachen beauftragten Deputierten, für die übrigen Städte und Wigbolde des Stifts den Ortsrichter oder Gografen mit der Entscheidung solcher Fälle. Damit aber nicht genug. Der Landesherr wollte auch die Auseinandersetzungen innerhalb der Gesellenschaft staatlicher Mitwirkung überantworten, obgleich deren autonome Jurisdiktion im Münsterland eher rudimentär ausgebildet war. Deshalb überließ die Verordnung von 1732 die Entscheidung von Gesellenstreitigkeiten auch nicht den Ladenmeistern, deren Kompetenz in diesen Fällen traditionell erheblich waren, sondern wies den staatlichen Gerichten hier eine neue Aufgabe zu: „Und als imgleichen von denen Gesellen nicht allein dergleichen Zusammenkünffte Freß- und Söffereyen veranlasset, sonderen bey verschiedenen Aembteren auch eine so genannte vierwochige Gesellen-Zusammenkunfft, wobey dieselbe unter Straff des halben Zechs erscheinen müssen, unter dem Vorwand, daß darauff von denen dabey erscheinenden Laden-Meisteren die etwa unter denen Gesellen obsonsten entstandenen Zwistigkeiten beygelagt oder die vorgegangene Verbrechen bestraffet, . . . eingeführet worden; Und dan aber nicht allein in der Kayserlichen Verordnung Art. II pag. 6 versehen, daß alle zwischen Meistere und Gesellen oder auch unter denen Gesellen selbst entstehende Zwistigkeiten, obsonstige Verbrechen nicht von denen Ambts-Meisteren allein, sonderen von dem durch jede Lands-Obrigkeit zur Ambts-Sachen angeordneten Deputirten Beyseyns deren Vorsteheren oder Gildemeisteren respective abgethan und bestraffet werden sollen; . . . Also wöllen Wir auch allsolche und alle andere dergleichen Zusammenkünfften und dabey vorgehende Freß- und Söffereyen, besonders wegen dabey entstehenden vielen Excessen, unter funffzig Goldgülden Straff gäntzlich auffgehoben abgeschaffet und verbotten haben"[22].

---

[21] Ausführungsverordnung des Fst. Münster zum Reichsabschied von 1731 v. 4. 1. 1732, in: STAM, Münsterische Edikte A 5, Nr. 454, fol. 213 ff.

[22] Z. 6, S. 41, fol. 221 der münsterischen Verordnung vom 4. 1. 1732, s. o., S. 40 Fußnote 78; siehe Fußnote 21. Aus dem Zusammenhang geht eindeutig hervor, daß es sich bei dem mit dem Begriff des Ladenmeisters belegten Amtswalter in der Tat um einen Vertreter der Meisterschaft handelt. Das ist keineswegs selbstverständlich, da gelegentlich auch die gewählten Vertreter der Gesellenschaft mit diesem Titel bezeichnet wurden. So kannten die Gesellenverbände in Frankfurt z.B. den Kerzenmeister und Stubenmeister; daneben gab es auch Büchsenmeister und Ürtenmeister; s. *Wesoly* (1985), S. 314, 317.

Die so verordnete Übernahme der Gewerbegerichtsbarkeit in die Obhut des Staates gelangte aber über das Stadium der bloßen Deklamation niemals hinaus. Das folgt schon aus den wiederholten Versuchen der Obrigkeit, die Vitalität der Münsteraner Gesellenverbände zu brechen: Schon 1743 hatte der Geheime Rat in Münster die Anweisung gegeben, bei fortgesetzter Renitenz der Handwerksgehilfen solle „scharff gefeuret werden“[23]. Und zu Beginn des Jahres 1778 wurde die Herberge der Schreinergesellen in Münster geschlossen. Der dortige Stadtrichter ordnete „endlich eine ernsthafte Strafung“ der Handwerksburschen an, „da die bisher gebrauchte Gelindigkeit nichts fruchten will“[24]. Den renitenten Schreinergesellen wurde nicht nur das Betreten der Herberge untersagt, sondern auch verboten, „sich auf den Straßen und anderen Wirtshäusern zusammenzurottierren“. Zugleich bedeutete man ihnen, „daß wo mehrere als zwei Gesellen angetroffen werden, selbige sofort arrestiert werden sollen“. Die Obrigkeit wandte sich damit energisch gegen die „verkehrte Einrichtung der Herberge“, weil sie „der wahre Verderb aller ordentlichen Gesellen“[25], eben der Ort war, an dem der autonome Rechtsbereich der Gesellen seine organisatorischen Grundlagen hatte. Zugleich wurde, und damit verstärkt sich der Eindruck durchaus konzeptionellen, über den Augenblick hinausweisenden Vorgehens der Behörde, das typische Mittel zur Durchsetzung der Verdikte der Gesellengerichtsbarkeit, der Ausstand, mit „Zuchthauß Strafe, welche ohnabbittlich erfolgen soll, inhibiret“. Das Gericht drohte den Meistern an, die Amtsgerechtigkeiten zu suspendieren, sofern sie Arbeitsniederlegungen der Gesellen nicht binnen einer Stunde dem Stadtrichter anzeigten.

Die Bestimmungen lassen an Deutlichkeit nichts zu wünschen übrig. Sie sind als Versuch, die Kommunikation der Gesellen untereinander abzuschneiden, unmittelbarer Ausdruck des Bemühens, den jungen Handwerkern das ererbte Recht auf autonome Gerichtsbarkeit, welches den Kernbereich ihrer genossenschaftlich verfaßten Existenz ausmachte, wirksam zu verkürzen. Es ging, wie gerade die Anzeigepflicht für Arbeitsniederlegungen nachweist, nicht nur darum, das organisierte Rückgrat der Gesellenverbände zu brechen, sondern ebenso um das Ziel, ihnen die Kampfmittel in den gelegentlich offen ausbrechenden Konflikten zwischen Meistern und Gesellen zu entwinden.

Dauerhafte Früchte hat aber auch diese Maßnahme nicht getragen. Denn schon 1786 sah sich der münsterische Magistrat unter ausdrücklicher Bezugnahme auf die kaiserlichen und kurfürstlichen Edikte der Jahre 1731/32 erneut

---

[23] Stadtarchiv Münster A XI Nr. 225 fol. 155; s. dazu *Reininghaus* (1984), S. 233.

[24] Verordnung des Magistrats der Stadt Münster v. 30. 1. 1778, in: Stadtarchiv Münster, A XI 225; Verordnung des Stadtrichters Gräver, in: STAM, Fst. Münster, Geh. Rat Nr. 383.

[25] s. *Grießinger* (1981), S. 261.

genötigt, die monatlichen Zusammenkünfte der Schreinergesellen der Stadt[26] zu untersagen.

Die Urheberschaft jener energischen Unterwerfungsversuche in Münster überrascht allerdings. Es waren nicht eigentlich der Landesherr, die städtische Verwaltung oder der örtliche Richter, sondern vielmehr die Gesamtheit der Meister, die Ämter also, welche der autonomen Willensbildung der Gesellen den Garaus machen wollten. Magistrat und Stadtrichter Münsters liehen diesen Versuchen bereitwillig Ohr und Arm. Konkreter Hintergrund der lang dauernden Auseinandersetzung um die Herberge der Schreinergesellen, die in ähnlicher Weise auch bei den anderen Gewerken der Stadt aufbrachen, war ein unlösbarer Interessenkonflikt innerhalb der Meisterschaft der Landeshauptstadt: Während der wirtschaftlich prosperierende und deshalb auf die gutwillige Mitarbeit der Gesellen angewiesene Teil der Zunftgenossen seinen Hilfskräften die alte Freiheit und Selbstbestimmung in eigenen Angelegenheiten belassen wollte[27], suchten sich die von der allmählich spürbar werdenden ökonomischen Krise bereits betroffenen Schreinermeister das Überangebot an Arbeitskräften zunutze zu machen und die Gesellen durch Disziplinierung und Reglementierung zu veranlassen, immer größere Arbeitsleistungen zu erbringen.

Eben diese Tendenz wurde im letzten Drittel des 18. Jahrhunderts auch in manchen anderen der Münsteraner Ämter spürbar. Die Meister erwirkten zur Durchsetzung ihrer Ziele nicht nur städtische und richterliche Verordnungen, sondern erließen „nach Vorwissen und Gutbefinden eines Hochlöblichen Raths“[28] sog. Gesellenartikel, die ihren selbstischen Intentionen weit eher entsprachen als der bis dahin von allen Handwerksgenossen gleichermaßen gewahrte und zustimmend geachtete Handwerksbrauch.

Daß den Zunftmeistern diese quasi-legislatorische, wenngleich weder durch obrigkeitlichen Rechtssatz noch durch Gewohnheit legitimierte Rechtsetzung zuallererst dazu diente, die Gesellengerichtsbarkeit der Kontrolle der Zunft zu unterwerfen, zeigt das Schicksal der Statuten der Münsteraner Drechslergesellen. Die Drechsler-Gesellenordnung aus dem Jahre 1756 hatte, noch ohne sichtbare Mitwirkung der Meister, bestimmt, „wie die Gesellen nach Handwerksgewohnheit und Gebrauch, laut dießer Articuln sich verhalten sollen“. Die vielen kleinen Strafen, die die Bruderschaft unerbittlich verhängte, wenn die strengen, in Jahrhunderten erprobten Förmlichkeiten des „Umschik-

[26] Verordnung des Magistrats der Stadt Münster v. 30. Juni 1786, in: STAM, Fst. Münster, Geh. Rat Nr. 383, fol. 51, 52; desgl. in: Stadtarchiv Münster, A XI, 225.

[27] Stadtarchiv Münster, A XI 225.

[28] So für viele: Artikel und Rolle, wie nach Vorwissen und Gutbefinden eines Hochlöblichen Raths und Alterleuten dieser Stadt und auch denen sämtlichen Ambts- und Gildemeistern die Maurer- und Steinhauer Gesellen sich dermahlen und jederzeit zu verhalten haben, in: Stadtarchiv Münster A XI 197.

kens", der Arbeitssuche und Arbeitsvermittlung also, welche in der Hand der Gesellenladen lagen, verletzt wurden, die Bußen, die fällig waren, wenn jemand den sog. „Ausschenk" verweigerte oder fremden Gesellen nicht den Weg wies, die Zahlungen, die gefordert wurden, wenn die Versammlungen auf der Herberge nicht ordnungsgemäß einberufen und den seit unvordenklichen Zeiten heilig gehaltenen Gebräuchen entsprechend durchgeführt wurden oder Mitglieder des Verbandes bei der Beerdigung eines Gewerksgenossen fehlten, waren minutiös festgelegt.

So weisen die Drechslergesellen-Statuten von 1756 nach, daß die Bestimmung der landesherrlichen Verordnung von 1732, welche den Ladenmeistern das – in Münster offenbar traditionelle – Recht entzogen hatte, die Zwistigkeiten unter den Gesellen beizulegen und ggf. „vorgegangene Verbrechen" zu bestrafen (Ziff. 6), völlig unbeachtet geblieben war: Nach der Gesellenordnung hatten die Hilfskräfte im Drechslerhandwerk auf Einladung des Altgesellen alle vier Wochen am Montagmorgen um 8.00 Uhr im Hause des Altmeisters zu erscheinen. Dort hielten sie drei sog. „Umfragen", wobei Klagen erhoben werden konnte. Die dritte dieser Fragen war nach Handwerksbrauch und -gewohnheit an den anwesenden Meister gerichtet[29]. Ob es die Meister oder aber die Gesellen selbst waren, die in diesem Forum Recht sprachen, geht aus dem Text der Ordnung nicht eindeutig hervor; es dürfte nach der Schilderung des Münsterischen Handwerksbrauchs in der Verordnung von 1732 aber der Ladenmeister, der Vertreter der Zunft also, gewesen sein. Der vom Landesherrn hierfür vorgesehene Deputierte, dessen Aufgaben der Magistrat wahrnahm, war jedenfalls nicht beteiligt. Erstaunlicher noch als die völlige Ignorierung des geltenden Rechts durch die Gesellenordnung muten deren folgende Bestimmungen an: Am nächsten „Freyen" Montag nach der Umfrage bei dem Altmeister fand nämlich „auf dem Kruge" eine weitere Umfrage ohne die Kontrolle der Meister statt. Hier erst entfaltete sich die unabhängige Gesellengerichtsbarkeit mit ihren typischen Vollstreckungsmaßnahmen, mit ihren schwarzen Tafeln und Unredlichkeitserklärungen. Undenkbar, daß die Meister die Ausübung dieser ganz in der Tradition der unabhängigen Brüderschaften stehenden Gerichtsbarkeit kontrolliert oder Einfluß auf deren Sprüche genommen hätten. Im Gegenteil, in der Ordnung der Drechslergesellen kam, wenn auch an weniger zentraler Stelle, unmißverständlich zum Ausdruck, daß die Meister noch immer die Verdikte ihrer Hilfskräfte zu fürchten hatten: Die Zunftgenossen mußten, wenn sie bei der Beerdigung eines Gesellen fehlten, zur Strafe eine halbe Tonne Bier geben.

So atmete diese Ordnung in ungebrochener Weise den rückwärtsgewandten Geist jahrhundertealter Gerichtsherrlichkeit, der es für das ureigenste Recht der Gesellenversammlung hielt, Meister oder ganze Städte aus nichtigen

---

[29] Art. 15 – 17 der Gesellenordnung der Drechsler in Münster von 1756, in: Stadtarchiv Münster, A XI, Nr. 243, fol. 9 ff.

Anlässen zu verrufen, Ausstände zu organisieren und den Arbeitsmarkt zu kontrollieren. Die Vorschriften zeichnen das Bild einer Gerichtsorganisation, welche wegen ihrer reichen Differenziertheit selbst noch in diesen Jahren des verordneten Niedergangs überrascht: Neben der genossenschaftlichen Jurisdiktion der Meister stand, den gesetzlichen Bestimmungen zum Trotze und lebenskräftig wie eh und je, diejenige der Gesellen, welche zwei verschiedene Klagemöglichkeiten kannte: Über einen Teil der Beschwerden, vermutlich vor allem solche, die wegen des Verstoßes gegen eine der zahllosen Formvorschriften der Gesellenordnung erhoben wurden, entschied allein der Altmeister der Zunft. Über andere, die wichtigeren, insbesondere diejenigen, welche gegen die Meister gerichtet waren und die den Einsatz der typischen Machtmittel der Gesellenschaft zum Ziel hatten, urteilte allein die Gesamtheit der Gesellen nach ungeschriebenem Gewohnheitsrecht. Die Verordnung der Landesherrn vom 4. 1. 1732, die die Gesellengerichtsbarkeit vollständig beseitigt und dem sog. „Deputierten", dem Vertreter der öffentlichen Gewalt, überantwortet wissen wollte, hatte im Statutarrecht der Münsteraner Bruderschaften selbst nach der Mitte des 18. Jahrhunderts keine Spuren hinterlassen. Um wie vieles weniger dürfte die Rechtswirklichkeit von den Bestimmungen des Gesetzgebers berührt gewesen sein!

Allerdings spürten nicht nur die Münsteraner Schreinergesellen im letzten Drittel des 18. Jahrhunderts, daß die Zeiten hochfahrenden Gebahrens endgültig abgelaufen waren. Das wachsende Überangebot an Arbeitskräften, die damit einhergehende Zunahme an Handwerksbetrieben, die stark steigenden Nahrungsmittelpreise bei tendenziell fallenden Löhnen, dies alles schwächte die Position der Gesellenverbände derart, daß die Meister in der Auseinandersetzung mit ihren Hilfskräften am Ende des Jahrhunderts eindeutig dominierten. Daß die ökonomisch bedingte Veränderung des Kräfteverhältnisses von den Meistern unmittelbar zu Maßnahmen gegen die standeseigene Gerichtsbarkeit der Gesellen genutzt wurde, versteht sich angesichts der geradezu dramatischen Verschlechterung des „Nahrungsstandes" beinahe von selbst: Schließlich war es ja diese Gerichtsherrlichkeit, welche den launischen Gehilfen jahrhundertelang eine scharfe Waffe im Kampf gegen die Meisterschaft gewesen war.

Beredten Ausdruck fand die Machtverschiebung in neuen, leider undatierten „Drechsler-Gesellen-Artikeln", die offenkundig die Meister des münsterischen Drechsler-Gewerks unter Mitwirkung des Magistrats, aber ohne Beteiligung der Gehilfen erlassen hatten und die nichts anderes bezweckten, als die Autonomie des Gesellenverbandes auszulöschen[30]. Die Bestimmungen nahmen den Gesellen die Jurisdiktion in eigenen Angelegenheiten vollständig, ihre mündlich tradierte Verfahrensordnung wurde beseitigt. An die Stelle trat

---

30 Drechsler Gesellen-Artikel, o. J., (nach 1756), in: Stadtarchiv Münster, A XI Nr. 243, fol. 25 ff.

aber nicht etwa, wie es der Rechtslage entsprochen hätte, die Zuständigkeit des Deputierten, faktisch also des münsterischen Magistrats, sondern die ausschließliche Entscheidungskompetenz der Meister auch in Gesellenangelegenheiten. Es waren zwei verschiedene Spruchkörper, deren Zuständigkeit durch die Person des Beklagten bestimmt wurde, vorgesehen. Wandte sich ein Geselle gegen ungebührliches oder beleidigendes Verhalten eines Meisters – ein Tatbestand, der bis dahin dem ganzen Gewerk Verruf und Boykott durch die geschlossen und entschlossen handelnde Gesellenschaft eintragen konnte – so durfte der Verletzte nach der neuen Ordnung nicht mehr auf die Solidarität der Gesellen, sondern lediglich auf das – angesichts der Interessenlage und der realen Machtverhältnisse durchaus zweifelhafte – Entgegenkommen der Meister hoffen: „Falls ein Geselle bei der Bruderschaft etwas zu klagen hat, so soll er vor die versammelten Meister erscheinen. Als bis er herauf gerufen wird, als dann soll er mit entblößtem Haupte erscheinen, und seine Klage ohne Ungestüm vorbringen, und die Gegenantwort ganz ruhig erwarten; sofern solches nicht geschieht, so soll der Geselle nach Befinden bestrafet werden". Daß der Kläger in diesem Verfahren dem Gericht, der versammelten, quasi in eigener Sache entscheidenden Meisterschaft, vollständig ausgeliefert war, geht aus der Bestimmung ebenso hervor wie die latent gegen die Gesellen gerichtete Stimmung der Zunftversammlung. Von solch einem Verfahren konnten die Münsteraner Drechslergehilfen nicht viel erhoffen. Ihre trüben Aussichten bei der Rechtsverfolgung lagen so deutlich zutage, daß Gesellen, die von ihren Arbeitsherren in ungebührlicher Weise traktiert wurden, kaum ernsthaft erwogen haben dürften, den von den Meistern vorgeschriebenen Rechtsweg zu beschreiten.

Natürlich konnten nicht nur die Gesellen gegen die Meister, sondern umgekehrt auch die Meister gegen die Gesellen vor der Zunftversammlung Klage erheben. Aufschlußreich sind die denkbaren Gründe für solche Verfahren, die die den Gesellen oktroyierten Artikel eigens aufzählten: Verweigerung der „gebührlichen Achtung" gegenüber dem Brotgeber; Kündigung in den letzten 14 Tagen vor dem Send, dem großen Münsteraner Jahrmarkt; Kündigung während der Woche, statt, wie es der Handwerksbrauch verlangte, unter Einhaltung einer Kündigungsfrist am Sonntag; Fehlen beim Begräbnis des Zunftmeisters bzw. von dessen Angehörigen; Verweigerung des geforderten Gehorsams gegenüber dem Ladenmeister „auf jeden Wink" (!), wie es wörtlich hieß. In diesen Fällen war es die Meisterlade, die die verhängten Strafgelder beanspruchte.

Wollte ein Geselle einen Mitbruder verklagen, so hatte dies nicht bei der versammelten Meisterschaft, sondern – insoweit dem Handwerksbrauch entsprechend – vor der geöffneten Gesellenlade zu geschehen. Den Spruch fällte aber nicht die Gesamtheit der Gesellen, sondern allein der Ladenmeister ohne Mitwirkung der Gesellenschaft, der nichts übrig blieb, als sich schweigend zu fügen:

„18. Wenn nun der Ladenmeister kommt, so sollen die Gesellen, außer die Unzünftigen, mit ihm an die Lade gehen, aber es soll sich bey Straf 2 Ggr. keinem erlaubt seyn, weder Stock, weder Degen, weder Messer oder verborgenes heimliches Gewehr, es mag nun Namen haben wie es wolle, auch weder Würfel oder Karten mit sich hinauf zur Lade nehmen.

19. Bey der Lade nun soll jeder mit entblößtem Haupt, und mit gehöriger Achtung und Ehrfurcht gegen den Ladenmeister, wie im 6. Art. angeordnet ist, erscheinen, seine Auflage entrichten . . . und seine Klagen oder Beschwerden ohne Ungestüm vorbringen, und wenn er verklagt ist, auch ohne den mindesten Ungestüm sich verantworten. Wo dies nicht geschieht, so hat laut dem 6. Art. der Ladenmeister Macht, sie nach erweisen zu strafen.

20. Hat jemand etwas zu klagen, so soll er es in möglichster Kürze und Demütigkeit tuen, dabei soll ihm aber keiner in die Rede fallen oder . . . Strafe bey 2 Ggr.

21. Die Verantwortung des Beklagten soll ebenso in möglichster Kürze und Demütigkeit abgefaßt seyn, und auch keiner soll bey eben der Strafe befugt seyn, ihm in die Rede zu fallen, oder Lügen zu strafen, damit *der Ladenmeister* durch vieles Plaudern von allen Seiten, wie dann oft zu geschehen pflegt, nicht abgehalten werde, alles der Ordnung nach zu hören, und ein gerechtes Urteil darüber zu fällen.

22. Die sog. Handwerksgewohnheit (die tradierten Formvorschriften für das Verhalten vor der Lade) ist zwar aufgehoben, dennoch steht es den Gesellen frey, sich derselben mit Erlaubnis des Ladenmeisters zu bedienen, mithin ist alle Strafe, wenn einer sie etwa nicht auswendig kann, aufgehoben. Dagegen sollen aber die wesentlicheren Unordnungen nachdrücklicher bestraft werden . . ."

Als wesentlichste Gegenstände der Jurisdiktion vor der Gesellenlade nannte die Ordnung, neben Verstößen gegen die Verhaltensregeln bei den Zusammenkünften, ausdrücklich die Verletzung einer der zahlreichen kleinlichen Vorschriften, die bei der Ankunft und Vermittlung eines einwandernden Handwerksgesellen peinlichst zu beachten waren.

Die Artikel markieren, und dem steht ihre lokale Bedeutung nicht entgegen, einen Wendepunkt in der Geschichte der Gesellenbewegung. Sie sind ein untrügliches Zeichen des Verfalls von Macht und Ansehen der Verbände und ihrer Gerichtsbarkeit. Dieses Urteil gilt unabhängig von der praktischen Relevanz der Bestimmungen, die wegen des bekannten Auseinanderfallens von Rechtsnorm und Rechtswirklichkeit für das 18. Jahrhundert noch stets der gesonderten Betrachtung bedarf. Wie weit der so geregelten Jurisdiktion wirkliche Bedeutung zuwuchs, verraten die Quellen nicht. Die Annahme, daß sich die Münsteraner Drechslergesellen ihres wichtigsten Kampfmittels widerstandslos begeben hätten, erscheint, betrachtet man die Widerspenstigkeit der

Schreinergesellen, allerdings ganz unrealistisch. Viel wahrscheinlicher ist, daß sie, unter Umgehung der Kontrolle der Meister und der städtischen Obrigkeit, an den tradierten Handwerksgewohnheiten, also auch an der autonomen Gerichtsbarkeit, festhielten. Ihre Stellung dürfte – bei aller Gegnerschaft der Meister wie des münsterischen Stadtrichters – doch durch die auffällige Zurückhaltung der Landesherren, die in dem Krummstabland in dieser Frage noch gegen Ende des 18. Jahrhunderts festzustellen ist, gestärkt worden sein. Während die preußischen Generalprivilegien mit Drohungen gegenüber den renitenten Gesellen nicht sparten, verwies Max Franz in den von ihm bestätigten Gildebriefen „hinsichtlich der im Amt entstehenden Klagen" lediglich pauschal auf die Bestimmungen der münsterischen Verordnung vom 4. Januar 1732[31]. Die zahlreichen Maßnahmen, die der Fürst zur Reform der Zunftverfassung und des Handwerksrechts ergriff, lassen für die Gerichtsbarkeit der Gesellen nur ein erstaunlich geringes Interesse erkennen.

Den Bestimmungen des Reiches und der nichtpreußischen Staaten Westfalens zur Einschränkung der Gesellengerichtsbarkeit fehlte nach alledem die letzte Konsequenz, insbesondere diejenige der Realisierung. Die Obrigkeit konnte sich nicht entschließen, die Jurisdiktion der Hilfskräfte gänzlich auszuschalten. Diese Lösung des schwankenden „sowohl . . . als auch" läßt sich nicht nur mit der allgemeinen Laxheit bei der Durchsetzung gesetzlicher Bestimmungen, sondern auch damit erklären, daß man – wenngleich mit unverhohlenem Widerwillen – die unbestreitbaren Vorzüge der Gesellenvereinigungen erkannt hatte und die jungen Handwerker nicht ohne Not des Mittelpunkts ihres Selbstbewußtseins und Selbstverständnisses, eben der eigenen Gerichtsbarkeit, berauben wollte.

Das Reich wie die Territorien glaubten in dieser Frage wohl auch deshalb mit einer gewissen Großzügigkeit verfahren zu können, weil sie alle unliebsamen Maßnahmen der Gesellengerichte durch hohe Strafandrohung untersagt hatten. Von „Gefängnuß, Zucht-Hauß oder Vestungs-Bau-Straffe" in der Reichshandwerksordnung bis zu „Leib- und Lebens-Straffe" in den Nassauischen General-Artikeln reichten die Sanktionen, mit denen das Festhalten an den „Mißbräuchen", den Vollstreckungs-Maßnahmen also, derer sich die Gesellengerichtsbarkeit traditionell bediente, bekämpft werden sollte. Doch ging diese Rechnung des Gesetzgebers nicht auf. Nach Auskunft des zeitgenössischen Handwerksjuristen Ortloff waren die Gesellen über das geltende Reichsrecht „gar nicht" unterrichtet[32]. Angesichts der wenig energisch betriebenen Realisierung der Bestimmungen des Reichsabschiedes in den nichtpreußischen Territorien Westfalens traf diese Feststellung des kundigen Zeitgenossen auch für viele Orte zwischen Rhein und Weser zu.

---

[31] So z. B. in Art. 9 der Amtsrolle für das Bäckerhandwerk in Rheine vom 3. 10. 1800, in: STAM, Fst. Münster, Geh. Rat, Nr. 358, fol. 4.

[32] So *Ortloff* (1803), S. 140.

So war der alte Konflikt zwischen handwerklichem Gewohnheits- und staatlich gesetztem Recht an der Schwelle des 19. Jahrhunderts auch in diesem Bereich noch nicht entschieden, aber stets gegenwärtig. Wenngleich sich die Obrigkeit trotz gegenteiliger Androhungen im allgemeinen des militärischen Einsatzes gegen die Gesellen enthielt, da zu befürchten stand, daß sich die Bevölkerung mit den Angegriffenen solidarisierte, kam es in Westfalen doch einmal, im sog. Osnabrücker Gartlage-Aufstand des Jahres 1801, infolge der Entscheidung eines Gesellengerichts zu einer Auseinandersetzung zwischen den Gesellen und der Obrigkeit[33], die mit Waffengewalt beendet wurde – ein Vorgang, welcher das unverändert schwierige Verhältnis von handwerklicher Autojurisdiktion und obrigkeitlicher Gewalt schlaglichtartig erhellt.

Die Gesellen des Osnabrücker Schuhmacherhandwerks hatten sich wie gewöhnlich auf ihrer Herberge versammelt, um die Auflage, den Beitrag zur gemeinsamen Kasse, zu entrichten. Dabei war ein Streit darüber entstanden, ob sie weiterhin nach alter Handwerkssitte mit zugeknöpftem Rock vor der Lade zu erscheinen hatten. Einer der Wortführer wurde von dem Altgesellen mit einigen Schillingen Strafe belegt. Um nicht zahlen zu müssen, wandte sich der Beschwerte an den Gildemeister. Da solches Verhalten nun wiederum einen Verstoß gegen das Gesellenrecht bedeutete, kam es zu einer Prügelei auf der Herberge. Dagegen schritten die Gildemeister ein und belegten die Beteiligten, einen Wiedenbrücker und einen weiteren aus Lübbecke, mit einer Geldstrafe. Letzterem wurde sogar, als er sich weigerte, zu zahlen, auf ein Verdikt der Meister hin das Handwerk in der Stadt gelegt, ohne daß die vierzehntägige Kündigungsfrist eingehalten worden war. Das brachte das Faß zum Überlaufen. Die Gesellen glaubten, ihre Handwerksbrüder seien zu Unrecht bestraft worden. Sie erklärten sich alsbald solidarisch, legten die Arbeit nieder und begannen auf Kosten des Amtes zu zechen. Darauf riefen die Meister den Magistrat zu Hilfe, der den Gesellen befahl, ihr Treiben zu beenden. Als diese sich auch nach Tagen noch nicht daran kehrten, verstanden sich die Meister zur Rücknahme ihres Spruchs, erließen dem Gesellen aus Lübbecke die Strafe und gestatteten ihm, die Arbeit wieder aufzunehmen. Damit war die Angelegenheit aber nicht ausgestanden: Nunmehr beharrten die Gesellen, den überkommenden Rechtsvorstellungen entsprechend, darauf, daß das Amt ihre Zeche zu zahlen hätte. Außerdem verlangten sie, daß die Gildemeister künftige Klagen wider die Gesellen erst annehmen dürften, wenn die Sache zuvor von der Bruderschaft selbst untersucht worden sei, weil sonst die Rechte der Gesellen in unzulässiger Weise verkürzt würden. So kam es zu keiner Einigung. Es erging aber ein Ratsbescheid, der nunmehr die Meister wegen ihres übereilten und willkürlichen Verfahrens zu je fünf Talern Strafe verurteilte. Den Gesellen wurden alle Forderungen mit Ausnahme der Erstattung der Zechkosten durch die Meister zugestanden. Die Folge des beharrlich verwei-

---

[33] Vgl. *Merx* (1901), S. 168 – 276.

gerten Kostenersatzes war aber, daß die Gesellen in Begleitung der Tischler-, Schmiede- und Schneidergesellen die Stadt verließen und in einem Gasthaus vor den Toren weiterzechten. Nach etwa drei Wochen ließ die Regierung Militär einsetzen, um den Ausstand zu beenden. Die Gesellen wollten nicht weichen; zehn von ihnen, u. a. ein Maurer aus Holzminden und ein Schneider aus Paderborn, mußten ihr starres Festhalten am guten alten Recht der Gesellenschaft mit dem Leben bezahlen, 21 Verwundete wurden vom Platz getragen[34].

Der tragische Fall zeigt aufs deutlichste, wie lebenskräftig die Gesellengerichtsbarkeit und das von ihr gepflegte Standesrecht selbst an der Schwelle des 19. Jahrhunderts in Westfalen noch waren. Die Zuständigkeit der je eigenen Jurisdiktion der Gesellen, Meister, Stadträte bzw. Magistrate und Landesherren war in den nichtpreußischen Ländern Westfalens nicht exakt gegeneinander abgegrenzt. Die schon allein aus diesem ungeregelten Nebeneinander notwendig resultierenden Konflikte wurden durch die Unvereinbarkeit der verschiedenen Rechtsvorstellungen, die in den gewohnheitsrechtlichen Ordnungen, Privilegien und Gesetzen zum Ausdruck kamen und nach denen die Kontrahenten wie die Obrigkeit lebten, unvermeidbar.

Das galt vor allem für das Verhältnis von Meistern und Gesellen, die sich beide auf ihr „gutes altes Recht", das nicht fixierte Gewohnheitsrecht also, beriefen. Solange das Recht, und das war in weiten Teilen Westfalens um 1800 noch der Fall, in mehrere, weitgehend voneinander unabhängige Rechtsordnungen des Staates und verschiedener genossenschaftlich organisierter Korporationen, wie es Gesellenverbände, Zünfte oder Stadtgemeinden waren, zerfiel, brach der latent vorhandene Konflikt zwischen den unterschiedlichen Trägern der Rechtsmacht immer dann aus, wenn ökonomische, politische oder soziale Spannungen auftraten. Schwerer noch wog, daß diese Auseinandersetzungen mit dem Instrumentarium des geltenden Rechts eo ipso nicht zu lösen waren und daher, gleichsam der Natur der Sache entsprechend, erst durch den Einsatz der überlegenen landesherrlichen Gewalt ein Ende finden konnten. Wegen der unentwickelten Rechtsverhältnisse mußte die Staatsgewalt den Platz einnehmen, der eigentlich dem Recht zukam. So macht der Gartlage-Aufstand noch einmal das ganze Dilemma der vergehenden genossenschaftlichen Rechtsordnung deutlich. Spätestens jetzt zeigte sich, daß ihre große Zeit auch in den geistlichen Staaten endgültig abgelaufen war. Sie mußte notwendig durch die überlegene Staatsmacht zerrieben werden. Die – durchaus rechtlich denkenden – Gesellen, die diese Entwicklung nicht wahrhaben wollten, bezahlten die Treue zu ihrer Rechtsordnung mit dem Leben – ein allzu hoher Preis für ein in Wahrheit schon längst verlorenes Ideal. Der Einsatz aber nötigt allemal die Achtung der Nachgeborenen ab.

---

[34] Berichte über Gesellenaufstände in Preußen während des 18. Jahrhunderts finden sich bei *Fischer* (1955), S. 49 – 51. Die dort u. a. geschilderte Schimpfung der Danziger Tischlermeister durch die Gesellen dauerte fast ein halbes Jahrhundert, von 1751 – 1798; sie wurde während all der Jahre von den Gesellen beachtet.

Die blutigen Osnabrücker Ereignisse stehen allerdings nicht für den typischen Verlauf des Todeskampfes der korporativen Rechtsordnung in Westfalen, und zwar auch nicht für den der Gesellenordnung. In der Regel vermochte die Obrigkeit schon mit der Verhaftung der Aufständischen und der bloßen Androhung militärischer Maßnahmen ihre Gerichtshoheit gegenüber der von den Handwerksgenossen so hoch geschätzten, ja, wie der Gartlage-Aufstand zeigt, bisweilen über das Leben gestellten Autojurisdiktion der Handwerker wirksam durchzusetzen. Ein „allgemeiner Aufstand" der Gesellen erschien schon den Zeitgenossen – in durchaus realistischer Einschätzung der Lage – unmöglich, „seitdem beständig Soldaten auf den Beinen gehalten werden"[35], eine Tatsache, welche man in Osnabrück erst nach der harten Lektion des Jahres 1801 begriff.

Der Hinweis auf die allseitige Übermacht des Staates gilt natürlich vor allem für Preußen, welches schon frühzeitig entschlossen war, die Gesellengerichtsbarkeit vollständig zu beseitigen[36]. Die in Westfalen nach 1750 eingeführten preußischen General-Artikel nahmen auf die Bestimmungen des Reichsgesetzes Bezug, drohten darüber hinaus aber denjenigen, die den „völlig abgeschafften närrischen Handwercks-Gewohnheiten, Excesse zu begehen, oder wohl gar, wenn die Obrigkeit in Handwercks-Sachen etwas verordnet oder bestraffet, sich zu widersetzen, verbotene Complots und Aufstand zu machen, aus der Arbeit zu treten, sich zusammen zu rottiren, diejenigen, so sich zu ihnen nicht gesellen, vor unehrlich zu erklären, und dergleichen Bosheiten mehr, vorzunehmen sich erkühnen sollten", mit „Leib- und Lebens-Straffe"[37]. Beleidigungen zwischen den Gesellen einer Zunft hatten die Gewerks-Beisitzer und der Altmeister beizulegen, solche zwischen Gesellen verschiedener Handwerke waren vom Magistrat zu schlichten. Die Schuldigen sollten jeweils

---

[35] So *Firnhaber* (1782), S. 330. Es wirft ein bezeichnendes Licht auf das Verhältnis von Staat und Gesellenschaft, daß solche Überlegungen angestellt wurden; vgl. *Reininghaus* (1984), S. 233.

[36] Peitsch hegt offenbar die irrige Vorstellung, der Gesetzgeber, nicht die Gesellen selbst seien es gewesen, die die Strafvorschriften in den Statuten der Gesellenbrüderschaften erlassen haben; vgl. die eigentümliche Formulierung: . . . „allerdings meinte der damalige Gesetzgeber wohl, die Gesellen härter anpacken zu müssen, denn die Statuten der Gesellenbrüderschaften enthalten ein vielfaches an Strafvorschriften als die der Meister"; *Peitsch* (1985), S. 37. Daß die Meister nach den Gesellenordnungen gleichsam als Berufungsinstanz bei Gesellenstreitigkeiten fungierten oder gar alle Verhandlungen der Gesellengerichte selbst führen sollten, bedeutet keineswegs, daß, wie Peitsch pauschal behauptet, die Gerichtsbarkeit der Gesellen „der Aufsicht des Gewerks unterworfen" gewesen sei; s. *Peitsch* (1985), S. 105; schließlich war die autonome Gerichtsbarkeit der Gesellen nicht zuletzt deren wichtigstes Kampfmittel in der Auseinandersetzung mit den Meistern. Von einer Aufsicht der Meister kann in diesen Fällen keineswegs die Rede sein.

[37] General-Privilegium des Zimmergewerks Bielefeld (1771), Art. XXVIII, in: STAM, 4° WK 222.

zur Rechenschaft gezogen werden. Die Bestrafung von Gesellen durch Gesellen hingegen wurde ausdrücklich untersagt[38]. Es blieb lediglich erlaubt, Geldstrafen zur Aufrechterhaltung der „guten Ordnung“ bei den Zusammenkünften zu verhängen[39]. Die einkommenden Gelder allerdings sollten nicht zur Disposition der Gesellen selbst verbleiben, sondern der Gesellen-Armen-Kasse zufließen. Ebensolche Bestimmungen enthielten auch die den preußischen Generalprivilegien entlehnten „General-Artikel“ für die Nassau-Siegenschen Zünfte (Art. 18, 32, 33).

All diese Vorschriften blieben aber für lange Zeit fruchtlos. Anders als in Münster, wo die städtische Verwaltung und der Richter auf Veranlassung der Meister versuchten, die Gesellen Mores zu lehren, handelte in Preußen – ebenfalls auf Betreiben der Meister – schließlich die Staatsspitze selbst; sie war es, die gegen Ende des 18. Jahrhunderts zum Generalangriff auf die bis dahin noch weitgehend ungebrochen fortlebende Standesgerichtsbarkeit der Gesellen blies. Deren autonome Jurisdiktion vor allem hatte die Berliner Meister veranlaßt, sich in einer Bittschrift an den König über das Brauchtum der Gesellen auf der Herberge zu beschweren. Im Mittelpunkt ihrer Klage stand die „Auflage“, die an jedem „Blauen Montag“ stattfand[40]. In einer Versammlung aller Gesellen wurden an jedem Montag der Woche die Gebühren für die Fürsorgeaufgaben der Bruderschaft eingesammelt und Gericht gehalten. Gegen letztere Gewohnheit insbesondere wandte sich Friedrich Wilhelm II. mit seinem „Patent wegen Abstellung des tumultuarischen eigenmächtigen Verfahrens bey Beschwerdeführungen“ aus dem Jahre 1794[41]. Daß das Edikt sich vor allem gegen die Gesellen und deren „Versuch . . ., sich selbst Recht zu verschaffen“ richtete, ist, obgleich zunächst die Gilde- und Zunftgenossen benannt werden, unschwer zu erkennen: Die „gemeinschaftlichen Beredungen, Einstellung der Arbeiten, oder eigenmächtige, tumultarische Maasregeln“ (§ 5), gegen die eingeschritten werden sollte, waren die typischen Mittel, derer sich die Gesellen zur Durchsetzung ihrer Ziele bedienten. Und auch das Verfahren und die Strafen, die für den Fall der fortdauernden Ausübung der standeseigenen Gerichtsbarkeit angedroht wurden, scheinen gerade auf die Handwerksburschen zugeschnitten gewesen zu sein: Nicht den Gerichten, sondern dem Generaldirektor, der Verwaltung also, war es überlassen, „nach den Zeitumständen, bald mildere, bald schärfere Vorkehrungen“ (§ 7) zu tref-

---

38 So z. B. Privilegium und Gülde-Brief des Tischler-Zimmer-Böttcher- und Drechsler-Gewercks in der Stadt Lünen v. 31. August 1776, Art. XXVI, abgedruckt bei *Nigge* (1912), S. 95 ff.

39 Vgl. General-Privilegium des Zimmergewerks Bielefeld (1771), Art. XXX, in: STAM, 4° WK 222.

40 *Grießinger* (1981), S. 257, 258.

41 in: STAM, KDK Minden II, 147; das Patent wurde auf Veranlassung des Generaldirektoriums, welches auf Grund eines Weberstreiks strengere Strafen forderte, erlassen; vgl. *Koselleck* (1980), S. 212.

fen. Die Ruhestörer sollten aufgegriffen, in sichere Verwahrung gebracht, „auch allenfalls sogleich an die nächsten Festungen zur provisorischen Festhaltung" abgeliefert werden. Die Beamten waren ausdrücklich angewiesen, dabei auf „Prozessualische Formen und Weitläuftigkeiten" zu verzichten. Sodann sollte, wenn die „Unordnung gedämpft und die Ruhe wieder hergestellt" war, die „competente Policey- oder Justiz-Behörde, welcher die Cognition in solchen Sachen gebühret", die Angelegenheit untersuchen und binnen vier Wochen das Erkenntnis abfassen (§ 8). Sie konnte „in solchen Fällen nicht nur auf die gewöhnlichen, in den Gesetzen verordneten Strafen, und nach Befinden auf Lebensstrafe, sondern auch auf außerordentliche und ungewöhnliche, von welchen man, nach den Zeitumständen, den wirksamsten Eindruck erwarten kann, namentlich auf das Gassenlaufen zu erkennen befugt seyn" (§ 9)[42]. Außer der verhängten Strafe konnten die Verurteilten, „um sie zu Ordnung und Gehorsam zu gewöhnen, an die Regimenter abgegeben, und, wenn sie zum Soldatendienst untauglich sind, als Pack-Train- und Artillerieknecht gebraucht werden". Abschließend wurde den zuständigen Kriegs- und Domänenkammern, Polizeidirektoren und Magistraten befohlen, sich von der Verhängung der angedrohten Strafen nicht durch die traditionellen Mittel, mit denen sich die Gesellenschaft gegen obrigkeitliche Maßnahmen zur Wehr setzte, abbringen zu lassen: Sollten die Gesellen aus Solidarität mit den Bestraften einzelne Städte verlassen, so sei „der Mangel an Arbeitern bey den Gewerken, und eine Verlegenheit des Publikums" nur vorübergehender Natur und müsse deshalb von den betroffenen Meistern und deren Kunden hingenommen werden (§ 11). 1798 folgte dann noch die „Kabinettsorder zur Verhütung der Tumulte und Bestrafung der Urheber und Teilnehmer"[43], welche ebenfalls verschärfte Strafen in abgekürzten Verfahren androhte. Die Bestimmungen, die an Härte und offen zur Schau getragener Willkür kaum zu überbieten sind, waren durch Aufstände veranlaßt, die sich im letzten Jahrzehnt des 18. Jahrhunderts, hervorgerufen durch eine den Gesellen mehr als ungünstige ökonomische Situation[44], häuften. Daß es das traditionelle Recht und die ihm zugehörige Gerichtsbarkeit waren, welche im Mittelpunkt dieser Auseinandersetzungen standen, hatte einen einleuchtenden Grund: Der Jurisdiktion der Gesellenverbände waren sämtliche Konflikte zwischen Meistern und Gesellen unterworfen, so daß die parteiische Ausübung dieser Gerichtsbarkeit notwendig zu immer neuen Störungen des Arbeitsfriedens führen

---

42 Diese Bestimmung wurde gegen den Protest des Justizministeriums erlassen, da es sich um eine militärische Strafe für Zivilisten handelte, die, vom ALR gerade abgeschafft, nun doch wieder verhängt werden konnte; vgl. *Koselleck* (1980), S. 213; s. auch *Krüger* (1958), S. 442 und *Rachel* (1931), S. 228. 1808 wurde die Strafe des Gassenlaufens endgültig beseitigt, s. Kriegsartikel v. 3. 8. 1808, in: Pr. Gesetz-Sammlung 1808, S. 253, Art. 3.

43 N.C.C. Bd. X, S. 1851; s. auch *Koselleck* (1980), S. 213.

44 s. *Grießinger* (1981), S. 347 ff.

mußte. Eben deshalb auch diente die Beseitigung der autonomen Standesgerichtsbarkeit und die Unterwerfung der Gesellen unter die Kontrolle staatlicher Rechtsprechung unmittelbar der Verbesserung der Arbeitsdisziplin in der Werkstatt. Nach der großen Zahl der vorangegangenen, auf dieses Ergebnis zielenden, aber gescheiterten Versuche bildete das Reglement von 1794 den Auftakt für eine erfolgreiche Repression der Gesellengerichtsbarkeit in Preußen. Sie war die Voraussetzung zur Bekämpfung der überregionalen Kommunikationsnetze der Handwerksburschen überhaupt. 1796 begann in Preußen eine Welle systematischer Unterdrückung der Gesellenverbände[45]. In diesen Jahren, in denen auch die preußischen Meister offen gegen die Vereinigungen der Gesellen Partei ergriffen, ja, das brutale Vorgehen der Staatsallmacht mit veranlaßt hatten und vehement auf die vollständige Beseitigung der traditionellen Organisationsformen der Gesellenschaft drangen, erreichte der Einsatz von Soldaten gegen Handwerksburschen einen Höhepunkt[46]. Das Ergebnis war, daß die Herbergen aufgelöst und die Verbände mit bleibendem Erfolg zerschlagen wurden.

Für das preußische Westfalen können solch spektakuläre, gewaltsame Auseinandersetzungen nicht nachgewiesen werden. Das Schweigen der Quellen läßt allerdings nicht den Schluß zu, daß sich die westfälischen Gesellenverbände ihrer jurisdiktionellen Funktionen frühzeitig und klaglos begeben hätten. Es war vielmehr die kleinstädtische Struktur des preußischen Westfalens, die als Resonanzboden für dramatische Auseinandersetzungen ungeeignet war und deshalb der Entwicklung größerer Auf- und Ausstände entgegenwirkte. Eben darum wurden die Zusammenstöße zwischen den Gesellen und der Obrigkeit nur in bedeutenden Städten mit einem reich differenzierten Handwerk aktenkundig[47].

Angesichts der offenkundigen Übermacht des Staates und seiner stets zur Schau getragenen Bereitschaft, diese auch gegen die Handwerker einzusetzen, hatte der Ausstand als das typische Mittel zur Durchsetzung der Richtersprüche der Gesellenvereinigungen in den letzten Jahrzehnten des 18. Jahrhunderts deutlich an Wirksamkeit verloren. Das galt nicht nur für die Preußen zugehörigen Länder Westfalens; das galt, wie die Beispiele aus Münster und Osnabrück zeigen, auch für die anderen, insbesondere die geistlichen Staaten

---

[45] Dazu finden sich im STAM archivalische Quellen, insbesondere die Wiedergabe der Vorschriften; vgl. die Hinweise bei *Grießinger* (1984), S. 407 ff. (417); *Kaufhold* (1982), Die „moral economy . . .", S. 517; *Grießinger* (1981), S. 255 ff.

[46] *Reininghaus*, Gesellenvereinigungen als Problem (1983), S. 269; *Grießinger* (1981), S. 418.

[47] Bezeichnenderweise wandte sich die Repression gegen die Gesellenschaften in Preußen in der Mitte der 90er Jahre primär gegen die Berliner Gesellenverbände, vgl. *Grießinger* (1981), S. 255.

zwischen Rhein und Weser. So könnte man versucht sein, mit Reininghaus anzunehmen, daß die gesamte Gerichtsbarkeit und gegenseitige Kontrolle der Gesellen schon vor dem Ende des 18. Jahrhunderts wirkungslos gewesen sei[48], stünden diesem Schluß nicht beachtenswerte Fakten entgegen:

- Die zeitgenössische Literatur der letzten beiden Dezennien des 18. Jahrhunderts berichtet von einer Fülle von „Tumulte(n) und Empörungen der Gesellen nicht nur gegen ihre Meister, oft genug gegen die hohe und niedere Obrigkeit“[49]. Solche Ausstände wurden vor allem aus Süddeutschland, ebenso aber auch aus dem mit einer scharfen Repressionspolitik und dem Verbot jeglicher Gesellengerichtsbarkeit hervorgetretenen Preußen bekannt. So kann Grießinger zu Recht feststellen, daß die „ausgeprägte Protestneigung im deutschen Handwerk des 18. Jahrhunderts . . . in der Wahrnehmung der Zeitgenossen als Gemeinplatz“ galt[50].
- Wichtigste Ursache der Aufstände gegen die Obrigkeit waren gerade Angriffe auf die autonome Gerichtsbarkeit und die damit verbundene Strafgewalt der Gesellen[51].

Ohne eine lebenskräftige Autojurisdiktion der Gesellen sind weder ihre zahlreichen Auf- und Ausstände denkbar, noch machen die energischen Gegenmaßnahmen, die die Obrigkeit gegen Ende des 18. Jahrhunderts ergriff, Sinn. Daß es eben die Auseinandersetzung um die Standesgerichtsbarkeit war, die zu den häufigsten Auslösern von Ausständen, Boykott und Verruf zählte, spricht für sich. Die Jurisdiktion der Gesellen hatte auch gegen Ende des 18. Jahrhunderts, sieht man von der Frage der Durchsetzbarkeit ihrer Verdikte einmal ab, kaum etwas von ihrer traditionellen, nach innen integrierenden, nach außen aber abschließenden Funktion innerhalb der Zunftordnung verloren. Das gilt trotz des frühzeitigen Verbots der Gesellengerichtsbarkeit für Preußen, das gilt aber, wie der Aufstand in Osnabrück zeigt, noch in weit stärkerem Maße für die anderen Länder Westfalens. Das starre Festhalten der Gesellen an ihrer Jurisdiktion hatte nach Grießinger einen plausiblen, über die rückwärtsgewandte, wenig reflektierte Bindung an unvordenkliche Traditionen hinausgehenden Grund: Meister wie Gesellen suchten die ökonomische Krise[52] des Handwerks gegen Ende des 18. Jahrhunderts zu bewältigen. Während es aber den Meistern gelang, sich an die verän-

---

[48] *Reininghaus* (1984), S. 234; s. dazu auch *Reininghaus*, Vereinigungen von Handwerksgesellen in Hessen-Kassel (1981), S. 97 – 148 (125 ff.).

[49] *Weiß* (1798), S. 356; vgl. dazu auch *Firnhaber* (1782); *Hoffmann* (1803); weitere Hinweise auf zeitgenössische Literatur finden sich bei *Rohrscheidt* (1898).

[50] *Grießinger* (1984), S. 407 ff. (407).

[51] Zu dieser Feststellung kommt Grießinger auf Grund der Auswertung umfangreichen Archivmaterials; vgl. *Grießinger* (1984), S. 431.

[52] Vgl. dazu das Kap. „Streikbewegung und Konjunkturverlauf“ bei *Grießinger* (1981), S. 285 ff.

derten Bedingungen anzupassen, indem sie den alten Verhaltensmustern absagten und die Voraussetzungen für einen freien Arbeitsmarkt durch Beseitigung der Gesellenorganisationen, die die Arbeitsvermittlung monopolisiert hatten, zu schaffen versuchten, war der notwendige Lernprozeß bei den Gesellen blockiert. Sie paßten sich nicht an, sondern versuchten stattdessen, durch zunehmenden Konflikt mit den Meistern und der Obrigkeit unter Berufung auf das alte Recht dem sichtbaren Verfall ihrer sozialen und ökonomischen Position entgegenzuwirken[53]. Eben diese Reaktion aber verstärkte den ohnehin latent vorhandenen, in den eigenen Interessen begründeten Widerstand der Meister und der Obrigkeit nochmals erheblich. Und die massive Repression wiederum blieb naturgemäß nicht ohne Wirkung auf die autonome Jurisdiktion der Gesellen: Die Illegalität, die ihren Gerichten in Preußen seit Erlaß der General-Privilegien anhaftete, aber auch der Nachweis der allmählich schwindenden Durchsetzungskraft ihrer Rechtsprechung in der Konkurrenz mit den ordentlichen Gerichten und der Staatsgewalt schlechthin, der, wie die münsterischen Erlasse und der Ausgang des Gartlageaufstandes zeigen, den Gesellen auch in den anderen Ländern Westfalens deutlich vor Augen geführt wurde, mußte ihr Selbstbewußtsein schließlich doch untergraben. Trotz alledem war es aber nicht die schwindende Durchsetzungskraft ihrer Verdikte allein, die die Autorität der Gesellengerichte beeinträchtigte. Hinzu traten bedeutende strukturelle Veränderungen innerhalb der Gesellschaft: Die Funktionsfähigkeit der korporativen Gerichtsbarkeit hatte die Gleichheit aller Mitglieder des Verbandes vorausgesetzt. Eben diese unabdingbare Homogenität der Mitgliederstruktur zeigte in der zweiten Hälfte des 18. Jahrhunderts deutliche Risse. Es bildeten sich unter den Gesellen im wesentlichen drei Gruppierungen heraus[54], die wegen ihrer divergierenden Interessen den Zerfall der auf allgemeinen Konsens angewiesenen Standesgerichtsbarkeit beschleunigten:

- Da waren die Meistersöhne, die, wie nahezu sämtliche der Paderborner Zunfturkunden gegen Ende des 18. Jahrhunderts nachweisen, eine um so vieles vorteilhaftere Position einnahmen als die anderen Gesellen[55]. Je mehr die Zunftmeister dem unverhohlenen Familienegoismus Raum gaben und den Zugang zur Selbständigkeit für den nicht aus dem Handwerk stammenden Nachwuchs versperrten, desto privilegierter – und damit von der Masse der Gesellen unterschieden – war die Stellung ihrer erbenden Söhne innerhalb der Gesellengemeinschaft. Angesichts dieser Entwicklung begannen die Einstellungen zu den Regeln und Traditionen der Gruppenkultur der

---

[53] Vgl. *Grießinger* (1981), S. 453, der hier auch eindrucksvolle Proben seiner stilistischen Fehlleistungen gibt.

[54] Zur Gruppenbildung innerhalb der Gesellenschaft vgl. *Fuhse* (1911), S. 1 – 45 (40); zum folgenden vgl. *Reininghaus* (1984), S. 230f.

[55] STAM, Spezial-Organisationskommission Paderborn Nr. 222 a.

Gesellenschaft notwendigerweise auseinanderzufallen. Die Bruderschaften trugen dem – nicht erst durch den Identitätskonflikt bei Auseinandersetzungen mit den Meistern offenbar werdenden – latenten Interessengegensatz Rechnung, indem sie den Meistersöhnen den Beitritt freistellten. Damit war ein erheblicher Teil der Gesellen der Gerichtsbarkeit des Verbandes entzogen[56].

- Manufakturen und Großgewerbe boten einzelnen Gesellen außerhalb der Zunft Arbeit. Jeder junge Handwerker, der in einem solchen Betrieb beschäftigt war, begab sich des Schutzes, aber auch der Kontrolle des Gesellenverbandes. Eine Schwächung des Handwerksbrauchs und damit der Autorität der autonomen Jurisdiktion in den Zentren der gewerblichen Wirtschaft, den größeren Städten also, war die unausbleibliche Folge[57].
- In der zweiten Hälfte des 18. Jahrhunderts erschienen, insbesondere unter dem Druck des strengen Verbots der Gerichtsbarkeit der Gesellen in den preußischen Landesteilen Westfalens, erstmals auch solche Handwerksgehilfen, die der Autorität der Obrigkeit größeres Gewicht beimaßen als der Anerkennung der tradierten Rechte ihres Standes. So weigerte sich der Herforder Schmiedegeselle Fischer 1774, „denen nach Misbrauch schmekkenden Gesetzen der Handwerksbünde Folge zu leisten und mit oft rohen Gemüthern einen schwärmenden Umgang zu pflegen, da ich statt dessen . . . Stille und Ordnung, nicht aber wie wol andere das Gesause und Schwärmen der Herberge liebe“[58].

Diese Tendenzen verstärkten sich unter dem Druck ökonomischer Gegebenheiten noch: Demographische Veränderungen führten das Handwerk seit Mitte des 18. Jahrhunderts in eine wirtschaftliche Krise, deren Höhepunkt gegen Ende des Jahrhunderts erreicht war[59] und deren Auswirkungen vor allem die Gesellen trafen.

d) Die Übergangszeit

Mit der skizzierten Entwicklung war das Schicksal der autonomen Jurisdiktion der Bruderschaften im Grunde besiegelt. Denn je mehr sich die Gesellen der Selbstordnung ihres Standes entzogen, desto mehr glaubte sich der absolute Staat aufgefordert, seine Autorität an die Stelle ständischer Autonomie

---

[56] Vgl. *Reininghaus*, Vereinigungen der Handwerksgesellen in Hessen-Kassel (1981), S. 120.

[57] Vgl. dazu *Reininghaus* (1984), S. 230, 231 mit Beispielen aus Frankfurt.

[58] s. *Reininghaus* (1984), S. 231. Zur Aufweichung der traditionell strengen sozialen Kontrolle während des 18. Jahrhunderts vgl. *Fischer* (1955), S. 50.

[59] Vgl. dazu *Maier* (1966), S. 104.

setzen zu müssen[60]. Angesichts des seit etwa 1800 beschleunigten Verfalls des Ansehens der Gesellengerichte nimmt es nicht wunder, daß sich vor allem die Meister nunmehr, nach der Jahrhundertwende, von den Gesellenverbänden insgesamt abwandten[61]. Sie riefen bei Auseinandersetzungen mit den organisierten Gesellen immer häufiger die Obrigkeit herbei: Die Polarisierung zwischen Meistern und Gesellen traf mit einer Verbesserung der Kooperation zwischen Meistern und Obrigkeit zusammen[62]. Ausdruck dieser an der Schwelle zum neuen Jahrhundert offen zutage tretenden Tendenz ist ein Aufruf der Bremer Zünfte, welche, nachdem die in die gleiche Richtung zielenden Initiativen des Frankfurter Rates erlahmt waren, die Vorreiterrolle in der Auseinandersetzung mit den Gesellenverbänden übernommen hatten[63]. Sie betonten die Notwendigkeit taktischer Zeitplanung und drängten auf eine baldige Verordnung der beteiligten Territorien und Reichsstädte zur Aufhebung der Tischlergesellenladen: „Da zur Winterszeit die Gesellen sich nicht gerne auf die Wanderschaft begeben, und also dann von Seite ihrer am wenigsten einige Widersetzlichkeit zu besorgen ist, so scheint es uns nicht ungefügt, wenn wir dazu den 1. Januar des bevorstehenden Jahres 1803 in Vorschlag bringen“[64]. Um die Aufhebung der Gesellenladen zeitgleich durchsetzen zu können, wandten sich die Bremer Meister an die Korporationen anderer Städte. Allein durch entschlossenes Zusammenwirken ließ sich, so wußte man nur zu gut, das erstrebte Ziel erreichen. Durch die Bremer Initiative veranlaßt, baten die Paderborner Tischlermeister im Jahre 1803 den von dem neuen, preußischen Landesherren gerade ernannten „Interims“-Geheimen Rat, die „alten Unfüge“ der Gesellen zu unterbinden. Sie forderten insbesondere die Beseitigung der Gesellengerichtsbarkeit, die sich in Paderborn bis dahin noch ganz ungebrochener Lebenskraft erfreute: „. . . um die Jüngeren, noch unerfahrenen Gesellen, zu gleicher Verordnung und Widersetzlichkeit zu gewöhnen, und gewisser maßen zu zwingen, halten sie (die Tischlergesellen) alle vier Wochen eigene Zusammenkünfte, als Strafgerichte derjenigen,

---

[60] Vgl. *Grießinger* (1984), S. 429, 430. Vgl. auch *Kaufhold*, Die „moral economy . . .“, (1982), S. 514 – 522 (517).

[61] *Reininghaus* erkennt diesen Vorgang auf Grund hessischer Quellen schon für die zweite Hälfte des 18. Jahrhunderts, s. *Reininghaus,* Vereinigungen der Handwerksgesellen in Hessen-Kassel (1981), S. 125ff.; so auch *Reininghaus* (1984), S. 234. In Westfalen setzte diese Entwicklung offenkundig später ein: Während sich bei den Auseinandersetzungen in Münster im letzten Drittel des 18. Jahrhunderts nur ein Teil der Meister von der Herberge abwandte, sahen sich die Paderborner Schreinergesellen, wie ihre Genossen in anderen Städten auch, nach 1800 der geschlossenen Gegnerschaft von Meistern und Obrigkeit gegenüber. Daß der blutige Gartlage-Aufstand in Osnabrück im Jahre 1801 stattfand, ist ebenfalls kein Zufall; er steht vielmehr unübersehbar in sachlichem Zusammenhang mit ähnlichen Vorgängen in anderen Städten, z. B. in Berlin.

[62] So auch *Grießinger* (1984), S. 433.

[63] Vgl. *Grießinger* (1981), S. 277.

[64] Schreiben vom 29. 10. 1802, vgl. *Grießinger* (1981), S. 278.

welche hierin von ihrem verderblichen System abgewichen sind. Die Strafgelder werden der Fond zu neuen Saufgelagen und Schwärmereien, und diese sodann die Ursache unzähliger böser Unfüge, als des Schuldenmachens .... Alle und jede Meister welche sich solchem Unfug entgegenstemmen sind in der traurigen Lage, daß sie keinen Tag sicher sind, ob sie einen Gesellen behalten oder nicht . . ."[65]. Den geschlossenen Auszug ihrer Gehilfen mußten die Paderborner Meister für den Fall befürchten, daß sie energisch gegen die Gesellengerichtsbarkeit vorgingen. Ebendies veranlaßte sie, um Unterstützung bei der Behörde nachzusuchen: „Ohne diese allerhöchste gnädigste Erlaubniß würde es das hiesige Tischleramt aber nicht wagen, derselben (der Bremer Vereinbarung) förmlich beyzutreten weilen ohne höchsten Schutz derselben Ausführung nicht thunlich seyn würde"[66]. Um die – wie die Meister fanden – unerträglichen Mißstände in ihrer Stadt endlich abzustellen, schlugen sie vor, „durch den hiesigen Stadtrichter den sämtlichen Meistern und Gesellen" eine Verordnung verkünden zu lassen, wonach die arbeitsrechtlichen Streitigkeiten durch „Aelteste und Deputierte" geschlichtet werden sollten. Falls diese den Streit nicht beilegen konnten, sollte die Sache an die Obrigkeit verwiesen werden, „wodurch eines jeden unpartheiisch sein Recht widerfahren wird[67]. In der Tat wies die neue preußische Administration den Stadtrichter an, „den gesamten Meistern und Gesellen" eine Verordnung mit dem vom Schreineramt gewünschten Inhalt verkünden zu lassen[68]. Auch in Osnabrück nutzte man die günstigen Rahmenbedingungen und schloß sich dem gemeinsamen Verbot der Gesellenlade der Tischler an[69]. Der Vorgang zeigt, daß die neu etablierte Staatsgewalt nicht länger bereit war, der Gesellengerichtsbarkeit ihren traditionellen Freiraum zu belassen. Unter ausdrücklichem Hinweis auf die Reichsschlüsse der Jahre 1731 und 1772 sollte der „Reichspflichtmäßige" Zustand hergestellt und die Gesellenverbindungen beseitigt werden. Auch in den anderen Gewerken Paderborns war es nun mit der jahrhundertelangen Autonomie der Gesellenverbände vorbei, wie der Ausgang einer wenige Jahre später, 1806, im Maurergewerk der Stadt entstandenen Ausein-

---

[65] Schreiben der Schreinerzunft Paderborn an den Geh. Rat v. 25. 2. 1803, in: STAM, Preuß. Interims-Geh. Rat Paderborn VIII Nr. 3; auch Herford wurde aufgefordert, die Tischlergesellenlade aufzuheben; s. *Reininghaus* (1985), S. 131 ff. (133) Anm. 16.

[66] s. Anm. 65).

[67] Schreiben der Schreinerzunft Paderborn an den Geh. Rat v. 23. 3. 1803, in: STAM, Pr. Interims-Geh. Rat Paderborn VIII Nr. 3.

[68] Schreiben des Geh. Rats v. 22. 5. 1803, in: STAM, Preuß.-Interims-Geh. Rat Paderborn VIII Nr. 3.

[69] Vgl. *Grießinger* (1981), S. 278; ähnliche Bestimmungen wurden in Bremen, Kassel, Nürnberg, Mannheim, Berlin, Potsdam, Riga, Reval, Basel, Bern, Zürich, Schaffhausen, Leipzig, Gera, Jena, Bayreuth, Stuttgart, Ulm, Heidelberg, Marburg, Gießen, Darmstadt, Wittenberg, Bernburg, Rostock, Gotha, Braunschweig, Erfurt, Hildesheim, Göttingen, Quedlinburg, Goslar, Flensburg und Offenbach getroffen.

andersetzung nachweist. Die Baugewerksgesellen hatten, „um endlich einmal mit unseren Amtsmeistern auf festen Fuß zu kommen", eine schriftliche Vereinbarung mit ihren Dienstherren abgeschlossen, wonach die „Strafgewalt der Gesellenlade über die Gesellen" bestehen bleiben sollte. „Geschimpfte" Gesellen durften die Meister nicht beschäftigen[70]. Diese weitgehenden Zugeständnisse erschienen, auf den ersten Blick jedenfalls, eine Renaissance der autonomen Gesellengerichtsbarkeit einzuläuten. Die Maurergehilfen wurden aber schnell aus ihren Blütenträumen gerissen und unsanft daran erinnert, in welchem Jahrzehnt und unter welcher Herrschaft sie lebten: Die Meister, die die Zugeständnisse mit ihrer Unterschrift bekräftigt hatten, brachen die Vereinbarung, und der neue, nunmehr von der preußischen Verwaltung abhängige Magistrat bestrafte die Gesellen, „da sie ohne Beisein der Meister und des Rathmannes sich neulich versammelt und die Lade eigenmächtig eröffnet . . ." hatten[71]. Widerstand gegen die Verfügung ist nicht bekannt geworden. Die öffentliche Auspeitschung Berliner Schneider- und Schmiedegesellen in den Jahren 1801 und 1805 wegen der Ausrufung des Ausstandes aus ähnlichem Anlaß dürfte nicht ohne nachhaltigen Eindruck geblieben sein[72]. Niemand konnte daran zweifeln, daß die preußische Verwaltung entschlossen war, den Bestimmungen des Reichsabschiedes von 1731 (hier Art. I) Respekt zu verschaffen und die Gesellengerichtsbarkeit auch im neugewonnenen „Erbfürstentum" Paderborn energisch zu beschneiden oder gar, wie das Beispiel der Paderborner Tischler zeigt, vollständig zu beseitigen. Daß angesichts der noch relativ freien Stellung der Gesellenverbände in Paderborn nur letzteres die Absicht sein konnte, zeigte sich schon sehr bald. Das Zunftrecht des neuen Landesherren sollte auch hier Eingang finden. Deshalb wies die Kriegs- und Domänenkammer in Münster den Paderborner Magistrat noch im Jahre 1806 an, für das Maureramt der Stadt ein neues Privileg unter Berücksichtigung der Bestimmungen des ALR zu entwerfen[73].

Die autonome Jurisdiktion der Gesellen wurde demnach in den ehemals geistlichen Ländern Westfalens – wie im übrigen Preußen auch – von zwei Seiten angegriffen: Da war einerseits der preußische Staat, der seinen bereits Generationen währenden Kampf gegen die Gesellengerichtsbarkeit mit einer bis dahin nicht gekannten Härte führte, da waren andererseits aber, und dies stellte ein Novum dar, auch die Zunftmeister, die die Aufhebung der Gesellenverbände forderten, weil sie unter wirtschaftlichen Druck geraten und der fortdauernden Arbeitskämpfe überdrüssig geworden waren[74]. Die autonome

---

[70] Stadtarchiv Paderborn, 373 I.

[71] Schreiben des Magistrats der Stadt Paderborn an die Maurer-Gesellen der Stadt vom 25. 4. 1806, in: Stadtarchiv Paderborn, 373 I.

[72] Vgl. *Grießinger* (1981), S. 269, 271.

[73] Stadtarchiv Paderborn, 373 I.

[74] s. Anm. 65).

Jurisdiktion der Gesellen im ehemals fürstbischöflichen, untypisch rückwärtsgewandten Paderborn war zwar noch immer stark genug, um die Meister kollektive Maßnahmen der Gesellenschaft fürchten zu lassen. Während die Zünfte aber in den Jahrhunderten zuvor die Gerichtsbarkeit der Gesellen als dem handwerklichen Standesrecht eigentümlich klaglos hingenommen hatten, drangen sie nun selbst hier, der Unterstützung der preußischen Behörden gewiß, mit Macht auf deren Beseitigung. Daß sie damit auch der Auflösung ihrer eigenen Verbände Vorschub leisteten, erkannten sie nicht. Es sollte nur noch wenige Jahre dauern, bis beide, Zünfte und Gesellenverbände, und mit ihnen die autonome Gerichtsbarkeit, der Stolz so vieler Generationen freier und selbstbewußter Handwerker, widerstandslos im Orkus der Geschichte verschwanden.

III. Die gewerbliche Gerichtsbarkeit in den Jahren der Fremdherrschaft

Die Einbeziehung Westfalens in das napoleonische Empire und seine Integration in das französische Rechtssystem vollzogen sich in mehreren Schüben[1]. Sie erreichten ihren Abschluß nach dem Frieden von Tilsit (7. / 9. Juli 1807). Preußen verlor u. a. seine gesamten linkselbischen Provinzen. Aus Teilen dieses preußischen Erbes sowie aus den vernichteten kurhessischen Ländern und dem Hzgt. Braunschweig bildete Napoléon das Königreich Westphalen, das er seinem jüngsten Bruder Jérôme übertrug. Aus der Zahl der altwestfälischen Territorien fielen Paderborn, Osnabrück, Minden-Ravensberg mit Herford, Corvey und Rietberg an das neue Königreich. Im Jahre 1810 kamen u. a. Hoya und Diepholz hinzu. Der zuvor schon, 1806, errichtete rechtsrheinische Vasallenstaat, das Grhzgt. Berg, an welches bereits die oranischen Stammlande, u. a. Siegen, gefallen waren, wurde 1808 um die Grafschaften Mark, Tecklenburg und Lingen, das Erbfst. Münster sowie den preußischen Anteil an dem Kondominat Lippstadt erweitert. Auch das oranische Dortmund und die bentheim-tecklenburgischen Besitzungen Rheda und Limburg wurden 1808 mit Berg vereinigt. Hessen-Darmstadt erhielt die wittgensteinischen Grafschaften.

Die letzte große Grenzverschiebung in Westfalen während der französischen Zeit vollzog sich im Rahmen des napoleonischen Wirtschaftskriegs gegen England. Da sich die Vasallen nur unwillig an der Blockade beteiligten, ließ Napoléon durch Senatsbeschluß vom 13. Dezember 1810 die gesamte deutsche Nordseeküste direkt an Frankreich angliedern. Die Grenze lief über Wesel, Haltern, südlich an Münster und nördlich an Bielefeld vorbei, über Minden in Richtung Lübeck. Das Großherzogtum Berg und das Kgr. Westfalen verloren ihre nördlichen Distrikte. Die münsterländischen Fürstentümer der Häuser Salm und Arenberg wurden aufgehoben, wobei das arenbergische Vest Recklinghausen und ein Teil des Amtes Dülmen an Berg fielen.

Damit war Westfalen gegen Ende der napoleanischen Ära im wesentlichen unter vier größere Staaten mit außerwestfälischen Zentren aufgeteilt: das Kaiserreich Frankreich, das Königreich Westphalen, die Großherzogtümer Berg und Hessen-Darmstadt.

---

[1] Dazu im einzelnen *Lahrkamp* (1983), S. 1 ff. (21 ff.).

Die Territorialentwicklung war naturgemäß bestimmend für die Rechtsentwicklung, was in der konkreten Situation nichts anderes hieß, als daß die französischen Rechtsverhältnisse den Westfalen oktroyiert wurden. Nach dem Frieden von Tilsit und der Etablierung der französischen Herrschaft östlich des Rheins rückte das französische Recht überall in den Rheinbundstaaten in den Mittelpunkt des öffentlichen Interesses. Seine Rezeption in Westfalen entbehrte allerdings völlig der planenden, ordnenden, koordinierenden Konzeption. Die Vielzahl der einzelnen Regelungen reformerischen Inhalts verwirrt ebenso sehr wie das Bild der durch diese Vorschriften beeinflußten, keineswegs aber allein gestalteten, vielschichtigen und schwer faßbaren Rechtswirklichkeit jener Jahre. Es waren im wesentlichen drei Reformmaßnahmen, die an der Neugestaltung des Rechtsweges in gewerblichen Streitigkeiten in Westfalen teilhatten: (1) die Aufhebung der Zünfte, (2) die Einführung des Code Civil und (3) die Einführung der Fabrikengerichtsbarkeit französischen und preußischen Typs.

(1) Durch Gesetz vom 5. 8. 1808 wurde im Kgr. Westfalen die sog. Patentsteuer eingeführt[2]. Durch die Zahlung dieser Abgabe, einer Gewerbesteuer, konnte jedermann einen Gewerbeschein (patente) lösen, welcher ihn zur Ausübung jedweden Gewerbes berechtigte. Damit war der Zunftzwang mit einem Male vollständig beseitigt. Gleiches geschah – ebenfalls im Jahre 1808 – im Großherzogtum Hessen und durch Gesetz vom 31. 3. 1809 im Großherzogtum Berg[3]. Durch ein folgendes Ministerialreskript für das Großherzogtum Berg wurde darüber hinaus die Aufhebung der Zünfte befohlen[4]. Ebendies bestimmte man auch im Königreich Westphalen durch Gesetz vom 22. Januar 1809[5] und durch Verordnung vom 1. 4. 1811 für das Großherzogtum Hessen[6].

Wenngleich die Aufhebung der Zünfte in Westfalen nicht völlig reibungslos vonstatten ging[7], erlosch mit diesen Bestimmungen doch die jahrhundertealte,

---

[2] Kgl. Gesetz vom 5. August 1808, die Einführung einer Patentsteuer betreffend, in: Gesetzes-Bulletin des Kgr. Westphalen, 1808, S. 275 ff.; desgl. in: Westphälischer Moniteur vom 1. Sept. 1808, Nr. 107; s. *Fehrenbach* (1974), S. 195 (Anm. 119).

[3] Dekret, wodurch eine allgemeine Patentsteuer eingeführt wird, vom 31. März 1809, Art. 8, in: Gesetz-Bulletin des Großherzogtums Berg, 1. Abt. IX (1810), S. 342 ff. (346); s. auch *Lidecke* (1915), S. 36 und *Schönberg* (1896), S. 455.

[4] Im Ruhrdepartement wurde dieses Dekret durch Verordnung vom 5. 2. 1810 zur Ausführung gebracht, s. Sammlung der Präfectur-Verhandlungen des Ruhr-Departements, 1810, Dortmund 1811, S. 15, 16; s. auch *Herbig* (1977), S. 12; *Schulte*, Bd. 1 (1977), S. 176; desgl. im Sieg-Departement durch Verordnung vom 7. 2. 1810, in: Verhandlungen der Präfectur des Sieg-Departements, 1810, S. 55.

[5] Kgl. Dekret vom 22. Januar 1809, in: Gesetzes-Bulletin des Kgr. Westphalen (1809), S. 107 ff.

[6] Verordnung vom 1. 4. 1811, in: Sammlung der in der Großherzoglich Hessischen Zeitung vom Jahre 1811 publicirten Verordnungen und Verfügungen, Großherzogl. Hess. Zeitung Nr. 46 vom 16. April 1811; (betr. Einführung einer Patentsteuer).

[7] Vgl. *Schloßstein* (1982), S. 60, 61.

traditionsreiche, so viel geschmähte, standeseigene Jurisdiktion der Zunfthandwerker Westfalens für immer[8]. Zugleich traten alle Zunftstatuten und auf die Zunftverfassung Bezug nehmenden staatlichen Reglements außer Kraft. Lediglich allgemeine gesundheitspolizeiliche und baupolizeiliche Vorschriften blieben bestehen. Die Rechtsprechungsfunktion der Magistrate, die in gewerblichen Streitigkeiten in den einzelnen Territorien zwar unterschiedlich entwickelt, vielfach aber noch bedeutend war, wurde im Großherzogtum Berg mit Wirkung vom 1. 2. 1812 vollständig beseitigt[9]. Alle Gerichte der Kirchen, Grund- und Standesherren sowie alle sonstigen, nicht in die französische Gerichtsverfassung zu integrierenden Jurisdiktionen wurden aufgehoben. Zudem trennte man die gerichtlichen von den administrativen Aufgaben. Die neu geschaffenen Verwaltungsbezirke, die Kantone, erklärte der Gesetzgeber zugleich zur Grundlage von sog. Friedensgerichtsbezirken[10]. Mit diesen Regelungen war jede Einflußnahme des Handwerks auf die Gerichtsbarkeit beseitigt[11].

Allerdings hinterließ der vollständige Ausfall der Zunftjurisdiktion nicht alle Bereiche der Rechtsprechung in Handwerksangelegenheiten in ungeregeltem Zustand: All jene Sachverhalte, die, wie das für den großgewerblichen Bereich existenziell wichtige Konzessionswesen oder die Festsetzung von Preistaxen und die Durchführung von Qualitätskontrollen, schon bisher in die Zuständigkeit der Verwaltungsbehörden gefallen waren, blieben diesen auch weiterhin zugeordnet. Den zahllosen Streitigkeiten, die aus den Zunftverhältnissen selbst folgten, wurde naturgemäß mit der Aufhebung der Korporationen und der damit unmittelbar verbundenen Beseitigung aller Rechtsquellen des Zunftrechts der Boden entzogen. Hierzu zählten die endlosen Auseinandersetzungen um die Verbalinjurien, Gewerksstreitereien und Brauchtumsverletzungen ebenso wie die langwierigen Prozesse um die Aufnahme ins Handwerk, die abgewiesene Gesellen anstrengten. Verfahren wegen der Haftung für Sachmängel und Verzug hingegen waren zum Zeitpunkt der Einführung der Gewerbefreiheit bereits weitgehend durch polizeiliches Rechtsgebot

---

8 Anders als in Westfalen hatte die Einführung der Gewerbefreiheit in Preußen nicht unmittelbar die Beseitigung der letzten Reste der Sondergerichtsbarkeit der Zünfte zur Folge. Zwar hoben auch die preußischen Gesetze vom 2. 11. 1810 und 7. 11. 1811 die Zünfte als Sonderkorporationen auf. Diese bestanden aber in Ostelbien als Innungen privatrechtlicher Natur fort. Damit lebten auch ihre genossenschaftlichen Einrichtungen, u. a. die standeseigene Gerichtsbarkeit, weiter. *Bahr* (1904), S. 4 ist allerdings der -- wohl zutreffenden – Auffassung, daß man sich diese auf die Schlichtung kleiner Differenzen zwischen Handwerksgenossen beschränkte Tätigkeit nicht allzu bedeutsam vorzustellen habe.

9 Durch das Justiz-Organisationsdekret vom 17. 12. 1811; vgl. *Schubert* (1977), S. 147/148.

10 Vgl. *Schloßstein* (1982), S. 61.

11 Mit Ausnahme der ehemaligen Grafschaften Wittgenstein, wo das Zunftwesen fortbestand.

aus der Kompetenz der Zunftgerichtsbarkeit gelöst und der Zuständigkeit der städtischen oder staatlichen Verwaltungsorgane überantwortet[12] oder durch die Kodifikationen den ordentlichen Gerichten zugewiesen worden[13].

So waren es im wesentlichen die arbeitsrechtlichen Streitigkeiten, zu deren Bewältigung plötzlich weder handwerksgemäße materiell-rechtliche Normen noch ein geeigneter Rechtsweg zur Verfügung standen. Damit wurden Probleme aufgeworfen, die für lange Zeit nicht befriedigend gelöst werden konnten. Wilhelm Stieda beklagte noch gegen Ende des 19. Jahrhunderts den fortdauernden Kompetenzenwirrwarr im Bereich der Arbeitsgerichtsbarkeit. Resignierend stellte er fest, „die richtige Form für das im ganzen Reich womöglich einheitlich zu gestaltende Institut, die allen Anforderungen entspricht, will sich nicht finden lassen“[14]. Inzwischen ist die Frage des Rechtsweges zwar geklärt, doch blieb der Streit um die Einordnung des Arbeitsrechts in das Rechtssystem unentschieden[15]. Dabei schien die Problematik schon zu Beginn jener Epoche der Gewerbefreiheit vollständig gelöst zu sein: Mit der Aufhebung der Zünfte war das handwerkliche Arbeitsverhältnis endgültig aus seiner ständischen Bindung befreit worden. Was lag näher, als das Rechtsverhältnis zwischen Meister und Geselle als zivilrechtliches zu betrachten? Besonderheiten des Arbeitsverhältnisses konnte durch zivilrechtliche Sonderregelungen unschwer Rechnung getragen werden[16]. Ein Konsens in dieser Frage ließ sich jedoch nicht herstellen. In Deutschland wurden lange Zeit nicht weniger als drei verschiedene Auffassungen über die Zuordnung des Arbeitsrechts und damit auch der arbeitsrechtlichen Streitigkeiten vertreten. Die einen meinten, solche Fälle sollten wegen der erforderlichen Sachkunde grundsätzlich und ausschließlich durch Arbeitgeber und Arbeitnehmer entschieden werden. Die anderen hingegen beharrten darauf, daß arbeitsrechtliche Konflikte gewöhnliche Rechtsstreitigkeiten seien und deshalb in jedem Fall (zivil)-richterlicher Entscheidung unterworfen sein müßten. Die mangelnde Sachkunde der Richter solle, soweit nötig, durch spezielle, fachlich vorgebildete Beisitzer ausgeglichen werden. Die dritten schließlich vertraten die Ansicht, daß arbeitsrechtliche Streitigkeiten als Gewerbesachen von Verwaltungsbeamten entschieden werden müßten, denen wiederum sachkundige Beisitzer zuzuordnen seien[17]. Welche dieser Auffassungen sich durchsetzte, hing im Westfalen

---

12 Vgl. *Schmelzeisen* (1967), S. 16, 17.

13 z. B. ALR I 5 § 317 ff.; II 17 § 1 ff.

14 *Stieda* (1890), S. 1, 2.

15 Einerseits sind arbeitsrechtliche Regelungen in der Gewerbeordnung und im Handelsgesetzbuch den bürgerlich-rechtlichen Normen angepaßt worden, andererseits wird aber noch immer daran festgehalten, daß das Arbeitsrecht ständisches Sonderrecht bzw. ein Mischrecht von öffentlichem und privatem Recht sei. S. dazu *Bernert* (1982), S. 116 und *Gamillscheg* (1976), S. 197 ff. m. weiteren Nachweisen.

16 Vgl. *Bernert* (1982), S. 116.

17 Ein Überblick über diese Auffassungen findet sich bei *Stieda* (1890), S. 1 – 11 m. w. Nachw.; s. auch *Bernert* (1982), S. 113, 115, 116.

des Jahres 1810 aber nicht mehr von deutschen, sondern vom französischen Gesetzgeber bzw. seinen rheinbündischen Werkzeugen ab.

(2) Für die Lösung der Rechtswegfrage war demnach die Zuordnung des Arbeitsrechts zum Privat- bzw. zum öffentlichen Recht von großer Bedeutung. Das neue französische Zivilgesetzbuch sollte hier Klarheit bringen. Der Code Civil diente auch in Westfalen, wie Elisabeth Fehrenbach pointiert formulierte, geradezu als „Propagandainstrument zum Zwecke moralischer Eroberungen“[18] auf deutschem Boden. Die Rheinbundreformer erstrebten mit der Übernahme der französischen Gesetzgebung eine Erneuerung der Rechts- und Gesellschaftsordnung, die die Organisierung der neuen Modellstaaten befördern und festigen sollte. Der Ausbau der Justizbehörden, die Trennung von Justiz und Verwaltung, die Verbindung der Privatrechtsreform mit der Reform des öffentlichen Rechts waren zukunftsweisende Ansätze auf dem langen Weg zum modernen Rechts- und Verfassungsstaat[19]. Die vielfältigen Bemühungen der neuen Herren zeitigten in der Tat die nachhaltigsten Wirkungen: Der Kaiser selbst regte im Oktober 1807 die Rezeption des Code Civil in Hessen-Darmstadt an, und der Großherzog erwog, ihn als einheitliche Rechtsordnung für alle Bewohner seines Landes einzuführen[20]. Gleichzeitig begann die neue Administration auch in den französischen Staatsschöpfungen auf westfälischem Boden, Berg und Westphalen, mit den notwendigen Vorbereitungen für die Übernahme des welschen Rechts. Getragen von einer Woge öffentlicher Zustimmung, gelang binnen kurzem die Verpflanzung der französischen Rechtsordnung nach Westfalen[21]. Im neuen Königreich dieses Namens wurde der Code durch Art. 45 der Verfassung ab 1. Januar 1808, im Herzogtum Arenberg ab 1. 7. 1808[22] und im Großherzogtum Berg nach längerer Vorbereitungszeit und ausführlicher Planung ab 1. Januar 1810[23] eingeführt.

Das französische Gesetzbuch hob als absolut geltende Rechtsgrundlage innerhalb seines Geltungsbereichs alle bestehenden römischen, deutschen und provinziellen Rechte sowie die örtlichen Gewohnheitsrechte und Statuten auf, soweit die betreffenden Materien im Code geregelt waren. Dadurch wurden

[18] *Fehrenbach* (1973), S. 9.

[19] *Fehrenbach* (1973), S. 18.

[20] Vgl. *Scotti* (1831), Bd. 3, T. 1, S. 397: Durch Verordnung vom 1. 8. 1808 wurden alle Justizbeamten aufgefordert, sich zur Vorbereitung mit dem Geist des Code Civil vertraut zu machen.

[21] Zur Einführung der französischen Gesetzgebung in Deutschland *Schubert* (1977); *Schröder* (1907), S. 561. Deutsche Übersetzungen: Codex Napoleon (Code civil), von Spielmann (1808); Code Napoléon (1810).

[22] *Conrad* (1966), Bd. 2, S. 398; *Possel – Dölken* (1978), S. 34.

[23] Art. 1 des Décret impérial portant la mise en activité du Code Napoléon du 12 novembre 1809, in: Gesetzesbulletin für das Großherzogtum Berg, Bd. 2 (1809), S. 8 – 11. Zum Großherzogtum Berg zählte u. a. auch das ehemalige Fürstentum Siegen.

im Bereich der ehemaligen westfälischen Länder die meisten Provinzialrechte beseitigt. Neben dem Code Civil vermochten sich nur noch solche Provinzialrechte zu behaupten, deren Gegenstand die französische Kodifikation zu regeln unterlassen hatte oder auf die sie jedenfalls nicht ausdrücklich Bezug nahm[24].

Da der Code das gewerbliche Arbeitsrecht auf eine völlig neue Basis stellte[25], waren arbeitsrechtliche Bestimmungen und solche Vorschriften, die sich mit dem Taxenwesen befaßten, sofern sie zum Regelungsgegenstand der Zunftstatuten gehörten, in Westfalen bereits außer Kraft gesetzt, bevor das Zunftwesen endgültig beseitigt wurde.

Die Kodifikation, ganz an den revolutionären Prinzipien von Freiheit und Gleichheit orientiert, formte aus dem traditionsverhafteten Handwerksgesellen den Typus des gewerblichen Arbeiters. Der Code begriff den Dienstvertrag als „le louage des gens de travail qui s'engagent au service de quelqu'un" (Cap. III, p. 557, Art. 1779)[26] und konstituierte damit ein weitaus freieres Verfügungsrecht der Gewerbegehilfen über ihre Arbeitskraft, als es die zunfttreuen Westfalen bis dahin gekannt hatten. Der Arbeitsvertrag der Handwerksgesellen war seiner janusköpfigen Natur – einerseits Privatrechtsverhältnis zu sein, andererseits aber durch die Ein- bzw. Unterordnung der Parteien und ihres Vertrages unter die hoheitlich handelnde Zunft und ihre Ordnung ein besonderes Gewaltverhältnis zu begründen – vollständig entkleidet worden. Bei aller Liberalisierung der arbeitsrechtlichen Beziehungen verstand sich der Gesetzgeber allerdings doch zu einem gewissen Schutz des Arbeitnehmers: „On ne peut engager ses services qu'à temps, ou pour une entreprise déterminée" (p. 557, Cap. III, Art. 1780)[27]. Das Prinzip der freien Aushandlung des Arbeitslohnes, welches manchen aufgeklärten Zunftgegner in der Gesellenschaft für die neue Ordnung hätte einnehmen können, verlor aber sogleich jede werbende Wirkung durch eine den Gedanken der Waffengleichheit der Vertragsparteien und damit auch der Kontrahenten bei Lohnstreitigkeiten zutiefst verletzende Bestimmung: „Le maître est cru sur son affirmation" (p. 557 Cap. III, Art. 1781)[28]. Mit der den Arbeitgebern zugebilligten größeren Glaubwürdigkeit im Prozeß hatte das neue Regime aus dem Westen den Gesellen unmißverständlich deutlich gemacht, daß es nicht ihre Interessen waren, denen der Gesetzgeber Priorität einräumte.

Hinsichtlich der Kündigung blieben auch nach dem neuen Recht die ortsüblichen Kündigungsfristen maßgeblich[29]. Die Koalition im Sinne des Arbeits-

---

[24] *Possel – Dölken* (1978), S. 33.

[25] Vgl. *Bernert* (1972), S. 147 ff.

[26] Zitiert nach *Bernert* (1972), S. 337.

[27] Zitiert nach *Bernert* (1972), S. 337.

[28] Dazu ausführlich *Bernert* (1972), S. 144, 337.

[29] *Bernert* (1972), S. 146.

rechts, der Zusammenschluß von Arbeitgebern und Arbeitnehmern zur Durchsetzung jeweils besserer Bestimmungen des Arbeitsvertrages, war bereits durch ein französisches Gesetz aus dem Jahre 1791 strikt untersagt worden[30]. Eine gewisse Beschränkung der Abschlußfreiheit blieb, obgleich der Befähigungsnachweis gefallen war, insoweit bestehen, als kein Meister den Lehrling seines Mitmeisters als Gesellen beschäftigen durfte, ehe ein Entlassungszeugnis ausgestellt war[31].

Mit diesen wenigen Bestimmungen stand das Arbeitsvertragsrecht auf ungleich dürftigerem Fundament, als dies jemals zuvor in Westfalen der Fall gewesen war. Nur der infolge der andauernden Kriege während der französischen Ära allerorten fühlbar werdende Mangel an gewerblichen Hilfskräften verhinderte, daß der kalte Wind nahezu schrankenloser Liberalität den Gesellen schärfer ins Gesicht blies.

Die Arbeitsverhältnisse im Handwerk wurden demnach endgültig aus der ständischen Ordnung herausgelöst und in rechtlicher Hinsicht den Fabrikarbeitsverhältnissen angepaßt, die schon lange der korporativen Bindung entbehrten und die schlicht als zivilrechtliche Rechtsverhältnisse zu beurteilen waren. Damit schien die rechtssystematische Einordnung des Arbeitsrechts in das Zivilrecht und die daraus folgende Kompetenz der ordentlichen Gerichte zur Entscheidung arbeitsrechtlicher Streitigkeiten nach französischem Recht unzweifelhaft zu sein[32].

Diese Regelung drängte sich um so mehr auf, als ja mit der Trennung der Justiz von der Verwaltung, welche die neue Gesetzgebung gebracht hatte, auch die gewerbepolizeiliche Kompetenz zur Streitentscheidung, die neben der Zunftgerichtsbarkeit bestanden hatte, zugunsten der Zuständigkeit der ordentlichen Gerichte entfallen war[33].

So einfach, wie die Zuweisung der arbeitsrechtlichen Streitigkeiten an die ordentlichen Gerichte auch gewesen wäre, der französische Gesetzgeber ging verschlungenere Pfade, denen nun zu folgen ist.

(3) Zunächst aber soll ein Blick auf die jenseits des Rheins zu suchende, höchst komplizierte Vorgeschichte der auch in Westfalen erprobten Lösung der Rechtswegfrage in arbeitsrechtlichen Streitigkeiten geworfen werden. Bestimmend für das Schicksal der Reform blieb die Abhängigkeit vom französischen Machtzentrum. Letzlich entschieden die politischen Entwicklungen in Paris über Gelingen oder Scheitern des großen Entwurfs einer umfassenden Rechtsreform in Westfalen.

---

30 Gesetz vom 14./17. Juni 1791, s. *Schönberg* (1896), Bd. II, 1, S. 585.

31 Gesetz vom 14./17. Juni 1791, s. *Schönberg* (1896), Bd. II, 1, S. 597.

32 *Bernert* (1982), S. 116.

33 Vgl. *Mieck* (1958), S. 249.

Im Gefolge der großen Revolution von 1789 waren in Frankreich im Jahre 1791 die Gewerbefreiheit eingeführt und die Zünfte aufgehoben worden[34]. Das Arbeitsverhältnis wurde der freien Übereinkunft der Parteien, die Entscheidung gewerberechtlicher Streitigkeiten der Kompetenz der ordentlichen Gerichte überantwortet. Die Bildung von Koalitionen und die Wiedererrichtung von Zünften und ähnlichen Organisationen wurden untersagt und unter Strafe gestellt[35]. Allein das eherne Gesetz von Angebot und Nachfrage sollte Löhne und Preise bestimmen. Die darin zum Ausdruck kommende, unangefochten zivilrechtliche Betrachtungsweise der Arbeitsverhältnisse hatte aber zur Folge, daß der Inhalt von vertraglichen Vereinbarungen über die Begründung gewerblicher Arbeitsverhältnisse je nach der Verhandlungsmacht der Vertragsparteien von der einen oder anderen Seite diktiert werden konnte und daß die Verbindlichkeit solcher Vereinbarungen ausschließlich von dem Willen der Vertragsparteien abhing[36]. Die Folge war, daß der Bruch von Lehr- und Arbeitsverträgen zu einer alltäglichen Erscheinung wurde; auch begann die Unehrlichkeit der bindungslos gewordenen Arbeitnehmer im Umgang mit Geräten und Material das Arbeitsverhältnis mehr und mehr zu belasten[37].

Wegen der allerorten beklagten Unzuträglichkeiten[38], welche durch die Zuordnung des Arbeitsrechts zum Zivilrecht und der entsprechenden Streitigkeiten zur Zivilgerichtsbarkeit unzweifelhaft gefördert wurden, begann der französische Gesetzgeber durch den Erlaß des Gewerbegesetzes vom 12. 4. 1803[39] die gewerblichen Arbeitsverhältnisse gewerberechtlich besonders zu regeln. Das Gesetz enthielt Bestimmungen über den Beginn und die Beendigung eines Lohnverhältnisses, vor allem aber über die Begründung, Erfüllung und Beendigung gewerblicher Arbeitsverhältnisse. Grundlegend und neu war die Regelung, wonach gewerbliche Arbeitnehmer ein Arbeitsbuch benötigten, ohne daß sie nicht als Geselle oder Gehilfe arbeiten durften. Diese Arbeitsbücher, welche über Beginn oder Beendigung jeder Beschäftigung des Arbeitnehmers Auskunft gaben, waren auf Antrag des Arbeitnehmers von den Maires oder städtischen Polizeibehörden kostenlos auszustellen. Sie dienten dazu,

---

[34] Vgl. *Bernert* (1982), S. 117; bereits in einem Reglement Colberts aus dem Jahre 1669 findet sich der Hinweis auf eine Sondergerichtsbarkeit für gewerbliche Streitigkeiten; dazu *Schloßstein* (1982), S. 73.

[35] Art. 7 des Gesetzes vom 2. 3. 1791 und Art. 1 – 7 des Gesetzes vom 17. 6. 1791; deutsche Übersetzung (Auszug) abgedruckt bei *Gottlieb* (1831), Anhang S. 66 – 69; französischer Text in: *Bormann / Daniels*, Bd. 1 (1833), S. 51 ff. und S. 99 ff.; zu den Auswirkungen dieser Gesetze *Soboul* (1973), S. 163 ff.

[36] s. dazu *Bernert* (1982), S. 124; zur weiteren Entwicklung in Frankreich auch *Schloßstein* (1982), S. 74, 75.

[37] *Stein* (1891), S. 8.

[38] Vgl. *Gottlieb* (1831), S. IX.

[39] s. *Bernert* (1982), S. 131 ff. Loi relative aux manufactures, fabriques et ateliers du 22. germinal an XI (12. 4. 1803); französischer Text bei *Meißner*, Fabrikgerichte (1846), S. 151 ff.; deutsche Übersetzung bei *Gottlieb* (1831), S. 68 ff.

den Arbeitsplatzwechsel zu überwachen bzw. für den Fall zu verhindern, daß noch Schadensersatzleistungen zu erbringen oder sonstigen Verpflichtungen gegenüber dem alten Dienstherrn nachzukommen war. Die Arbeitsverhältnisse wurden zivilrechtlich als befristete Mietverhältnisse über Arbeit betrachtet, wobei die Dauer für Gesellen nach Gewerberecht maximal ein Jahr betragen durfte. Im übrigen wurde der Inhalt der Arbeitsverträge gewerbe- und zivilrechtlich durch den Grundsatz von Treu und Glauben beherrscht, und dies hieß konkret, daß sich die Pflichten aus den Arbeitsverhältnissen insbesondere nach den spezifischen Gewohnheiten der einzelnen Gewerbe bestimmten. Schließlich unterwarf das Gesetz Werkstätten und Manufakturen ausdrücklich der Gewerbe- und damit der Polizeiaufsicht.

Mit der Einordnung des gewerblichen Arbeitsvertragsrechts in das Gewerberecht, die in dem Gesetz von 12. 4. 1803 so deutlich zum Ausdruck kam, wurde zugleich eine neue Zuständigkeitsregelung für gewerbliche Streitigkeiten begründet. Alle Verfahren zwischen Handwerkern, ihren Lehrlingen und Arbeitern wurden, sofern sie gewerbepolizeiliche Vorschriften tangierten, von den Maires oder besonderen Polizeibehörden nach den Polizeigesetzen endgültig entschieden[40]. Alle anderen Streitigkeiten zwischen Meistern und Gesellen fielen in die Kompetenz der Zivilgerichte (Art. 20). Deren Stellung wurde durch ein Gesetz vom 7. 3. 1804, welches die gewerberechtliche Ausgestaltung der Arbeitsverhältnisse zivilrechtlich ergänzte und das später in den Code Civil übernommen wurde, gestärkt[41]. Auf die Arbeitsverhältnisse der französischen Handwerker waren demnach sowohl gewerberechtliche als auch zivilrechtliche Regelungen anzuwenden[42].

Auch diese Neuorganisierung der Gewerbegerichtsbarkeit erwies sich aber wegen der mangelnden Kenntnisse der Polizeibehörden im Zivilrecht und der Zivilgerichte in Gewerbesachen sowie wegen der Aufsplitterung der Gewerbegerichtsbarkeit auf mehrere Gremien, die zudem noch verschiedenen Gewalten, eben der Verwaltung und der Justiz, angehörten, alsbald als untauglich[43]. Zeitgenossen beschrieben die Situation illusionslos: „Die Überwachung der Manufakturen und des Gewerbes, die Ahndung von Übertretungen und der Ausgleich von Streitigkeiten auf diesem Gebiete bedingen andere Mittel als diejenigen, welche dem Staate oder der Stadtverwaltung im allgemeinen zu Gebote stehen, erfordern andere Persönlichkeiten als die in der Polizeiverwaltung beschäftigten. Solche Tätigkeit erheischt Kenntnisse, welche nur Fabrikanten oder Werkmeister und Handwerker haben können"[44].

---

[40] Vgl. *Schmitz* (1894), S. 10, 11.

[41] So *Bernert* (1982), S. 131, 133, 134; vgl. dazu *Gottlieb* (1831), S. 74 ff. (89, 90).

[42] s. *Bernert* (1982), S. 117.

[43] *Bernert* (1982), S. 134; *Schloßstein* (1982), S. 75; *Stein* (1891), S. 13.

[44] Zitiert nach *Bernert* (1982), S. 134, 135.

Daher wurde durch Dekret vom 18. 3. 1806 – zunächst allein in Lyon – den sog. Friedensgerichten, den Zivilgerichten also, sowie den Verwaltungsbehörden die Zuständigkeit für die Entscheidung arbeitsrechtlicher Streitigkeiten genommen. Stattdessen wurde in der Seidenstadt der neu geschaffene sog. Conseil de Prud'hommes, der ausschließlich mit selbständigen Gewerbetreibenden besetzt war, mit dieser Aufgabe betraut[45]. Der nach diesen Bestimmungen geschaffene Rat in Lyon wurde zum Vorläufer der modernen Arbeitsgerichtsbarkeit[46].

Das Gesetz über die Errichtung des Conseil de Prud'hommes von 1806 wurde durch das Gewerbegerichtsgesetz vom 11. 6. 1809 / 26. 2. 1810 verallgemeinert und ergänzt[47]. Zu den von der so entstandenen, selbständigen Gewerbegerichtsbarkeit zu entscheidenden Streitigkeiten gehörten Klagen wegen Verletzung der wechselseitigen Verbindlichkeiten zwischen Lehrherrn und Lehrlingen, Klagen wegen Verletzung der Verpflichtungen zwischen Gewerbetreibenden und gewerblichen Arbeitnehmern, insbesondere Lohnstreitigkeiten, Auseinandersetzungen wegen Schlechterfüllung des Arbeitsvertrages, Vertragsbrüchen und vorzeitigen Kündigungen beider Vertragspartner, Klagen zwischen Gewerbetreibenden wegen Verletzungen von Warenzeichen und wegen Nichtleistung von Vergütungen sowie Klagen zwischen Gewerbetreibenden oder zwischen Gewerbetreibenden und ihren Gehilfen auf Feststellung oder Aufhebung von Verträgen[48].

Im Gegensatz zu dem Statut des Conseil de Prud' hommes in Lyon, der nur Verlegerkaufleute (négociants-fabricants) und Werkstattmeister (chefs d'ateliers)[49] zu Mitgliedern hatte, konnten nach dem neuen, allgemeinen Gewerbegerichtsgesetz außer Fabrikkaufleuten (marchands-fabricants) und Werkstattmeistern auch Werkmeister (contre-maître), selbständige Lohnfärber (teinturies) und Hausgewerbetreibende (ouvriers patentés) jeder Art von Gewerbe Mitglieder eines Conseil de Prud' hommes werden[50]. Dies könnte den Schluß nahelegen, daß grundsätzlich alle selbständigen Gewerbetreibenden die Möglichkeit gehabt hätten, Mitglied eines Conseil de Prud' hommes zu werden, sofern ihr Gewerbebetrieb in dem räumlichen Bereich dieses Rates lag. Betrachtet man die zugelassenen Berufsgruppen jedoch näher, so erscheint diese Annahmne mehr als zweifelhaft: Zu den Fabrikkaufleuten zählten alle Gewerbetreibenden, die Waren herstellten oder herstellen ließen, um sie zu veräußern. Werkstattmeister waren diejenigen, welche im eigenen Gewerbe-

---

[45] Dazu ausführlich *Schloßstein* (1982), S. 76 ff.

[46] So *Schloßstein* (1982), S. 75; *Hueck* (1963), S. 883, 884; *Wenzel* (1965), S. 697; *Ogris* (1967), S. 296.

[47] Vgl. *Bernert* (1982), S. 135 m. w. Nachw.

[48] Vgl. *Gottlieb* (1831), S. 22 f.; *Bernert* (1982), S. 138; *Schloßstein* (1982), S. 77.

[49] Diese waren im Gegensatz zu den Verlegern nicht Eigentümer des Materials.

[50] s. *Bernert* (1982), S. 135, 136.

betrieb mit (gewerblichen) Arbeitnehmern für Fabrikkaufleute Waren bearbeiteten. Zu den selbständigen Lohnfärbern gehörten alle Gewerbetreibenden, die im eigenen Gewerbebetrieb für Fabrikkaufleute färbten. Zu den Hausgewerbetreibenden schließlich zählten solche Professionisten, die überwiegend für Fabrikkaufleute produzierten[51].

Selbständig und unabhängig von einem Verlagsunternehmen bzw. einer Fabrik wirtschaftende Handwerksmeister konnten demnach allenfalls dem Begriff der „marchands-fabricants" bzw. „négociants-fabricants" unterfallen[52]. Schon die Zusammensetzung der Conseils macht aber deutlich, daß diese ein Rechtsprechungsorgan für die großgewerbliche Wirtschaft sein, nicht aber dem eigentlichen Handwerk, das sich in lokalen Verhältnissen beschied, dienen sollten[53]. Wenngleich sich das Gesetz einer ausdrücklichen Bestimmung enthielt, beschränkte sich die Zuständigkeit der Conseils faktisch doch nur auf „fabrikmäßig" betriebene Gewerbe. Daß der Gesetzgeber auf definitorische Festlegungen verzichtete, hatte einen durchaus einleuchtenden Grund: Nicht anders als im Deutschen war der Begriff der Fabrik um 1800 auch im Französischen nicht eindeutig besetzt. Man konnte darunter Handwerksbetriebe, Manufakturen oder auch Verlagsunternehmen verstehen. Diese Schwierigkeit versuchte die Regierung dadurch auszuräumen, daß die jeweiligen Einsetzungsverordnungen örtlicher Conseils die „Fabrik"betriebe aufzählten[54].

Mit diesen Regelungen wurden die rechtlichen Verhältnisse in der gewerblichen Wirtschaft Frankreichs völlig neu geordnet[55]. Wenngleich der Gesetzgeber es sorgfältig vermied, neue berufsständisch gebundene Rechte zuzuweisen, traf er doch alle erforderlichen Vorkehrungen, um den Unternehmen eine rechtlich geordnete Produktion zu ermöglichen und die ehemals so peinlich gehütete Verbindlichkeit der Lehr- und Arbeitsverhältnisse auf der Grundlage der allgemeinen Gewerbefreiheit wiederherzustellen. Eben deshalb ja wurde das gewerbliche Ausbildungs- und Arbeitsrecht in dem

---

[51] Aufzählung nach *Bernert* (1982), S. 136.

[52] Zwar bezeichneten sich um 1800 gelegentlich auch die Inhaber typischer Handwerksbetriebe als ‚Fabrikanten'. Durch die Verbindung mit dem Kaufmannsbegriff wird aber überdeutlich, daß hier nur die kapitalistisch wirtschaftenden, frühindustriellen Unternehmer gemeint sein konnten. Im übrigen fügt sich auch die bevorzugte Vertretung dieser großgewerblichen Fabrikkaufleute (Stimmenmehrheit) nahtlos in das Konzept der napoleonischen Wirtschafts- und Gesellschaftspolitik. Zum Begriff des ‚Fabrikanten' bzw. des ‚Fabrikengerichts' neuerdings ausführlich *Schloßstein* (1982), S. 69 – 72.

[53] Das Einführungsdekret von 1806 war ganz auf die gewerblichen Verhältnisse Lyons als des Hauptsitzes der französischen Seidenindustrie zugeschnitten; vgl. *Schloßstein* (1982), S. 76, 77.

[54] Vgl. *Meißner*, Fabrikengerichte (1846), S. 6, 7; *Schloßstein* (1982), S. 77.

[55] Zum Verfahren vor den Conseils ausführlich Schloßstein (1982), S. 78, 80 m. w. Nachw.

Gewerbegesetz von 1803 im Grundatz gewerberechtlich und im Gesetz über die Mietverträge von 1804 nur ergänzend zivilrechtlich geregelt. Das Problem, bei allgemeiner Gewerbefreiheit bindende Regeln für die Arbeitsverhältnisse durchzusetzen, wußte man durch die Zuordnung dieses Rechtsbereichs zum Gewerberecht elegant zu lösen.

Nach der Abtretung der besetzten linksrheinischen Gebiete des Reiches an Frankreich im Frieden von Lunéville (9. 2. 1801)[56] galten dort alle französischen Gesetze in uneingeschränkter Weise. So kam es im neugeschaffenen „Departement de la Roer“[57], in Aachen- Burscheid[58] und Köln[59], zur Errichtung von Conseils, die sich eng an die französischen Vorbilder und deren Reglements anlehnten.

Betrachtet man Westfalen, so verlief die Entwicklung hier deutlich anders, wenngleich die Rezeption fanzösischen Rechts im Land zwischen Rhein und Weser zunächst umfassend erschien: Noch bevor der Code Civil im Großherzogtum Berg in Kraft gesetzt worden war, wurde die Gewerbegerichtsbarkeit in diesem Konglomerat verschiedener Länder Rheinland-Westfalens, denen aber ein überragender Gewerbefleiß gemeinsam war, durch Kaiserliches Dekret vom 3. 11. 1809, „die gegenseitigen Verbindlichkeiten der Gesellen und ihrer Meister betreffend“[60], nach dem Muster des französischen Gewerbegerichtsgesetzes vom 12. 4. 1803[61] geregelt.

Nach § 64 des Gesetzes sollten „gemeine Polizeyhändel unter den Arbeitern und Lehrlingen und den Manufacturisten, Fabricanten und Handwerkern vor die Mairien gebracht“ werden, welche nach den Vorschriften der Munizipalpolizei zu erkennen hatten. Dabei konnten sogar vorläufige Verhaftungen vorgenommen werden, wenn die Sachen zur Kompetenz der (Straf)-Tribunale erster Instanz oder der peinlichen Gerichte gehörten (Art. 66). Rechtsschutz gegenüber Entscheidungen dieser neuen Gewerbegerichtsbarkeit wurde nicht gewährt, so daß der Rechtsschutzsuchende im Vergleich zur Zunftgerichtsbarkeit, neben der stets der Rekurs an den ordentlichen Richter bestanden hatte, schlechter gestellt war. Dieser Preis mußte, so glaubte man, für die höhere Effizienz und die Beschleunigung des Verfahrens gezahlt werden. Nach Art. 65 des Kaiserlichen Dekrets wurden alle übrigen arbeitsrechtlichen Streitigkeiten „vor die Tribunäle“, also die Zivilgerichte in der neuen Form der Friedensgerichte, gebracht, welchen das Erkenntnis „durch die Gesetze aufgetragen“ war. Damit wurde auf den Code Napoléon verwiesen, der um die zivil-

---

56 s. dazu *Knemeyer* (1970), S. 33 ff. (36).

57 s. *Bernert* (1982), S. 145.

58 Dekret vom 1. 4. 1808; vgl. *Stein* (1891), S. 39.

59 Dekret vom 26. 4. 1811; s. *Gottlieb* (1831), S. 189 ff.; vgl. auch die knappe Zusammenfassung bei *Syrup / Neuloh* (1957), S. 150.

60 Gesetz-Bulletin für das Großherzogtum Berg 1809, S. 164 ff.

61 s. o. S. 107 Fußnote 39.

rechtliche Regelung der Arbeitsverhältnisse (Mietvertrag) im Gesetz vom 7. 3. 1804 erweitert worden war[62]. Gerichtsstand war nicht der Wohnort des Gesellen, sondern der Ort, wo die Manufaktur oder Werkstätte gelegen war, in welcher er arbeitete (Art. 67).

Die Neuordnung des Rechts der gewerblichen Lehr- und Arbeitsverhältnisse stellte deren rechtliche Verbindlichkeit auf der Grundlage der allgemeinen Gewerbefreiheit wieder her und half damit einem von den selbständigen Gewerbetreibenden schmerzlich empfundenen Mangel ab. Gleichzeitig zeigten sich aber all die Nachteile, die das Gewerbegesetz vom 12. 4. 1803 in Frankreich aufwies, auch rechts des Rheins. Zuvörderst sind hier wieder mangelnde Kenntnisse der Polizeibehörden im Zivilrecht und der Zivilgerichte in Gewerbesachen sowie die Aufsplitterung der Gewerbegerichtsbarkeit auf zwei völlig verschiedene Verfahrenswege zu nennen. Noch bevor die hochfliegenden Pläne der fremden Herren aus dem Westen zur wirklichen Reform gerinnen und das soziale Leben prägen konnten, hatte sich überdies gezeigt, daß die Expansion des Codes und seiner Nebengesetze vor allem ein Instrument zur Herrschaftssicherung darstellte und erst in zweiter Linie der Verwirklichung notwendiger Reformen diente[63]. Ein bloßes Herrschaftsinstrument aber war, wie man schnell erkannte, disponibel.

Es gab noch weitere Gründe dafür, daß der reformerische Impetus, der die unabweisbare Neuorganisierung der Gewerbe- und insbesondere der Arbeitsgerichtsbarkeit in Westfalen hätte bewirken können, nicht ausreichte, um effiziente, für die Dauer geschaffene Formen der Rechtsprechung in den Modellstaaten östlich des Rheins zu schaffen. Da wirkte das Fehlen von Großbetrieben, die vor allem als einer speziellen Gerichtsbarkeit für arbeitsrechtliche Streitigkeiten bedürftig betrachtet wurden, hemmend und hindernd. Wesentlicher noch war aber ein Umschwung der politischen Großwetterlage im Westen, der sich bis nach Westfalen, dem „Sibirien Deutschlands", wie der im Münsterland entschädigte, linksrheinisch begüterte Prinz Moritz von Salm-Kyrburg zu jener Zeit zu bemerken beliebte[64], auswirkte: Seit der Intervention in Spanien und zumal seit der Rückwendung zur dynastischen Politik nach der Heiratsverbindung mit dem österreichischen Herrscherhaus verlor Napoleon das Interesse an der weiteren Förderung der Reformgesetzgebung in den Rheinbundstaaten[65]. Die unmittelbare Rückwirkung der neuen Politik auf die

[62] *Bernert* (1982), S. 117.

[63] *Fehrenbach* (1973), S. 15.

[64] s. *Lahrkamp* (1983), S. 9.

[65] Auf Anfrage der großherzoglich – hessischen Regierung in Paris wurde mitgeteilt, der Kaiser habe eingesehen, daß der Code auf die deutschen Verhältnisse nicht passe, in: Schreiben Lichtenbergs an Almendingen vom 4. 5. 1810, s. *Fehrenbach* (1973), S. 16.

deutschen Satelliten Frankreichs lag darin, daß der Rezeptionsvorgang in den Jahren 1810/11 überall ins Stocken geriet[66].

Unausbleibliche Folge des plötzlichen Erlahmens der wesentlichen Triebkräfte mitten in den Übergangsschwierigkeiten der großen Rechtsreform war ein völliges Chaos. Im Königreich Westphalen fehlte es bei Einführung des Code noch an fast allen organisatorischen Voraussetzungen; auch in Berg konnten trotz besserer Vorbereitung nicht einmal die notwendigsten begleitenden Maßnahmen getroffen werden[67]. Die Übertragung neuer Funktionen, wie etwa die Tätigkeit der Friedensrichter auf die Untergerichte, überforderte deren Amtsträger, da sie nur in den wenigsten Fällen auf ihre neuen Aufgaben genügend vorbereitet waren[68]. Die Franzosen mußten wie ihre deutschen Administratoren die Erfahrung machen, daß sich der umständliche Justizapparat der deutschen Länder kaum von heute auf morgen auf die schnellere und effektivere Arbeitsweise der französischen Gerichtsbarkeit umstellen konnte; vor allem fehlte, anders als in Frankreich, eine breite Schicht reformwilliger Richter und Advokaten, die, von der lästigen Bevormundung durch die Verwaltung befreit, nur darauf warteten, die neuen Möglichkeiten einer unabhängigen Rechtspflege nutzen zu können. Schon am 4. Januar 1810 schrieb der Innenminister von Berg, Nesselrode, deshalb enttäuscht, die Einführung des Code habe „eine Menge von Arbeitsüberlastung und Verwirrung" gestiftet[69].

Der große Entwurf einer umfassenden Rechtsreform blieb daher in Ansätzen stecken. Hier machte lediglich das Großherzogtum Berg eine gewisse Ausnahme, indem es nach der Einführung des Code immerhin noch einmal die Initiative ergriff und an das Gesetz vom 3. 11. 1809 anknüpfte; in den wenigen Jahren, die ihm verblieben, brachte es noch die Errichtung von Fabrikengerichten nach dem Vorbild der französischen Conseils de Prud' hommes zuwege.

Nach Art. 2 des bergischen Dekrets vom 3. 12. 1811[70], welches sich streng an den Gesetzen von 1806 und 1809/10 orientierte, waren diese Gerichte zuständig für die gütliche Beilegung von Streitigkeiten zwischen Fabrikanten und Arbeitern oder zwischen den Aufsehern der Werkstatt und Gesellen oder Lehrlingen. Streitigkeiten, an denen Handwerker außerhalb einer Fabrik oder eines Verlagsunternehmens beteiligt waren, gehörten, wie in Frankreich auch, nicht zur Zuständigkeit des Fabrikengerichts; folgerichtig waren diese Hand-

---

66 Vgl. *Fehrenbach* (1973), S. 16.

67 Vgl. *Fehrenbach* (1973), S. 34.

68 Vgl. *Fehrenbach* (1973), S. 34.

69 Vgl. *Fehrenbach* (1973), S. 35.

70 „Dekret wegen Errichtung der Fabrikengerichte im Großherzogtum Berg", Text abgedruckt bei *Gottlieb* (1831), S. 152 – 175; zu den Gewerbegerichten auch *Schubert* (1977), S. 97.

werker zu den neuen corpora weder wahlberechtigt noch selbst wählbar[71]. Den im Kleinbetrieb für den lokalen Markt arbeitenden Gewerbetreibenden wurde weiterhin der unbestreitbare Vorzug einer kompetenten Sondergerichtsbarkeit vorenthalten[72].

Stattdessen wies man, als nahezu zeitgleich mit dem Erlaß des Fabrikengesetzes eine grundsätzliche Reform der Gerichtsverfassung im Großherzogtum Berg erfolgte[73], in Art. 17 Z. 5 des Dekrets vom 17. 12. 1811 die arbeitsrechtlichen Streitigkeiten „über die Bezahlung des Lohnes der Arbeitsleute und des Gesindes, so wie über die Erfüllung der wechselseitigen Verbindungen zwischen den Brodherrn und ihren Dienstboten oder Arbeitsleuten mit Ausnahme der den Fabrikengerichten vorbehaltenen Fälle an den Orten, wo dergleichen errichtet werden", ausdrücklich der ordentlichen Gerichtsbarkeit zu.

Damit war die Gewerbegerichtsbarkeit im Großherzogtum auf eine neue Basis gestellt. Der direkten Regierung des Landes durch die Zentralgewalt in Paris, ausgeübt durch Statthalter in Düsseldorf, verdankte das Gewerbe des westlichen Westfalen die innigere Teilhabe an den Reformen der Gewerbegerichtsbarkeit im französischen Kernland, wenngleich die nahe bevorstehenden politischen Veränderungen, die Rückeroberung der rechtsrheinischen Gebiete Frankreichs durch Preußen nämlich, verhinderten, daß die verheißenen Fabrikengerichte auch tatsächlich eingerichtet wurden[74]. Eigentümlich berührt aber auch hier die Ausschließung des lokalen Handwerks von der Sondergerichtsbarkeit des Gewerbestandes. Dem französischen Vorbild entsprechend hielt man in dem bergischen Satellitenstaat an der zeittypischen Privilegierung der großgewerblichen Produktion fest.

Damit hatten die während der Fremdherrschaft eingeführten Reformen der Gewerbegerichtsverfassung östlich des Rheins bereits ihren Abschluß gefunden. Im Königreiche Westphalen nämlich kam die Rechtsreform nicht über die Einführung des Code Civil hinaus. Die Gewerbegerichte übernahm man nicht[75]. Die Entscheidung arbeitsrechtlicher Streitigkeiten überließ der west-

---

[71] Vgl. *Berléung* (1906), S. 51; *Bahr* (1904), S. 7. Immerhin sollten diese Fabrikengerichte gemeinsam mit den linksrheinischen Conseils de Prud' hommes zu den Vorläufern der deutschen Arbeitsgerichtsbarkeit werden. Aus der umfangreichen Literatur seien hier beispielhaft genannt: *Gottlieb* (1831); *Eberty* (1869); *Ferié* (1873); *Stieda* (1890); *Stieda* (1900); *Syrup / Neuloh* (1957); *Wenzel* (1965); *Teuteberg* (1961); *Globig* (1985). Zu den französischen Conseils de prud' hommes ausführlich *Meißner*, Spezialgerichte (1846); *Meißner*, Fabrikgerichte (1846); *Stein* (1891); *Schönberg* (1896); *Brexl* (1971); *Schloßstein* (1982); *Bernert* (1982); *Willoweit* (1982).

[72] Zu den spezifischen Motiven, die der Einführung der Fabrikengerichte im Großherzogtum Berg zugrundelagen, s. *Schloßstein* (1982), S. 81 f.

[73] Kaiserliches Dekret vom 17. 12. 1812, in: Gesetzes-Bulletin des Großherzogtums Berg, 1812 Nr. 18; auch in: Sammlung der Präfectur-Verhandlungen des Ruhr-Departements, Großherzogtum Berg, Jahrgang 1812, Nr. 157, S. 17 ff.

[74] s. *Schloßstein* (1982), S. 83.

[75] Vgl. *Schubert* (1977), S. 108.

phälische Gesetzgeber weiterhin allein den Zivilgerichten. Immerhin zeitigte die Rechtsreform jedenfalls für das Landhandwerk des Königreichs unmittelbare Auswirkungen: Mit der Übernahme der französischen Gerichtsverfassung wurde die bis dahin noch immer bedeutende Patrimonialgerichtsbarkeit beseitigt, so daß der so wichtige Schritt von der umfassenden Abhängigkeit vom Grundherrn hin zur unabhängigen Rechtspflege getan werden konnte[76].

Allerdings gelang dies keinesfalls überall zwischen Rhein und Weser: Im Herzogtum Westfalen hatte sich die innenpolitisch eher konservative hessische Regierung, obwohl eine der Stützen des Rheinbundes, nicht einmal entschließen können, den Code in ihrem Territorium, also auch im ehemaligen Herzogtum Westfalen und den Grafschaften Wittgenstein, einzuführen. Sie fühlte sich in dieser Frage auch nicht durch Frankreich gedrängt, da Napoleon im Frühjahr 1810 hatte wissen lassen, daß er sich, was den Code anbelange, nicht länger in die inneren Angelegenheiten der Einzelstaaten einmischen wolle[77]. Im ehemaligen Herzogtum Westfalen und den Grafschaften Wittgenstein galten daher weiterhin die tradierte Gerichtsverfassung, das subsidiär geltende gemeine Recht, die kurkölnischen und wittgensteinischen Spezialverordnungen und Gewohnheitsrechte sowie die bei der hessischen Inbesitznahme eingeführten darmstädtischen Gesetze[78]. An die Etablierung einer speziellen Gewerbegerichtsbarkeit wurde erst recht nicht gedacht.

Saldiert man den Ertrag der verschiedenen Reformen und Reformversuche, so erkennt man sofort, daß die ordentliche Gerichtsbarkeit in Westfalen im Bereich des Gewerberechts den Sieg über andere Spruchkörper davongetragen hatte. Dieses Ergebnis war aber eher die Folge historischer Zufälligkeiten als die Frucht des wägenden Urteils eines um die beste Form der Konfliktlösung ringenden Gesetzgebers. Betrachtet man Westfalen als Ganzes, ließ die Übergangszeit mit ihren unfertigen, unausgegorenen Reformen im Bereich der Handwerksgerichtsbarkeit ein Vakuum zurück[79], das infolge des Ausfalls der Jurisdiktion der Zünfte durch das mehr oder weniger ungeregelte Nebeneinander von Zivilgerichtsbarkeit und Verwaltung nur notdürftig ausgefüllt, keineswegs den zunehmenden Erfordernissen einer sich allmählich, man-

---

[76] *Fehrenbach* (1974), S. 37.

[77] *Fehrenbach* (1973), S. 45.

[78] Die wichtigsten Quellen für diese Gesetzgebung sind: a) Die kurkölnische Polizeiordnung vom 22. 9. 1712; b) die kurkölnische Ediktensammlung von 1772; c) die Sammlung älterer und jüngerer Verordnungen zum kurkölnischen Privatrecht von 1791; d) das Arnsberger Intelligenzblatt von 1802 – 1812; e) die darmstädtische Zeitung von 1808 – 1812; die Sammlung der darmstädtischen Verordnungen; f) insbes. *Scotti* (1831) 2. Abt., Bd. 1 u. 2. Zur Rechtslage in den ehemals hessen-darmstädtischen Gebieten der preußischen Provinz Westfalen Schreiben Vinckes an Hardenberg vom 9. 5. 1817, in: STAM, Oberpräsidium VI Nr. 4; hierzu auch *Schöne* (1966), S. 70 f.; *Schumacher* (1967), S. 114 ff., 145 ff.

[79] Nur im ehemaligen Lande Wittgenstein existierten die Zünfte fort, so daß dort dieser Mangel weniger akut war.

cherorts sogar lebhaft entwickelnden Gewerbetätigkeit gerecht werden konnte.

Ebensolches galt auch für manche Bereiche des materiellen, speziell des Arbeitsrechts, in denen das Fehlen einschlägiger Normen und Bindungen schmerzlich empfunden wurde. Die Überweisung dieser Materie an die Zivilgerichte hatte, wie Stieda lapidar feststellte, „ihr Mißliches“[80]. So war man weder imstande, die Differenzen des Publikums mit den Handwerkern noch die Auseinandersetzungen der Gewerbetreibenden untereinander befriedigend zu lösen. Die von so großen Hoffnungen begleiteten Rheinbundreformen blieben eben ein Torso[81]. Für den Teilbereich der Gewerberechts- und Gewerbegerichtsreform in Westfalen trifft dies in ganz besonderer Weise zu. Infolge des unvermittelten Erlahmens des französischen Reformeifers und des schnellen Endes der Fremdherrschaft kam die Gesetzgebung über regional eng begrenzte und stets unzulängliche Neuerungen nicht hinaus. Aber selbst wenn die im Rheinland realisierte Konzeption einer Gewerbegerichtsbarkeit in Westfalen wirksam geworden wäre, hätte dies für das eigentliche, an den lokalen Markt gebundene Handwerk keine Verbesserung der Rechtspflege bedeutet. Trotz mehrfacher Erweiterung des Katalogs der von der Gewerbegerichtsbarkeit erfaßten Betriebsformen fand das im Kleinbetrieb wirtschaftende Handwerk in der französischen Konzeption einer neuen Gewerbegerichtsbarkeit keinen Platz. Einmal mehr zeigt sich in dieser Bevorzugung des Großgewerbes zu Lasten des Handwerks die dem 18. und frühen 19. Jahrhundert eigene, unglückliche Tendenz zu einseitiger, daß quantitativ erdrückende Übergewicht des Handwerks vollständig ignorierender Gewerbeförderung.

---

[80] *Stieda* (1890), S. 35. 36.

[81] So auch *Fehrenbach* (1973), S. 45.

IV. Die Versuche zur Wiederbegründung einer Sondergerichtsbarkeit des Handwerks in der preußischen Provinz Westfalen

Nach dem endgültigen Zusammenbruch der französischen Staaten auf deutschem Boden infolge der Niederlage Napoleons in der Völkerschlacht bei Leipzig (16. – 18. Oktober 1813) bildete Preußen am 19. November 1813 aufgrund von Vereinbarungen für seine Altbesitzungen zwischen Rhein und Weser ein Militärgouvernement mit Sitz in Münster[1]. Die Gebiete der kleineren, bis dahin noch nicht preußisch gewesenen ehemaligen Territorien der Herren von Salm, Croy, Looz-Corswarem und Arenberg sowie Dortmund und Corvey, die altwestfälischen Grafschaften Steinfurt, Rietberg, Limburg und die Herrschaft Rheda wurden in die preußische Verwaltung einbezogen. Hinzu kamen auf Grund der Neuordnungsverhandlungen des Wiener Kongresses im Winter 1814 – 1815 die hannoversche Exklave Reckenberg mit Wiedenbrück, das ehemals oranische Siegerland und vor allem das Herzogtum Westfalen mit den seit 1806 angegliederten Grafschaften Wittgenstein.

Aus dem so arrondierten westfälischen Länderblock entstand durch die „Verordnung wegen verbesserter Einrichtung der Provinzialbehörden“ vom 30. April 1815 die Provinz Westfalen. Im Inneren gliederte sie sich in die drei Regierungsbezirke Münster, Minden und Arnsberg.

Die Neugestaltung der politischen Landschaft Nordwestdeutschlands brachte dem westfälischen Raum zum erstenmal in seiner Geschichte eine einheitliche Ordnung und Organisation. Bald zeigte die Gesetzgebung im Lande ein weitgehend homogenes Gesicht, und die der preußischen Gewerbegesetzgebung jener Zeit eigentümlichen, einander ablösenden Tendenzen von Wandel und Beharrung wurden zu Charakteristika der Gesetzgebungsgeschichte der gesamten Provinz.

Zunächst allerdings zerfiel die Rechtseinheit erst einmal, die das französische Zivilgesetzbuch dem Lande gebracht hatte. Die wiederbelebte oraniennassauische Herrschaft im Fürstentum Siegen beseitigte den Code bereits durch ein Patent vom 20. 12. 1813 rückwirkend[2]. Im September 1814[3] führte

[1] Zum folgenden *Lahrkamp* (1983), S. 38 – 41.

[2] *Rintelen* (1838), T. II. S. 327.

[3] Patent vom 9. 9. 1814, Pr. Ges.-Sammlung 1814, S. 89 ff.

Preußen dann in dem von ihm beanspruchten Teil seines Gouvernements die eigene Gerichtsverfassung und das Allgemeine Landrecht ein[4]. Die durch den Code Civil aufgehobenen früheren Provinzialrechte allerdings blieben für die Zukunft abgeschafft[5] und das ALR galt in den wiedergewonnenen Provinzen seither nicht als bloß subsidiäres Gesetz wie vor 1806, sondern als primäre Rechtsquelle.

Durch Patent vom 25. 5. 1818 wurde das ALR dann auch in den ehemaligen Fürstentümern Corvey, Salm-Salm, Salm-Kyrburg, Salm-Horstmar, den Besitzungen des Herzogs von Croy sowie des Herzogs von Looz-Corswarem, den Grafschaften Rietberg, Steinfurt, Hohenlimburg und Dortmund, dem Vest Recklinghausen, den Herrschaften Rheda und Gütersloh, Anholt, Werth und Gemen, der Stadt Lippstadt sowie dem Amt Reckenberg eingeführt. In dem von Hannover abgetretenen Reckenberg allerdings galt das ALR jedenfalls formell nicht als vorrangiges Recht; denn die Einführungsverordnung vom 25. 3. 1818[6] bezog sich insoweit nicht auf das Patent vom 9. 9. 1814, sondern auf ein Patent vom 15. 11. 1816[7]. Im Amt Reckenberg war der Code civil nämlich unmittelbar nach dem Wiedererwerb von dem früheren hannoverischen Landesherrn durch die Verordnung vom 23. 8. 1814 rückwirkend mit der Folge aufgehoben worden, daß in diesem Gebiet alle früheren Provinzialrechte erneut Gültigkeit erlangt hatten. Aus diesem Grunde galt das ALR im Amt Reckenberg nur als subsidiäres Recht.

In den südlichen Landesteilen der Provinz Westfalen erhielt das ALR zunächst keine Gültigkeit. Im Herzogtum Westfalen, im Fürstentum Siegen, in den Ämtern Burbach und Neuenkirchen und in den Grafschaften Wittgenstein-Wittgenstein und Wittgenstein-Berleburg erfolgte die Einführung der preußischen Gesetzgebung und Gerichtsverfassung, insbesondere des ALR erst durch das Patent vom 21. 6. 1825 mit Wirkung zum 1. 10. 1825[8].

Nach diesem Patent erlangte die Kodifikation nur den Rang einer subsidiären Rechtsquelle; denn sie trat hier an die Stelle des gemeinen Rechts und „der Landesgesetze oder Vorschriften, die gemeines Recht erläuterten, ergänzten oder abänderten“[9]. Die übrigen Provinzialgesetze, Statutar- und

---

[4] Dazu *Behr* (1983), S. 59. Dort finden sich auch Angaben zum Gerichtsaufbau.

[5] § 2 des Patents vom 9. 9. 1814, s. Anm. 3).

[6] Vgl. *Possel – Dölken* (1978), S. 35.

[7] Preußische Gesetz-Sammlung 1816, S. 233; dieses Patent führte das ALR in den ehemals sächsischen Provinzen ein und setzte dessen Bestimmungen „an die Stelle der bisher angewandten Landes- und subsidiarischen Gesetze“; vgl. § 2 des Patents vom 15. 11. 1816; s. *Possel – Dölken* (1978), S. 35, m. w. Nachw.

[8] Preuß. Gesetzessammlung 1825, S. 153; *Kochendörffer* (1928), S. 172; *Wurm* (1971), S. 25. Die Einführung erfolgte allerdings mit Ausschluß mehrerer Titel des ALR, zu denen namentlich die drei ersten Titel des 2. Teiles über das Ehe-, Erb- und Familienrecht gehörten.

[9] § 2 des Patentes vom 21. 6. 1825, in: Pr. Ges.-Sammlung 1825, S. 153.

Gewohnheitsrechte behielten ihre vorrangige Gültigkeit[10]. Sie waren nämlich in Südwestfalen entweder nie vom Code civil aufgehoben oder inzwischen rückwirkend wieder eingeführt worden.

Deshalb blieb hier auch die Frage problematisch, ob durch die subsidiäre Anwendbarkeit des ALR solche Provinzialgesetze außer Kraft gesetzt worden waren, die inhaltlich nur gemeines Recht wiedergaben[11]. Im Herzogtum Westfalen war außerdem umstritten, ob die hessischen Landesgesetze als Provinzialrecht oder als gemeines Recht einzustufen seien. Die Rechtsprechung nahm an, daß die allgemeinen hessischen Gesetze aus der Zeit von 1806 bis 1815 durch das Patent vom 21. 6. 1825 nicht aufgehoben worden seien; denn die von den deutschen Fürsten in ihren Territorien erlassenen Gesetze galten nicht als gemeines Recht. Als aufgehobenes „ius subsidiarium" wurden dagegen – wenig konsequent – die hessischen Verordnungen aus der Zeit vor 1806 betrachtet, weil sie nicht unmittelbar für das Herzogtum Westfalen verabschiedet worden waren[12].

Da die Zunftverfassung in den Grafschaften Wittgenstein nicht beseitigt worden war, galten im Bereich des Kreises Berleburg die Zunftprivilegien weiter. Dieser eigentümliche Anachronismus, der im äußersten Süden der Provinz fortdauerte, war in der Zukunft Ursache für all die Schwierigkeiten, die mit der Anwendung tradierter, inhaltlich aber längst überholter und mit der übrigen Rechtsordnung des Landes unvereinbarer Statutarrechte notwendig verbunden war.

Auf dem Felde der Gewerbegerichtsbarkeit hingegen löste sich die preußische Gesetzgebung vollständig von den vorhandenen Rechtsverhältnissen. Mit der Einführung des ALR und der preußischen Gerichtsverfassung in der Grafschaft Mark im Jahre 1814 wurde die Aufhebung des Dekrets „wegen Errichtung der Fabrikengerichte im Großherzogtum Berg"[13] verbunden. Es galt nur mehr in jenen Gebieten des ehemaligen Großherzogtums weiter, die der Rheinprovinz zugeschlagen wurden.

Trotz der unübersehbaren Kehrtwendung in der Rechtspolitik, welche die Wiederaufrichtung der preußischen Herrschaft den Westfalen bescherte, blieb der Ertrag der bahnbrechenden Reformen der französischen Ära im Grunde unangetastet[14]. Insbesondere an der Gewerbefreiheit und der Unabhängigkeit und Gesetzmäßigkeit der Rechtsprechung hielt man fest, da zwischenzeitlich auch das auf Ostelbien zurückgeworfene Preußen die strikte Trennung der

---

[10] § 3 des Patentes vom 21. 6. 1825, in: Pr. Ges.-Sammlung 1825, S. 153.

[11] Vgl. *Possel – Dölken* (1978), S. 36.

[12] *v. Haxthausen* (1843), S. 89.

[13] Eine Übersicht über die Reformmaßnahmen in Preußen findet sich bei *Starke* (1839), S. 11 – 15 und 30 ff.

[14] Dazu *Lahrkamp* (1983), S. 29, 30.

Aufgaben von Verwaltung und Justiz zum leitenden Prinzip seiner Rechtsordnung erhoben hatte. An die Stelle der althergebrachten Kammerjustiz war der dreistufige Gerichtsaufbau getreten. Die Verselbständigung der Rechtsprechung hatte zur Folge, daß die Verwaltungsbehörden auf die Wahrnehmung ihrer „polizeilichen" Aufgaben beschränkt wurden. Der Zunftzwang war beseitigt und die Ausübung des selbständigen Gewerbebetriebs zunächst, nach dem Gewerbesteueredikt von 1810, von der Lösung eines Gewerbescheines abhängig gemacht worden[15]. Durch das Steuergesetz des Jahres 1820, das auch in Westfalen geltendes Recht wurde, erfolgte dann eine Reform der Reform: Seither galt der Grundsatz der Steuerfreiheit aller stehenden Gewerbe. Zu den Ausnahmen von dieser Regel gehörte auch das Handwerk, soweit es mit mehreren Gehilfen betrieben wurde. Ein Gewerbeschein hingegen brauchte nicht mehr gelöst werden. Nur den Betriebsbeginn mußte der neue Gewerbetreibende den örtlichen Verwaltungsbehörden anzeigen[16].

Auch der tiefgreifende Wandel des Individualarbeitsrechts im Handwerk wurde nicht rückgängig gemacht. In Preußen hatte zwischen Arbeitgebern und unzünftigen Beschäftigten schon vor Einführung der Gewerbefreiheit das Prinzip der Vertragsfreiheit gegolten. Üblicherweise war dieser Arbeitsvertrag mündlich, und zwar ohne exakte Konkretisierung des Vertragsinhalts, abgeschlossen worden[17]. Anders als im Zunfthandwerk konnten die Unternehmer die Arbeitsordnung einseitig bestimmen. Soziale Nebenpflichten ergaben sich aus dem Arbeitsverhältnis noch nicht[18]. Dem trug das Allgemeine Landrecht[19], welches im übrigen das tradierte Zunftrecht noch einmal in epischer Breite darstellte und in bemerkenswerter Rückwärtsgewandtheit festschrieb, Rechnung. Nach der Beseitigung der Korporationen, die das spezifische Handwerksrecht des ALR keineswegs gegenstandslos gemacht hatte, gewannen die verstreuten Vorschriften über Arbeitsverträge und Arbeitsverhältnisse, die sich vor allem in Teil I des 11. Titels des ALR finden, naturgemäß an Bedeutung. Doch beziehen sich diese Regelungen, dem Hang des aufgeklärt-absolutistischen Geist atmenden Gesetzes zum Speziellen entsprechend, überwiegend auf einzelne Berufszweige wie Gesinde, Tagelöhner, Bergleute etc. Den unzünftigen, im Gewerbe Beschäftigten widmet die umfangreiche Kodifikation dagegen nur wenig Aufmerksamkeit (II 8 §§ 417 ff.). Stattdessen wird auf die vertraglichen Abmachungen und die allgemeinen Inhalte der Arbeitsverträge zwischen Dingenden (Arbeitgebern)

---

[15] Edikt vom 2. 11. 1810, in: Preuß. Ges.-Sammlung 1810, S. 79 ff. Zu den Bestimmungen genauer *Schloßstein* (1982), S. 63.

[16] Pr. Ges.-Sammlung 1820, S. 147; vgl. dazu *Schloßstein* (1982), S. 63.

[17] Vgl. *Gellbach* (1939), S. 22.

[18] Dazu *Hinze* (1927), S. 242 und 271 ff.

[19] Allgemeines Landrecht für die Preußischen Staaten, vom 5. 2. 1794, hrsg. von Hattenhauer (1970). Das Handwerksrecht des ALR wurde auch nach der Aufhebung der Zünfte in Westfalen angewandt; s. dazu S. 122 ff.

und gedungenen Mitarbeitern und Tagelöhnern (II 8 § 423 i. V. m. I 11 §§ 869 ff.) verwiesen. Da mit der Aufhebung der Zünfte jedes objektive Kriterium zur Unterscheidung der im Tagelohn arbeitenden Handwerker von den gewöhnlichen Tagelöhnern entfallen war, verdienen diese Bestimmungen trotz der Fortgeltung der spezifischen, den Handwerkerstand betreffenden Vorschriften Beachtung.

Lediglich zur notdürftigen Ergänzung und Lückenfüllung der Verträge der Handarbeiter und Tagelöhner waren die wenigen Regelungen über das Entstehen und die Inhalte der Ansprüche auf die geschuldeten Leistungen, die Folgen von Leistungsstörungen und Vorschriften über die Beendigung der Arbeitsverhältnisse getroffen worden[20]. Wichtig war die Bestimmung, daß Arbeitsverträge nur befristet abgeschlossen werden konnten. Fehlte es an entsprechenden Vereinbarungen, so dauerte das Arbeitsverhältnis bloß einen Tag (ALR I 11 §§ 905 - 907). Dies änderte sich auch durch eine stillschweigende Vertragsverlängerung nicht[21].

Der Handarbeiter und Tagelöhner trug das volle Arbeitsplatzrisiko. Doch damit nicht genug: Wurde das Arbeitsverhältnis vorzeitig gänzlich oder partiell beendet, hatte der Meister die geleistete Arbeit dennoch nicht immer verhältnismäßig, sondern nur zum Teil, und zwar insoweit er tatsächlich bereichert war, zu vergüten. Der Gedungene hatte also die Gefahr der Gegenleistung so lange, bis er alle geschuldeten Handlungen erbracht hatte, zu tragen. Außerdem war das außerordentliche Kündigungsrecht des Handarbeiters eingeschränkt. Denn unter gewissen Voraussetzungen mußte er sich am Vertrag festhalten lassen, wenn der Arbeitgeber auf der Fortsetzung des Arbeitsverhältnisses bestand. Damit war der Tagelöhner auch mit der Gefahr des Fortbestandes seines Arbeitsvertrages beschwert[22].

Die Zusammenschau dieser Bestimmungen macht überdeutlich, daß der Gesetzgeber den Arbeitskontrakt der nicht zweifelsfrei dem Handwerk zuzurechnenden Handarbeiter im ALR als bloß auf schuldrechtlichen Austausch zwischen Arbeit und Lohn gedachten Vertrag konzipiert hatte[23]. Die Gerichte konnten deshalb allenfalls für die Vertragserfüllung, nicht aber für Inhalte des Arbeitsverhältnisses Sorge tragen[24] (ALR II 3 § 423).

---

[20] Ausführlich zu den arbeitsrechtlichen Bestimmungen des ALR *Bernert* (1972), S. 59 ff., insbes. S. 71 f.

[21] Vgl. *Bernert* (1972), S. 121.

[22] Der Arbeitgeber konnte trotz Vorliegens eines Grundes zur außerordentlichen Kündigung auf Fortsetzung des Arbeitsverhältnisses bestehen, wenn die zeitweise Unmöglichkeit der geschuldeten Handlungen auf einem bloßen Zufall beruhte (ALR I 11 §§ 908, 909); s. dazu *Bernert* (1972), S. 128/129, 141.

[23] Vgl. für das 19. Jahrhundert *Zycha* (1949), S. 309.

[24] s. dazu auch *Koselleck* (1967), S. 119.

Für die Angehörigen der klassischen Handwerke blieben die einschlägigen Bestimmungen des ALR auch nach der Aufhebung der Zünfte in Kraft. Da sich die Streitfälle wegen Verletzung des Ausbildungs- und Arbeitsrechts der Gesellen mit der zunehmenden Verschlechterung der Wirtschaftslage im Handwerk häuften[25], erließ z. B. der Landrat des Kreises Beckum am 21. 2. 1826 eine Bekanntmachung, die die handwerksrechtlichen Normen des ALR unmißverständlich einschärfte: „Da kürzlich bemerkt worden, daß bei einigen Mitgliedern des Handwerkerstandes, besonders aber den Gesellen und Lehrlingen und deren Aeltern, die Meinung zu herrschen scheint, als ob mit der Aufhebung der Gilden, Zünfte und Aemter auch die mit dieser Verfassung verbundenen gegenseitigen Verbindlichkeiten und Pflichten weggefallen seyen, diese Meinung aber schon deshalb irrig ist, weil jene Verfassung sich auf gesetzliche Bestimmungen gründete, die noch eben so gültig sind, als fürderhin, so erscheint es nothwendig, mit diesen im Allgemeinen Landrecht enthaltenen Bestimmungen den Handwerkerstand und das Publikum überhaupt besonders vertraut zu machen, um Unordnungen und Vergehungen zu verhüthen, wozu irrige Ansichten von den Pflichten der Gehülfen und Lehrlinge gegen die Meister und dieser gegen Jene Anlaß geben könnten und dagegen zu warnen, indem Übertretungen der gesetzlichen Vorschriften nicht ungestraft bleiben werden“[26].

Als weiterhin geltend wurden folgende Vorschriften bestimmt (II 8):
„a) Allgemeine Pflichten: §§ 236, 237, 241 – 245;
b) Meisterrecht: § 250;
c) Recht zum feilen Verkauf: §§ 263 – 267;
d) Recht, Gesellen und Lehrlinge zu halten §§ 268, 271, 272;
e) Verlust des Meisterrechts: § 274;
f) Von Lehrlingen: §§ 283, 287 – 291;
g) Pflichten des Meisters: §§ 292 – 294;
h) Pflichten des Lehrlings: §§ 295 – 297;
i) Recht der Zucht: §§ 298 – 302;
j) Aufhebung des Lehr-Contrakts: §§ 303 – 307;
k) Entweichung des Lehrlings: §§ 308 – 309;
l) Wahl eines anderen Gewerbes des Lehrlings: §§ 310 – 312, §§ 315 – 316;
m) Krankheiten der Lehrlinge: §§ 317 – 319;
n) Lehrzeit: §§ 320 – 325;
o) Wanderschaft der Gesellen: §§ 330 – 335, §§ 340 – 342;
p) Kosten und Lohn der Gesellen: § 352;
q) Rechte und Pflichten zwischen Meistern und Gesellen: §§ 356 – 369, §§ 378 – 390; §§ 392, 393, §§ 395 – 397“.

---

[25] z. B. Entscheidungen des Bürgermeisters der Stadt Beckum vom 1. 2. 1826, 18. 2. 1826, 23. 2. 1826, 25. 7. 1826, 23. 1. 1827, in: Kreisarchiv Warendorf, Amt Beckum, A 499.

[26] Bekanntmachung des Landrats des Kreises Beckum vom 21. 2. 1826, in: Kreisarchiv Warendorf, Amt Beckum, A 499.

Allerdings beruhten die Entscheidungen, die nach den Bestimmungen des Dritten Abschnitts des ALR „Von Handwerkern und Zünften" getroffen wurden, auf einer durchaus anfechtbaren Rechtsgrundlage, wenn man bedenkt, daß diese Vorschriften im Grunde ein intaktes Zunftsystem voraussetzen. Eine weitere, allgemein spürbare Schwäche der neuen Regelung war es, daß der Inhalt der vielen einzelnen Bestimmungen der Bevölkerung inzwischen unbekannt geworden war. Das ALR hatte in Westfalen eben lange Zeit nicht gegolten. Die dürftigen Bestimmungen des Code zum Arbeitsrecht aber hatten den Vertragsparteien weitestgehende Gestaltungsfreiheit gelassen.

Stärker als durch die Gefahr, den gewöhnlichen Lohnarbeitern zugerechnet zu werden, hatte sich die Rechtsstellung der Handwerks-Gesellen mit der Einführung der Gewerbefreiheit dadurch verschlechtert, daß die Werkstatt- oder Warenschau der Zünfte bzw. obrigkeitlicher Kontrollinstanzen weggefallen war. Damit oblag die Beurteilung der Arbeitsleistungen der Gesellen allein dem Meister, dessen Qualitätsanforderungen nicht an objektive Maßstäbe gebunden waren. Schlechte Arbeit minderte daher nicht nur den Lohn, sondern führte auch schnell zu Entlassungen[27]. Eben dieser schwankende Lohnanspruch aber war das einzig greifbare Recht, das dem zum Lohnarbeiter gewordenen Gesellen gegenüber dem Meister verblieben war. Da die überkommenen Lohntaxen, die in den geistlichen Staaten Westfalens bis zu deren Ende bestanden hatte, weggefallen waren, richteten sich Lohnhöhe und Auszahlungsmodalitäten seither allein nach kaufmännischen Gesichtspunkten[28].

Die nach dem Ende der Franzosenherrschaft in Westfalen getroffenen Regelungen, die Einführung der Allgemeinen Gerichtsordnung und des Landrechts, die Übernahme der Gewerbesteuer- und Gewerbepolizeigesetze sowie die Aufhebung des Dekrets über die Errichtung von Fabrikengerichten konnten die rechtlichen Anpassungsprobleme, die in den wiedergewonnenen bzw. neu erworbenen westfälischen Landesteilen Preußens auftraten, aber keineswegs lösen.

Es waren die einander widerstreitenden Vorgaben des Gesetzgebers, die notwendig zu einer beträchtlichen Rechtsunsicherheit führen mußten: Einerseits sollten alle örtlichen „besonderen Rechte und Gewohnheiten, sofern sie durch die unter den vorherigen Regierungen eingeführten Gesetze aufgehoben und abgeschafft wurden, auch fernerhin nicht mehr zur Anwendung kommen"[29]. Damit wurde die von der bergisch-französischen bzw. westphälischen Regierung geschaffene freiheitliche Gewerbeverfassung festgeschrieben. Andererseits aber behielten sämtliche früheren Gesetze und Gewohnheiten, die durch das Landrecht nicht ausdrücklich abgeschafft waren, ihre Geltung.

---

[27] s. *Gellbach* (1939), S. 33.

[28] *Schloßstein* (1982), S. 64.

[29] § 2 des Patents vom 9. 9. 1814, Pr. Ges.-Sammlung 1814, S. 89 ff.

Dort, wo das Allgemeine Landrecht nur subsidiär galt, mußte man in jedem einzelnen Fall prüfen, ob spezielle Vorschriften vorrangig waren[30].

Das Fehlen konkreter Unterlagen über den Umfang der geltenden Provinzialrechte wurde von den Gerichten und Verwaltungsbehörden als wachsender Mißstand empfunden[31]. Es geschah häufig, daß sich Urteile in gleichliegenden Rechtsfragen widersprachen, weil der Nachweis eines Gewohnheitsrechtes abweichend beurteilt wurde. Die Schwierigkeit der Beweislage und die oft unverständliche Sprache der älteren Rechtsquellen führten dazu, daß die Richter immer häufiger das geltende Provinzialrecht außer acht ließen und auf das ALR zurückgriffen[32]. Wenn die Gerichte und Verwaltungsbehörden ihre Kenntnisse nicht den wenigen geschriebenen Rechtsquellen entnehmen oder sich auf eigene Erfahrungen aus älterer Zeit verlassen konnten, wurden in vielen Prozessen ältere Justizbeamte als Zeugen oder Sachverständige gehört. Diese konnten aber nur ihre subjektiven Rechtsmeinungen zum Ausdruck bringen. All diese Schwierigkeiten erlangten im Bereich des Handwerksrechts für den Kreis Berleburg, wo das Zunftwesen fortlebte und die Regierung in Arnsberg über die daraus resultierenden Streitigkeiten zu entscheiden hatte, besondere Relevanz.

Zu dem Problem der Auffindung der jeweils geltenden Bestimmungen hatte die preußische Verwaltung nach 1814 noch die Aufgabe zu bewältigen, die unerträglichen Unterschiede des Gewerberechts in der Monarchie auszugleichen. Neben Regionen mit völliger, zunftloser Gewerbefreiheit existierten solche mit intakten Zunftverfassungen wie Wittgenstein, Sachsen, Neupommern und die Lausitz[33] und wieder andere mit Niederlassungsfreiheit, doch fortbestehenden Zünften.

Es bedurfte jahrzehntelanger Bemühungen, unzähliger Ideen, Anregungen, aber auch Rückschläge, bis die lange angekündigte „Revision aller gewerberechtlichen Vorschriften“ mit dem Erlaß der Gewerbeordnung von 1845 ein vorläufiges Ende fand[34].

Bei der Aufzählung der Mißlichkeiten des Gewerberechts und der Mißstände in der Gewerberechtspflege nach dem Ende der napoleonischen Ära darf ein Phänomen nicht fehlen, welches es nach den Buchstaben des Gesetzes und dem Dafürhalten der Behörden eigentlich gar nicht geben durfte. Gemeint ist das Fortleben der Zunftgerichtsbarkeit. Die konsequente Verwirklichung des Prinzips der Gewerbefreiheit in den westfälischen Ländern[35]

---

30 s. o. S. 118, 119.

31 *Possel – Dölken* (1978), S. 38.

32 *Possel – Dölken* (1978), S. 38.

33 *Schönberg* (1896), S. 456 ff.; *Roehl* (1900), S. 173 ff.

34 So § 37 des Steuergesetzes vom 30. 5. 1820, Pr. Ges.-Sammlung (1820), S. 147 ff.

35 mit der Ausnahme Wittgensteins.

hatte, ganz im Gegensatz zur Erwartung der Zunftgenossen, nicht jede Erinnerung an die zünftige Jurisdiktion austilgen können. Die gebildete, und damit fast synonym, liberale Beamtenschaft hatte zuversichtlich angenommen, die Zunftgerichtsbarkeit, die man für ein „Überbleibsel des finsteren Zeitalters . . ., da meistentheils noch ungestraft die Selbstrache herrschte", hielt, könne „nicht mehr bestehen, sobald die Staatsgewalt das Richteramt für die Nation auf eine befriedigende Weise organisiert hat und man den Gerichtshöfen nicht das Gebrechen der Unzulänglichkeit vorwerfen kann"[36].

Die Formierung des staatlichen Justizmonopols bestätigte diese Vermutung aber nicht; sie vermochte es ebensowenig, das Weiterwirken des jahrhundertealten Gewohnheitsrechts, welches seine unerwartete Lebenskraft aus der innigen Verknüpfung von geselligem Brauchtum und faktischer Rechtsprechung sog, jäh abzuschneiden. Symptomatisch für das Weiterwirken tradierter Rechtsvorstellungen unter der dünnen Decke des gerade erst durchgesetzten staatlichen Justiz-Monopols ist ein Beispiel, welches das Schusteramt in Paderborn lieferte. 1816 berichtete der Polizeikommissar der Stadt dem Landrat, die Paderborner Patent-Meister hätten ihre Innungsgebräuche neu belebt, sie straften wieder, ganz wie früher, nach ihren Amtsrechten; wer ihrer „Citation" nicht Folge leiste, habe alle möglichen Weiterungen zu befürchten[37]. Von einem ihrer Zunftgenossen hätten sie gar verlangt, daß er auf der Stelle seine Gesellen entließe. Das Amt wolle diese zum Tor hinausweisen, weil sie ihren Brotherrn in der Öffentlichkeit einen „schlechten Kerl" genannt hätten. Die Ehre der wiedererstandenen Korporation sei, so ließen die Meister verlauten, durch diesen Vorfall verunglimpft, so daß Satisfaktion geleistet werden müsse. Trenne sich der Meister nicht auf der Stelle von den Gesellen, werde er aus der Meisterliste gestrichen. Der von dem Verdikt bedrohte Schuster, der sich erst kurze Zeit vorher in der Stadt niedergelassen hatte, ignorierte allerdings mannhaft den Spruch der Gewerksgenossen und wandte sich hilfesuchend an den städtischen Polizeikommissar; dort wurde ihm bedeutet, er solle doch diejenigen, die ihn „schimpften", vor dem Stadt- bzw. Landgericht verklagen. Die wahre Ursache der Affaire war – nach guter Zunfttradition – allerdings, daß der neu hinzugekommene Meister viel Arbeit hatte und sich die etablierten Schuster den lästigen Konkurrenten vom Halse schaffen wollten. Das altbekannte Prinzip der Nahrung feierte, wie man sieht, ebenso wie sein wichtigstes Vehikel, die Zunftgerichtsbarkeit, in Paderborn fröhliche Urständ. Allerdings war diese erstaunliche surrexio keine in Westfalen allgemein verbreitete Erscheinung. Die Wiederherstellung der standeseigenen Jurisdiktion war selbst in der konservativen Bischofsstadt wohl nur deshalb möglich, weil der Stadtdirektor ein gewisses, kaum verhohlenes Verständnis

---

[36] *Schmitz* (1894), S. 9.

[37] Stadt-Archiv Paderborn, Schreiben des örtlichen Polizeikommissars vom 15. 7. 1819, in: Stadtarchiv Paderborn, Nr. 374 a.

für die alten Handwerks-Gewohnheiten aufbrachte und die einschlägigen Aktivitäten der Meister stillschweigend duldete. Die Regierung wies ihn nach Bekanntwerden der Vorfälle aber energisch an, darauf zu achten, daß die Zusammenkünfte der Gewerbsgenossen künftig nur geselligen Charakter haben und die Meister sich ihrer althergebrachten Gebräuche nicht mehr länger bedienen dürften.

Schwierig blieb, und damit wenden wir uns wieder dem Kernproblem zu, die Frage, ob die Entscheidung gewerberechtlicher Streitigkeiten zur Verwaltungstätigkeit zählte oder der ordentlichen Gerichtsbarkeit zuzuordnen war.

(1) Das nach dem Ende der Franzosenherrschaft wieder neu belebte Taxenwesen gehörte eindeutig zum Verwaltungshandeln. Rechtsstreitigkeiten aus diesem Bereich wurden deshalb durch die Verwaltungsbehörden entschieden.

(2) Verfahren wegen Qualitätsmängeln der Handwerksarbeit oder Verzug mit der Lieferung des bedungenen Werks gehörten während des 18. Jahrhunderts nach den Bestimmungen mancher Zunftordnungen in die Zuständigkeit der Zünfte selbst, nach der preußischen Handwerksordnung von 1733 sowie den Polizeiordnungen aber in die Kompetenz der Magistrate[38]. Das Preußische Allgemeine Landrecht, welches Privat- und Polizeirecht, vernunftrechtlicher Auffassung entsprechend, zu einem das soziale Leben in seinen verschiedenen Sachverhalten unbefangen abbildenden Ordnungsgefüge verwob[39], enthielt sich einer speziellen Regelung der Gewährleistung beim Kauf bzw. der Herstellung von Handwerkswaren in Teil II Tit. 8, §§ 179 ff. Stattdessen galten die allgemeinen Vorschriften (ALR I 5 §§ 319 ff,; I 11 § 188 ff.). Dies hatte für den Rechtsweg die Folge, daß nach ALR II 17 § 4 die allgemeine „bürgerliche Gerichtsbarkeit" zuständig war. Nach der Aufhebung der Zünfte blieb für eine gesonderte Zuweisung der Fälle von Sachmängelhaftung, welche dem Handwerk entstammten, kein Raum mehr.

(3) In diesem Zusammenhang verdient auch noch eine auf den ersten Blick eigentümlich anmutende Sonderregelung Beachtung, die wie ein Relikt aus einer vergangenen Epoche erscheint und die sich bei näherer Betrachtung als eine verspätete Übergangsform auf dem Weg von der behördlichen zur zivilgerichtlichen Entscheidung gewerblicher Streitigkeiten erweist. Zwei Verordnungen der Regierung in Minden[40] aus dem Jahre 1816 geben ein lebendiges Beispiel dafür, wie schwer es den Behörden gerade in diesem Bereich fiel, ererbte Kompetenzen – und seien sie noch so unbedeutend – aufzugeben. Damals wurde bestimmt, daß Streitigkeiten zwischen Reisenden und Handwerkern über Güte und Preis der Handwerksarbeit auf Antrag ein „kurzes

[38] *Schmelzeisen* (1967), S. 17.

[39] s. dazu *Schmelzeisen* (1967), S. 17.

[40] Verordnung vom 14. 11. und 14. 12. 1816, in: Amtsblatt Regierung Minden 1816, S. 35.

polizeiliches Vorverfahren" voranzugehen habe. Die örtliche Polizeibehörde sollte, soweit erforderlich, mit Zuziehung zweier sachverständiger Gewerbsgenossen den Sachverhalt untersuchen, die Arbeit taxieren und einen Versuch zur gütlichen Einigung der Parteien machen. Schlug dieser fehl, konnte sie selbst entscheiden. Gegen den Spruch der Polizeibehörde war die Berufung bei der ordentlichen Gerichtsbarkeit zulässig.

Das Verfahren dürfte, wenngleich gewisse praktische Vorzüge, insbesondere die bei Auseinandersetzungen mit Reisenden so nützliche Verfahrensbeschleunigung, zu seiner Etablierung beigetragen haben mögen, doch vor allem der Unfähigkeit der Verwaltung, sich mit dem Kompetenzverlust, den der Übergang der gewerblichen Streitigkeiten an die ordentlichen Gerichte darstellte, abzufinden, seine wenig bedeutsame, eher fossile Existenz verdankt haben.

(4) Mit der Einführung des Prüfungszwangs für Bauhandwerker im Jahre 1820 schuf der Gesetzgeber gleich eine ganze Anzahl neuer Polizeistraftatbestände im Bereich des Gewerberechts. Die Ahndung von Verstößen gegen diese Vorschriften war allein Sache der Verwaltung. Daher wandte sich die Verordnung vom 29. 6. 1826, die die Ausführung von Bauten durch nicht geprüfte Handwerker, nicht zugelassene Flickarbeiter oder durch Gesellen, die von ihren Meistern nicht kontrolliert wurden, unter Strafe stellte, ausschließlich an die Verwaltungsbehörden, insbesondere die Landräte[41]. Entscheidungen nach den neuen Vorschriften gehörten also zur Verwaltungstätigkeit. In der Androhung der Strafe waren die Behörden frei. So bewehrte die Regierung in Minden ihre einschlägigen Verordnungen bei Verstößen gegen die Zulassungsvorschriften im Wiederholungsfall mit einer Verdoppelung der ursprünglich angedrohten Strafen[42].

(5) Nach der Aufhebung der Zünfte war die Entscheidung von Streitigkeiten zwischen den eindeutig dem Handwerk zuzurechnenden Meistern und ihren Gesellen oder Lehrlingen wegen Nichteinhaltung der Kündigungsfristen, Heranziehung der Lehrlinge zu häuslichen Arbeiten, schlechter Behandlung oder anderen Mißhelligkeiten, die die Arbeits- oder Ausbildungsverhältnisse im Handwerk nicht selten belasteten, auf die Polizeibehörden übergegangen. Die Streitigkeiten wurden durch den örtlichen Bürgermeister unter Zuziehung zweier sachkundiger Meister desselben Handwerks nach den Vorschriften des ALR T. 2, Tit. 8, §§ 179 ff. – sofern diese mit der Zunftfreiheit vereinbar waren – in Übereinstimmung mit den beiden Meistern getroffen[43].

---

[41] Verordnung vom 29. 6. 1826, in: Amtsblatt der Regierung Minden, Jahrgang 1826, S. 310.

[42] So z. B. Verordnung der Regierung Minden vom 21. 6. 1828, in: Amtsblatt der Regierung Minden, Jahrgang 1828, S. 283.

[43] z. B. Verhandlungsprotokolle vom 1. 2. 1826 und 23. 1. 1827, in: Kreisarchiv Warendorf, Amt Beckum, A 499.

Gegen die so gefundenen Entscheidungen der Polizeibehörden war der Rekurs bei der nächsthöheren Verwaltungsinstanz, dem Landrat also, und schließlich bei der ordentlichen Gerichtsbarkeit zulässig.[44]

Ebenso wie das Arbeits- und Ausbildungsrecht des ALR selbst war natürlich auch der entsprechende Rechtsweg dem breiten Publikum in der nachzünftigen Zeit unbekannt. So wandte sich ein durch die Entscheidung der Beckumer Verwaltung beschwerter Lehrling mit der Begründung gegen das Verfahren, die Begutachtung seines Falles durch zwei zugezogene Meister könne er nicht akzeptieren, da längst keine Innungen mehr existierten und die Meister deshalb getrost als inkompetent erachtet werden könnten[45]. Auf dieses völlige, angesichts des wiederholten und umfassenden Umsturzes der Rechtsordnung nicht verwunderliche Unverständnis wies der Beckumer Landrat hin, als er im Jahre 1826 feststellte, die Bevölkerung müsse mit den arbeitsrechtlichen Bestimmungen erst vertraut gemacht werden.

Um der durch den Fortfall der Zünfte allgemein gewordenen Mißachtung der Bestimmungen des tradierten Handwerksrechts, welches im ALR noch einmal seinen Niederschlag gefunden hatte, zu begegnen, stellte er klar, daß es nunmehr die Polizeibehörden seien, die die Funktionen der Zünfte wahrnähmen: „Es ist hierbei zu bemerken, daß die in diesen Gesetzesstellen (des ALR) erwähnten Rechte und Pflichten der Zünfte und Ältesten hinsichtlich der Qualifikation und Zulässigkeit der Meister der Handwerkerzunft, der Aufsicht auf Gesellen und Lehrlinge und der Entscheidung vorkommender Streitigkeiten nach Aufhebung der Zünfte auf die Amts-Polizei-Behörden übergegangen sind, und daß deren Entscheidungen oder Verfügungen jeder sich unterwerfen muß, jedoch die Freiheit hat, dagegen bei höherer Instanz oder nach Umständen bei Gericht Recurs zu nehmen“[46]. Die Behörden waren nach der Aufhebung der Zünfte an deren Stelle getreten und hatten sich Kontrollrechte über Gesellen und Lehrlinge angemaßt, ohne dafür eine konkrete Rechtsgrundlage zu benennen oder zu besitzen. Denn aus der Zuweisung der Entscheidung gewerberechtlicher Streitigkeiten an die Polizeibehörden folgten nicht notwendig die weitergehenden Aufsichtsbefugnisse, die sich der Beckumer Landrat hier in unnachahmlicher Selbstherrlichkeit zueignete. Jedenfalls war die Renitenz der Gesellen und Lehrlinge nur zu verständlich, da diese sich an den unter der Herrschaft des Code civil geltenden freien Arbeitsvertrag gewöhnt hatten und sich nun, nach Wiedereinführung des ALR, nicht widerstandslos unter die Kuratel der preußischen Administration stellen lassen wollten. Die Verwaltung hatte die Wiedereinführung des ALR

---

[44] Bekanntmachung des Landrats des Kreises Beckum vom 21. 2. 1826, in: Kreisarchiv Warendorf, Amt Beckum, A 499.

[45] Schreiben des Lehrlings Horstmann an den Landrat des Kreises Beckum vom 29. 1. 1827, in: Kreisarchiv Warendorf, Amt Beckum, A 499.

[46] Bekanntmachung vom 21. 2. 1826, in: Kreisarchiv Warendorf, Amt Beckum, A 499.

benutzt, um sich selbst mit den Aufsichtsrechten der Zünfte gegenüber den Hilfskräften zu begaben – ein Vorgang, der den Widerstand der Betroffenen, die sehr wohl zwischen der genossenschaftlichen Kontrolle durch die Gewerksangehörigen und obrigkeitlicher Aufsicht zu unterscheiden wußten, hervorrufen mußte.

Und daß die Wiederbelebung der arbeitsrechtlichen Bestimmungen des Zunftrechtes keine leere Drohung war, bekamen Lehrlinge und Gesellen alsbald zu spüren; die Ortsbehörden wandten die vormaligen Zunftbestimmungen bei der Entscheidung arbeitsrechtlicher Streitigkeiten durchaus selbstbewußt an. So mußten die Lehrlinge künftig wieder die vereinbarte Lehrzeit[47] und die Gesellen die gesetzliche Kündigungsfrist einhalten[48]. Doch damit nicht genug: Als ein entlaufener Lehrling aus Beckum seine Lehre nicht sofort wieder antrat, wurde er durch den örtlichen Polizeidiener aufgefordert, sich auf der Stelle bei seinem Meister einzufinden, anderenfalls er „realiter dahin abgeführt und allenfalls durch körperliche Züchtigung dazu angehalten werden soll“[49]. Es waren rauhe, eben preußische Sitten, die in den Alltag der Arbeitsverhältnisse eingezogen waren, nachdem die Franzosen Westfalen verlassen hatten.

Doch war die Entscheidung gewerberechtlicher, insbesondere arbeitsrechtlicher Streitigkeiten durch die Ortspolizeibehörden bekanntlich nicht der Endpunkt einer Entwicklung, die so offenkundig der überzeugenden und dauerhaften Konzeption entbehrte: Mit dem Siegeszug des Liberalismus, der ja einer möglichst weitgehenden Freiheit von jeder staatlichen Einflußnahme huldigte, erschien das Festhalten an der Entscheidung arbeitsrechtlicher Streitigkeiten durch die Obrigkeit zunehmend als unzeitgemäß, ja schließlich als der Sache gänzlich unangemessen. Der allmählich auch in Westfalen lebhaft spürbare Wunsch nach dem Aufbau einer spezifischen Gerichtsbarkeit für die Gewerbe ging allerdings nicht vom kleingewerblichen Handwerk aus. Es war vielmehr zunächst die im Verlagssystem produzierende Berliner Textilbranche, die wegen der fortdauernden Arbeitskämpfe in dieser seit Verhängung der Kontinentalsperre prosperierenden Sparte schon frühzeitig und mit der Zeit immer vernehmlicher nach einer Sondergerichtsbarkeit für arbeitsrechtliche Streitigkeiten gerufen hatte[50].

[47] So z. B. Entscheidung des Bürgermeisters von Beckum (mit Zuziehung von zwei Meistern) vom 23. 1. 1827, in: Kreisarchiv Warendorf, Amt Beckum, A 499; desgl. Entscheidung des Beckumer Bürgermeisters vom 1. 2. 1826, a. a. O., nach § 295 II 8 ALR.

[48] z. B. Entscheidung des Bürgermeisters von Beckum (mit Zuziehung von zwei Meistern) vom 23. 1. 1827, in: Kreisarchiv Warendorf, Amt Beckum, A 499, nach § 38 II 8 ALR.

[49] Anordnung vom 18. 2. 1826, in: Kreisarchiv Beckum, Amt Beckum, A 499.

[50] s. dazu *Schloßstein* (1982), S. 68.

Beim Aufbau einer gewerblichen Gerichtsbarkeit konnte man im Grunde nur zwischen zwei Wegen wählen:

(1) Unter Wiederbelebung des genossenschaftlichen Prinzips konnte eine selbstorganisierte Gerichtsbarkeit der Gewerbetreibenden nach dem Vorbild der in der Rheinprovinz als Ertrag der französischen Rechtsreformen bestehen gebliebenen Spruchkörper aufgebaut werden.

(2) Man konnte aber auch an das Vorbild des 1792 in Berlin errichteten „Fabrikengerichts" anknüpfen und damit die gewerbe- und arbeitsgerichtlichen Streitigkeiten durch die staatliche Gerichtsbarkeit entscheiden lassen.

Letzterer Lösung wurde, vielleicht aus Unkenntnis über die Rechtsreform im Rheinland[51], der Vorzug gegeben. So nahm die Fabrikengerichtsdeputation des Berliner Stadtgerichts am 4. 4. 1815 ihre Arbeit auf. Der Gerichtsbarkeit der Deputation waren alle Berliner Fabriken und Manufakturen unterworfen (§ 10), wobei unter den Begriffen Fabrik und Manufaktur jede Anstalt verstanden wurde, „in welcher unter Leitung und für Rechnung eines Unternehmers oder Verlegers Waren für den Handel verfertigt"[52] wurden. Im Vergleich zu den französischen Conseils de Prud' hommes genoß das preußische Fabrikengericht den Vorteil, unmittelbar an bestehende Gerichtseinrichtungen und ältere Vorbilder aus merkantilistischer Zeit[53] anknüpfen zu können. Zu seiner Errichtung bedurfte es daher nur geringen organisatorischen und personellen Aufwandes. Während die in dem Berliner Gericht verwirklichte Kombination von juristischem und technischem Sachverstand einen erheblichen Fortschritt bedeutete, weckte die Zusammensetzung der Conseils, die aus Berufsgenossen, juristischen Laien also, bestanden, unvermittelt Assoziationen an die Zunftordnung – ein Umstand, der bei den Handwerkern positiv, bei den Unternehmern hingegen kritisch beurteilt worden sein dürfte. Die preußische Regierung jedenfalls legte so bald nach der Beseitigung des Zunftzwangs keinerlei Wert auf die Wiederbegründung bzw. Förderung korporativer Einrichtungen. Ihre Haltung wurde durch den überzeugenden Erfolg der über den Verdacht der Zunftnähe erhabenen Berliner Deputation im Nachhinein eindrucksvoll bestätigt.

Recht frühzeitig, schon im Jahre 1826, griffen Abgeordnete des 1. Westf. Provinziallandtages aus Hagen und Iserlohn die trostlosen Zustände in den märkischen Metallwarenfabriken, insbesondere die Kinderarbeit, auf. Um die unerträglichen Verhältnisse bessern zu helfen, forderten sie für alle „Fabrikgegenden unserer Provinz" eine allgemeine Fabrikordnung, verbunden mit Handels- und Fabrikengerichten[54]. Eine Begründung hierfür brachte die fol-

---

51 So jedenfalls *Mieck* (1958), S. 256; a. A. *Schloßstein* (1982), S. 84.

52 § 11 des Reglements, s. *Schloßstein* (1982), S. 85.

53 s. *Schloßstein* (1982), S. 92, 93; *Bahr* (1905), S. 6; *Trende* (1933), S. 186, 187.

54 Dazu grundlegend *Willoweit* (1982), S. 1 ff.

gende Petition des Provinziallandtages an den König: Auf Grund der Ausdehnung des märkischen Fabrikgewerbes hätten sich „Verhältnisse entwickelt, für welche die gewöhnlichen allgemeinen Gesetze und Gerichtshöfe nicht ausreichten". Es müßten „Bestimmungen eintreten, welche die gegenseitigen Rechte und Pflichten der Fabrikherren und Arbeiter festsetzten, die Vervollkommnung der Fabrikation beförderten und die sittliche Ausbildung der Arbeiter, vornehmlich der in den Fabriken arbeitenden Kinder bewirkten". Daher sei es wünschenswert, „unter Hinzuziehung bedeutender Fabrikinhaber Fabrikordnungen aufzustellen und diese in den betreffenden Fabrikdistrikten, vornehmlich in Iserlohn, durch eigens konstituierte Fabrikengerichte handhaben zu lassen"[55]. Von dem Interesse des Handwerks an einer gewerblichen Standesgerichtsbarkeit insbesondere zur Entscheidung arbeitsrechtlicher Streitigkeiten war demnach noch nicht die Rede. Der folgende Landtagsabschied, der im Sommer 1827 erging, lehnte den Wunsch der „getreuen Stände" nach Einführung von Fabrikordnungen aber mit dem Hinweis ab, daß „die allgemeinen Grundsätze, welche hierbei in Frage kommen, theils im Allgemeinen Landrecht enthalten (seien), theils würde die in Erarbeitung befindliche Gewerbeordnung darauf Rücksicht nehmen"[56].

Trotz dieser abschlägigen Bescheide wurde der westfälische Oberpräsident von Vincke schon im folgenden Jahr, 1828, mit der Organisation von Fabrikengerichten betraut, wobei das Berliner Modell zum Vorbild genommen werden sollte[57]. Schon wenig später legte der pflichteifrige Vincke dem Justizminister einen Vorschlag vor, wonach in Iserlohn, Siegen, Hagen und Altena Fabrikengerichte errichtet werden sollten. Der Entwurf des Oberpräsidenten sah vor, zwei der am Gerichtssitz ansässigen Fabrikinhaber aus der Klasse der Gewerbetreibenden mit kaufmännischen Rechten von den Gewerbesteuerpflichtigen des Gerichtsbezirks wählen zu lassen. Diese sollten als sog. ‚technische Mitglieder' mit zweijähriger Amtszeit unentgeltlich an den wöchentlichen Sitzungen teilnehmen. Damit wollte Vincke, dem Vorbild der rheinischen Conseils entsprechend, Elemente der genossenschaftlichen Selbstorganisation einführen, ohne jedoch die Deputationen zu reinen Laiengerichten geraten zu lassen[58]. Ebenfalls anders als in dem Reglement für das Berliner Gericht, wollte der Oberpräsident die Tagelöhner nicht von der Gerichtsbarkeit der Deputationen ausschließen. Von besonderem Interesse für die Entwicklung der gewerblichen Jurisdiktion ist der eigenständige Fabrikenbegriff, den Vincke seinem Reglement zugrunde legte und der ihn als Kenner der Wirt-

[55] Zitiert nach *Schloßstein* (1982), S. 93, m. w. Nachw.

[56] Zitiert nach *Schloßstein* (1982), S. 98, m. w. Nachw.; dort finden sich auch nähere Hinweise auf die Hintergründe dieser Entscheidung.

[57] Zum Folgenden grundlegend: STAM, Oberpräsidium 2776, 6417; Regierung Arnsberg I 652; OLG Hamm II 51; STAD Regierung Minden M 1 I U 32; s. auch *Schloßstein* (1982), S. 101 ff.; *Stieda* (1890), S. 40.

[58] s. *Schloßstein* (1982), S. 100.

schaftsstruktur des gewerbefleißigen Regierungsbezirks Arnsberg auswies: Als Fabrik bezeichnete er „jede Werkstatt zur Bearbeitung von Gegenständen des Handels, ohne Unterschied, ob solche in eigenen Gebäuden oder Anstalten errichtet, für eigene Rechnung oder auf Bestellung oder im Lohn eines Unternehmers beschäftigt ist. Fabrikanten sind alle, welche in solchen oder für solche Werkstätten arbeiten oder arbeiten lassen oder zum weiteren Vertrieb die Arbeiten aus solchen entnehmen"[59]. Damit erweiterte er den Begriff der Fabrik über den engeren der „Anstalt" (im Sinne von „Werkstatt" statt „Manufaktur") in Teil II 8 § 407 des Allgemeinen Landrechts hinaus. Die für den lokalen Markt arbeitenden Meister allerdings sollten, wie sich aus den Abgrenzungsbemühungen Vinckes ergibt, wiederum keinen ihrer ökonomischen Bedeutung entsprechenden Anteil an den neuen Gerichten haben.

Grundsätzlich erklärte sich das Berliner Justizministerium mit dem Entwurf des Oberpräsidenten einverstanden, wollte aber die vorgeschlagenen Definitionen der Begriffe der „Fabrik" und des „Fabrikanten" jedenfalls bis zum Abschluß der großen Gesetzesrevision außer Betracht lassen. Bis dahin sollten die einschlägigen Bestimmungen des ALR wirksam bleiben[60]. Die Kodifikation verstand unter „Fabrikanten" ursprünglich alle diejenigen, die als Hausindustrielle, Werkmeister und Fabrikarbeiter dem Zunftzwang nicht unterworfen waren, aber auch keine korporativen Rechte beanspruchen konnten (ALR II 8 § 408). Die eigentlichen Betreiber einer Fabrik, einer Anstalt, in welcher nach der Definition des ALR II 8 § 407 die Verarbeitung oder Verfeinerung gewisser Naturerzeugnisse im Großen stattfand, wurden hingegen „Fabrikunternehmer" genannt (ALR II 8 § 408). Der Begriff „Fabrik" des Landrechts umfaßte dabei die Manufaktur („Anstalt"), nicht aber das Verlagsgewerbe.

Nichtsdestoweniger war es allerdings im Sprachgebrauch um 1800 allgemein üblich geworden, die in eigener Werkstatt selbständig oder für Manufakturen arbeitenden Handwerker als Fabrikanten zu bezeichnen. Faktisch erfaßte der Ausdruck ‚Fabrikant' demnach zugleich Arbeiter als auch Unternehmer, Gesellen ebenso wie Zunftmeister[61]. Die damit aufgeworfenen Probleme hatten die Redaktoren des ALR natürlich auch schon gesehen. Deshalb bestimmte das Gesetz, daß „Leute, die eine Profession für eigene Rechnung einzeln betreiben", nach dem Zunftrecht und dessen Ausnahmen zu beurteilen sind, „wenn sie auch im gemeinen Leben Fabrikanten genannt werden" (ALR II 8 § 409). Gleichwohl war die Zuordnung schon zur Zunftzeit schwierig gewesen, da zunftangehörige Handwerker „ohne Nachtheil ihrer Zunft-

---

[59] Zitiert nach *Schloßstein* (1982), S. 102. Diese Definition beruhte allerdings auf Vorschlägen des Hofgerichtsdirektors v. Nettler.

[60] s. *Schloßstein* (1982), S. 106.

[61] Vgl. *Rachel* (1931), S. 229; *Koselleck* (1967), S. 118.

rechte" (ALR II 8 § 420) in Fabriken arbeiten durften – um so mehr mußte sie es nach Aufhebung des Zunftwesens sein.

Nach einigen weiteren Korrekturen wurde der Vincke'sche Entwurf im Februar 1830 als „Reglement für die zu errichtenden Fabrikengerichtsdeputationen im Regierungsbezirk Arnsberg" in Kraft gesetzt[62]. Nach § 1 dieser Verordnung sollten die Deputationen ihren Sitz in Iserlohn, Limburg, Altena, Plettenberg, Lüdenscheid, Hagen, Schwelm, Hattingen und Siegen haben. Obgleich es sich hier um Orte mit ungewöhnlicher gewerblicher Verdichtung handelte, zählte die Mehrzahl der gewerblichen Betriebe nicht mehr als 1 – 3 Beschäftigte[63]. In diesem Umstand lagen auch die Organisationsprobleme begründet, die schließlich das Scheitern des gesamten Vorhabens zur Folge hatten.

Schon die Durchführung der Wahlen der Sachverständigen und technischen Beisitzer brachte Schwierigkeiten mit sich. Diese hatte das Reglement selbst verursacht. § 3 bestimmte nämlich, „Jede Deputation besteht aus einem Mitgliede des betreffenden Ortsgerichts, ingleichen aus einem technischen Mitarbeiter. Das erstere wird mit diesem Geschäfte bleibend beauftragt, und demselben für Verhinderungsfälle ein für allemal ein Substitut bestimmt. Zu letzterem werden zwei abwechselnd theilnehmende Fabriken-Inhaber am Gerichtsorte, aus der Klasse der Gewerbetreibenden mit kaufmännischen Rechten durch die Gewerbesteuerpflichtigen des Gerichtsbezirks erwählt, welche zwei Jahre unentgeltlich fungiren . . ."[64]. Mit dieser Bestimmung, die das aktive, wenngleich nicht das passive Wahlrecht aller Gewerbesteuerpflichtigen normierte, war trotz aller fortbestehenden Benachteiligung immerhin doch erstmals seit Einführung der Gewerbefreiheit wieder ein Mitwirkungsrecht wenigstens einer beschränkten Zahl von Handwerkern an der Gewerbegerichtsbarkeit in Westfalen begründet worden. Denn zu den Gewerbesteuerpflichtigen zählten nach § 2 des Gesetzes vom 30. Mai 1820 „der Handel, die Gastwirthschaft, das Verfertigen von Waren auf den Kauf, der Betrieb von Handwerken mit mehreren Gehilfen, der Betrieb von Mühlenwerken, das Gewerbe der Schiffer, der Fracht- und Lohnfuhrleute, der Pferdeverleiher und diejenigen Gewerbe, die von umherziehenden Personen betrieben werden"[65]. Während das im Großherzogtum Berg eingeführte, aber zunächst nicht wirksam gewordene Reglement für die Fabrikengerichte „französischen"

---

62 Amtsblatt der Regierung Arnsberg vom 3. 2. 1830, S. 75; desgl. in: STAM, Regierung Arnsberg I Nr. 652.

63 *Schloßstein* (1982), S. 112.

64 Zur Zusammensetzung der westfälischen Fabrikengerichte sowie zu deren Kompetenzen s. Hinweis bei *Koselleck* (1967), S. 598 Anm. 131; allerdings weiß er nicht zwischen Gewerberäten und Gewerbegerichten zu unterscheiden.

65 Abgedruckt in: Extra-Beilage zum Amtsblatt des Regierungs-Bezirks Arnsberg vom 2. 9. 1820, S. 461 ff.

Typs – trotz mehrfacher Erweiterung des Kreises der Mitwirkungsberechtigten – bis 1830 auf dem Ausschluß der für den lokalen Markt arbeitenden Meister beharrte und auch Vincke diesem Grundsatz huldigte, konnten nunmehr auch die in örtlicher Begrenztheit wirtschaftenden Meister, sofern sie nur über einen ausgedehnten Geschäftsbetrieb verfügten, Einfluß auf die Zusammensetzung der Fabrikengerichte nehmen. Das Auseinanderfallen von aktivem und passivem Wahlrecht, welches die Verordnung vorsah, führte auf der unteren Ebene der Administration allerdings zu gewissen Verständnisproblemen. So fragte der Hagener Landrat Gerstein bei der Regierung an, ob in der Tat *alle* Gewerbetreibenden, und nicht nur diejenigen mit kaufmännischen Rechten, wählen dürften, also auch die „Fabrikanten", die, wie die Schmiede, Baumwollspinner, Tuchweber oder Bleicher, in der Klasse der Handwerker besteuert würden[66]. Der Landrat des Kreises Siegen vertrat – ganz gegen den Wortlaut des Reglements vom 3. 2. 1830 – ebenfalls die Auffassung, zur Wahl der technischen Mitglieder und Sachverständigen seien nur die Gewerbetreibenden des Kreises mit kaufmännischen Rechten befugt[67]. Der Oberpräsident wies demgegenüber darauf hin, daß § 3 des Reglements „nach dem unzweideutigen Buchstaben des allgemeinen Gesetzes" dahingehend interpretiert werden müsse, daß *alle* steuerpflichtigen Gewerbetreibenden wahlberechtigt seien[68]. Zugleich teilte aber auch er die Auffassung, daß dann, wenn lediglich die Fabrikanten und Fabrikunternehmer *allein* wahlberechtigt wären, was man eventuell § 7 des Reglements entnehmen könne, die Wahlen zu sachgerechteren Ergebnissen führten und das Interesse der Unternehmer an einer Mitwirkung größer sei. Der Ausschluß der Handwerker beschleunige das Wahlverfahren und mache es außerdem überflüssig, gegen wahlunwillige Gewerbetreibende, die bei den Professionisten vermutet wurden, mit Ordnungsstrafen vorzugehen[69]. Der Oberpräsident unterstrich denn auch ganz in diesem Sinne nochmals, daß nur Fabrikanten, nicht aber Bäckern, Krämern oder Gastwirten das passive Wahlrecht zuerkannt werden könne, da nur die großgewerblichen Produzenten die nötige Sachkenntnis besäßen. Der leitende

---

[66] *Schloßstein* (1982), S. 113.

[67] *Schloßstein* (1982), S. 114.

[68] *Schloßstein* (1982), S. 114.

[69] Alle Wahlberechtigten galten zugleich als zur Teilnahme an den Wahlen verpflichtet, wenngleich dieser Grundsatz weder in dem Reglement noch im Allgemeinen Landrecht seinen ausdrücklichen Niederschlag gefunden hatte. Gewählte waren verpflichtet, die Wahl auch anzunehmen, da die steuerpflichtigen Gewerbetreibenden sog. „Steuergesellschaften" bildeten und daher als Korporation betrachtet wurden. Gem. ALR II 6 § 161 waren Mitglieder einer Korporation zur Amtsübernahme verpflichtet, sofern keine Entschuldigungsgründe vorlagen, die die Ablehnung eines Antrags gerechtfertigt hätten; s. *Schloßstein* (1982), S. 181 Anm. 105; zum folgenden vgl. *Schloßstein* (1982), S. 114. Mit dieser Auffassung wäre Vincke, sofern die Darstellung Schloßsteins zutrifft, in direkten Gegensatz zu seinem eigenen Entwurf, der ja ebenfalls undifferenziert den „Gewerbesteuerpflichtigen des Gerichtsbezirks" das aktive Wahlrecht zuerkannt hatte, getreten; s. *Schloßstein* (1982), S. 101.

Beamte in Westfalen war demnach an einer aktiven Mitwirkung des Kleingewerbes, des lokalen Handwerks also, offenkundig desinteressiert, da er die Fabrikengerichtsbarkeit für deren Rechtsstreitigkeiten nicht geschaffen und auch nicht erforderlich glaubte.

Anders der mit der Organisation der Fabrikengerichte betraute Direktor des Hofgerichts Arnsberg, v. Nettler. Dieser vertrat die Ansicht, *allen* Gewerbesteuerpflichtigen sei ganz zu Recht die Wahlbefugnis zuerkannt worden. Schließlich seien nicht nur die Fabrikanten, sondern auch andere Gewerbetreibende an der Arbeit der Deputationen interessiert, so z. B. solche Handwerksmeister, deren Betrieb einen größeren Umfang angenommen hatte und die dadurch zu Fabrikanten geworden seien[70]. Beteiligten sich *alle* Gewerbesteuerpflichtigen an der Wahl, sei das Ergebnis naturgemäß weniger „parteiisch". So könnten gerade die übrigen, nicht wählbaren Gewerbetreibenden mittelbar auf Fabrikherren und Arbeiter, deren widerstreitende Interessen einander gegenüberstünden, einwirken und vermittelnd und ausgleichend wirken.

Um die Schwierigkeit, alle Gewerbesteuerpflichtigen eines Gerichtsbezirks zu den Wahlen zusammenzubringen, auszuräumen, schlug Nettler vor, die Verbindungen der Gewerbesteuerpflichtigen als Wahlkörper zu betrachten, auf die dann die Bestimmungen des ALR über „Beratschlagungen und Beschlüsse der Korporationen" anzuwenden seien (ALR II 6 § 51 ff.). Das habe den Vorteil, daß auch die abwesenden Wahlberechtigten durch die Abstimmung der Anwesenden gebunden seien. Es genüge dann, diese Wahlberechtigten ordnungsgemäß zur Stimmabgabe zu laden.

Die Frage, wer als Sachverständiger wählbar sei, beantworte sich, so Nettler, von selbst: Nur solche Personen, die über das von ihnen betriebene Gewerbe im besonderen und das Fabrikwesen ihres Gerichtsbezirks im allgemeinen praktische Kenntnisse besäßen, verfügten über die notwendige Eignung. Würden – "aus Unverstand oder bösem Willen" – nicht sachkundige Gewerbetreibende gewählt, zu denen er bezeichnenderweise „Krämer, Bäkker, Schankwirte" zählte, solle es der Staatsbehörde zustehen, diese Wahl als unzweckmäßig zu beanstanden – "ein Recht, dessen sich der Staat bei keinem der nach dem Reglement stattfindenden Wahlen begeben hat und das er der Natur der Sache nach unbedenklich ausüben kann"[71]. Mit seinen Vorschlägen zum passiven Wahlrecht stimmte er demnach mit dem Oberpräsidenten überein, der ja ebenfalls gefordert hatte, nur Fabrikanten, nicht etwa aber Bäcker als wählbar zu betrachten, da nur erstere die nötige Sachkenntnis besäßen[72].

---

[70] s. *Schloßstein* (1982), S. 114.

[71] Zitiert nach *Schloßstein* (1982), S. 115.

[72] *Schloßstein* (1982), S. 114.

In Berlin hatte man für die spitzfindige Kritik der Westfalen an dem Reglement vom 3. 2. 1830 wenig Verständnis. Man beschied Vincke daher, einer Änderung oder Klärung des Wortlauts der §§ 3 und 6 seitens des Gesetzgebers bedürfe es nicht. Davon wurden die Landräte von Altena, Siegen, Iserlohn, Hagen und Bochum unterrichtet und zugleich angewiesen, die Wahlen nunmehr umgehend nach dem Wortlaut des Reglements durchzuführen.

Sogleich aber erwies es sich, wie es die kompetente Kritik Vinckes und Nettlers vorausgesehen hatte, als höchst schwierig, die Bestimmungen des § 3 des Reglements zu realisieren. Kaufmännische Vorzugsrechte – die unerläßlichen Voraussetzungen der Wählbarkeit – besaßen nämlich, so wollte es das Allgemeine Landrecht, nur diejenigen der Kaufleute, welche einen fortdauernden Warenhandel oder Wechselgeschäfte betrieben (ALR II 8 § 482). Den Fabrikunternehmern billigte das Landrecht selbstverständlich kaufmännische Rechte zu (ALR II 8 §§ 413, 483), während es diese solchen Unternehmern und Fabrikanten, die mit „den von ihnen selbst verfertigten Arbeiten" handelten, ebenso selbstverständlich versagte (ALR II 8 § 485). Diese Regelungen schienen auf den ersten Blick zwar hinreichend klar, wurden der besonderen Physiognomie der gewerblichen Wirtschaft in der Grafschaft Mark aber in keiner Weise gerecht. Wo denn sollte man all jene Verlagsproduzenten einordnen, die in eigenen Werkstätten lediglich die Waren Dritter verfeinerten, also nichts Neues herstellten? Welcher Kategorie gehörten vernünftigerweise die vielen an, die sowohl Handel trieben als auch produzierten? Wozu zählten jene, die ihre „für eigene Rechnung" verfertigten Produkte bei Kaufleuten absetzten?

All diese von den Berliner Verfassern des Reglements nicht geahnten Probleme führten dazu, daß die Durchführung der Wahlen an den meisten Standorten fehlerhaft war[73].

Die wenig glücklichen Umstände zusammengenommen, insbesondere aber die Einordnung der gewerblichen in die ordentliche Gerichtsbarkeit, ließen die märkischen Gewerbetreibenden hoffen, die Errichtung der Deputationen jedenfalls in der Form, in der sie der Gesetzgeber vorgesehen hatte, verhindern zu können. Als sich dies angesichts der Entschlossenheit des Ministeriums jedoch als Illusion herausgestellt hatte, begaben sich die eingesessenen Wirtschaftsbürger auf den mehr Erfolg versprechenden Weg der offenen Obstruktion. So erschienen anläßlich der wiederholten Wahl im Jahre 1830 in Iserlohn von 22 eingeladenen Wahlberechtigten lediglich 2, „was den Widerwillen, den man aus bekannten Gründen gegen die Wahl hat, unzweideutig bekunden dürfte . . ."[74]. In Hagen geriet das Verfahren gar zu einer Demonstration: Die gewählten Mitglieder verweigerten nämlich die Leistung des

---

[73] s. *Schloßstein* (1982), S. 116 ff. Dort finden sich auch zahlreiche Beispiele.

[74] Zitat bei *Schloßstein* (1982), S. 123.

Amtseides mit der Begründung, sie wollten mit der Übernahme dieser Ehrenämter nicht zugleich besondere Subordinationsverhältnisse eingehen. Das Justizministerium, welches die Betroffenen durch Geldstrafen zur Eidesleistung zwingen wollte, wurde durch eine Petition der so Bedrohten über die eigentlichen Motive der einmal ganz unpreußisch-renitenten Märker unterrichtet: Die Gewerbetreibenden wünschten statt der am Modell des Berliner Fabrikengerichts orientierten Einrichtungen Justizbehörden, die als sog. „Kammertribunale" im Sinne der rheinischen Gewerbegerichte über Wechselsachen, kaufmännische Anweisungen, Lieferungen und Bestellungen von Waren aller Art, über Streitigkeiten der Fabrikherren und ihrer Arbeiter und der Fabrikunternehmer untereinander bei Errichtung und Veränderung der Fabrikanlagen entscheiden sollten. Ihre Fabrikengerichte, so ließen sie sich ein, besäßen keine Kompetenz zur Entscheidung von Wechselsachen; stattdessen seien sie – überflüssigerweise – für Beleidigungsprozesse zuständig, räumten den technischen Mitgliedern keine selbständige Urteilsbefugnis ein und seien dem Land- und Stadtgericht institutionell untergeordnet[75]. Außerdem passe die Definition der Begriffe ‚Fabrik' und ‚Fabrikanten' des ALR für die kleinbetriebliche Struktur des westfälischen Gewerbes nicht. Handelsgerichte nach französischem Vorbild, wie man sie links des Rheins kannte, eine Laiengerichtsbarkeit, die sich durch zügige, billige und sachkundige Rechtsprechung auszeichnete, das waren Einrichtungen, die sich die Märker wünschten.

Zwar unterstützte der Oberpräsident ihre Vorschläge und Forderungen, doch ließ das offenkundig ratlose Justizministerium die Hagener Petition unbeantwortet. Zur gleichen Zeit stellte das Oberlandesgericht Hamm fest, die „Fabrikengerichte hätten sich als ganz überflüssige Institution" erwiesen[76]. Die siechenden Deputationen wurden, wie bald zu sehen war, der Agonie überantwortet[77]. Allein in Iserlohn erlangte das Institut eine gewisse Bedeutung. 1868 stellte das Gericht aber auch dort seine Tätigkeit ein[78].

Der klägliche Fehlschlag, als der sich der Versuch, eine Sondergerichtsbarkeit für gewerbliche, insbesondere arbeitsrechtliche Streitigkeiten in Westfalen zu etablieren, erwiesen hatte, vermochte jedoch keineswegs all jene Kräfte, die eine Herauslösung dieses Rechtsbereichs aus der Bevormundung der Ämter und Behörden erstrebten, zu ersticken. Hier wirkte die sich selbst verstärkende, zeittypische Tendenz des Liberalismus als übermächtiges Movens zur Durchsetzung einer möglichst weitreichenden Freiheit von jeder staatlichen Einflußnahme. Immer mehr reglementierendes Recht wurde abge-

---

75 *Schloßstein* (1982), S. 124; *Benario* (1933), S. 10.
76 Zitiert nach *Schloßstein* (1982), S. 132.
77 s. *Stieda* (1890), S. 42; *Ferié* (1873), S. 33.
78 s. *Stieda* (1890), S. 42.

baut, wenngleich es keineswegs vollständig verschwand[79]. Wichtiger noch war, daß sich das Privatrecht in eben jener Epoche aus der vernunftrechtlicher Auffassung entsprechenden Verbindung mit dem Polizeirecht, wie das ALR sie geschaffen hatte, zu lösen begann und nach größerer Selbständigkeit strebte. Zugleich wurde es wissenschaftlich weiter ausgeformt und in ungemein fruchtbarer Weise neu durchdrungen – Leistungen, die nicht zum wenigsten dazu beitrugen, daß sich die allgemeine und vollständige Abkehr von der bisherigen Zuständigkeitsregelung und die Zuordnung der arbeitsrechtlichen Streitigkeiten zur Zivilgerichtsbarkeit schließlich beinahe von selbst verstanden.

So wurde schon wenige Jahre nach dem Scheitern der Fabrikengerichtsdeputationen durch ein Ministerialreskript vom 13. 8. 1833 bestimmt, daß das Rechtsverhältnis zwischen Meistern einerseits und Gesellen und Lehrlingen andererseits künftig „überall, wo Zünfte und Innungen, welche als Corporationen unter Aufsicht der Polizeibehörden stehen, nicht mehr existieren, als ein Privatrechtsverhältnis“ zu betrachten sei[80]. Die Entscheidung über alle vorkommenden Streitigkeiten aus diesem Bereich sollte den „richterlichen Behörden“ obliegen. Die örtlichen Polizeibehörden wurden deshalb angewiesen, solche Streitigkeiten künftig an den ordentlichen Richter zu verweisen[81]. Diese Neuregelung begründete der Oberpäsident damit, daß die in der Gesindeordnung bestimmte Zuweisung arbeitsrechtlicher Streitigkeiten an die Polizeibehörden nicht auf die Rechtsverhältnisse zwischen Meistern, Gesellen und Lehrlingen übertragen werden könnten. Auch in Frankreich und in der Rheinprovinz würden derartige Streitigkeiten von den Conseils de Prud' hommes, und wo solche nicht bestünden, von den ordentlichen Gerichten entschieden[82]. Der unmißverständliche Hinweis auf den nunmehr als exemplarisch betrachteten Charakter der Sondergerichtsbarkeit französischen Typs für die

---

[79] *Schmelzeisen* (1967), S. 18; zur Wirkung des Liberalismus auf das Handwerk im Vormärz vgl. *Thamer* (1983), S. 55 – 73.

[80] Bekanntmachung vom 26. 8. 1833, in: Amtsblatt der Regierung Minden vom 13. 9. 1833, Nr. 493, S. 241.

[81] Diese Änderung der Zuständigkeit ist von Vietinghoff – Scheel (1972) übersehen worden. Seine pauschale Behauptung, Streitigkeiten aus dem Arbeitsverhältnis hätten noch bis 1890 zur Zuständigkeit des Gemeindemagistrats gehört, entbehrt der Grundlage. Die Magistrate waren in Westfalen jedenfalls nur für solche Streitigkeiten aus Arbeitsverhältnissen, die der Gesindeordnung unterfielen, zuständig, nicht aber für diejenigen aus dem Bereich der gewerblichen Wirtschaft; vgl. *Vietinghoff – Scheel* (1972), S. 145.

[82] Aktennotiz vom 20. 1. 1834, in: STAM, Oberpräsidium Nr. 2774, fol. 249. 1830 war ein Schritt von prinzipieller Bedeutung getan worden: Die Zuständigkeit des Kölner „Rats der Gewerbeverständigen“ wurde auch auf das Handwerk ausgedehnt. In den folgenden Jahren wurden in Krefeld, Gladbach, Barmen-Elberfeld, Solingen, Lennep, Remscheid, Burtscheid und Düsseldorf nach dem französisch-bergischen Dekret v. 17. 12. 1811 ebenfalls solche Räte errichtet. Auch hier wurde, über den Wortlaut des Dekrets v. 17. 12. 1811 hinaus, das Handwerk durch die jeweilige Einsetzungsordre einbezogen; s. *Bahr* (1905), S. 7; *Schöttler* (1985), S. 7 übersieht, daß die Handwerker zunächst nicht an den rheinischen Räten beteiligt waren.

Entscheidung gewerberechtlicher Streitigkeiten bedeutete nicht weniger als das Eingeständnis, daß das Scheitern der Fabrikengerichtsdeputationen in Westfalen nicht zuletzt in ihrer Orientierung an der Berliner Gewerbegerichtsbarkeit seine Ursache hatte – ein Umstand, der dem Ministerium von den märkischen Gewerbetreibenden auf's deutlichste nahegebracht worden war.

Mit dieser Neuregelung der Zuständigkeit für arbeitsrechtliche Streitigkeiten im Handwerk erlangte der Instanzenzug der ordentlichen Gerichtsbarkeit auch für den gewerblichen Bereich der Rechtspflege wenigstens theoretische Bedeutung: Erstinstanzliche Gerichte waren die Stadt- und Landgerichte; daneben bestanden, mit Ausnahme des Gebiets des ehemaligen Königsreichs Westphalen[83], bis 1848 vereinzelte Patrimonialgerichte fort. Als Berufungsinstanz war in jedem Regierungsbezirk ein Oberlandesgericht errichtet worden, und zwar je eines in Münster, Hamm und Minden. Das Oberlandesgericht Minden wurde 1816 nach Paderborn verlegt, und das Hofgericht Arnsberg erhielt 1835 den Rang eines Oberlandesgerichts[84]. Als Revisionsinstanz waren nebeneinander das Kgl. Geh. Obertribunal in Berlin, das Oberlandesgericht Halberstadt und das Oberlandesgericht Münster zuständig. Allerdings, so bleibt anzumerken, wurden die Obergerichte ausweislich ihrer Entscheidungssammlungen während des 19. Jahrhunderts noch kaum mit arbeitsrechtlichen Streitigkeiten behelligt[85], so daß die tatsächliche Bedeutung der Rechtzüge gering blieb.

Die Hauptziele der preußischen Gewerbeordnung des Jahres 1845[86], die Begünstigung des Innungswesens und der Aufbau eines effizienten Ausbildungs- und Prüfungssystems, erfuhren, und damit wurde wiederum ein anderer Ansatz zur Neuordnung der noch immer unbefriedigenden Jurisdiktion in Gewerbesachen realisiert, eine sachgerechte und zweckdienliche Ergänzung durch die Wiederbelebung der standeseigenen Gerichtsbarkeit für Handwerker. Mit den Bestimmungen des § 137 des Gesetzes wurden die gewerblichen Arbeitsverhältnisse nach der Phase der Zuständigkeit der Zivilgerichte nun wieder dem Gewerberecht zugeordnet. Alle Innungsmitglieder waren bei Streitigkeiten über Arbeitsverhältnisse, Lohn und Lehrverträge der autonomen Gerichtsbarkeit der Korporationen unterworfen. Die übrigen, nicht innungsangehörigen selbständigen Gewerbetreibenden mußten in arbeits-

---

[83] Dort waren die Patrimonialgerichte beseitigt worden; vgl. *Fehrenbach* (1974), S. 37.

[84] Vgl. *Possel – Dölken* (1978), S. 38; *Rempe* (1970), S. 32 ff.; *Starke* (1839), S. 365; *Kochendörffer* (1930), S. 91 ff.; *Tümpel* (1909), S. 62; *Schulze* (1970), S. 205.

[85] s. *Vietinghoff – Scheel* (1972), S. 2.

[86] Gew. O. vom 17. 1. 1845, in: Preuß. Gesetzsammlung von 1845, S. 41 ff. Zur Entstehungsgeschichte des Gesetzes Roehl (1900), S. 189 ff. Zum Wandel von der zivilrechtlichen zur gewerberechtlichen Beurteilung arbeitsrechtlicher Streitigkeiten s. *Bernert* (1982), S. 112 ff.

rechtlichen Streitigkeiten vor den Ortspolizeibehörden ihr Recht suchen. Gegen deren Spruch stand dann allerdings wiederum der ordentliche Rechtsweg offen. Lediglich für die im großgewerblichen Bereich im Rheinland, in Berlin und im Regierungsbezirk Arnsberg Tätigen blieb die bereits vorhandene Fabrikengerichtsdeputation zuständig.

Nach § 137 der Gewerbeordnung sollte über arbeitsrechtliche Streitigkeiten zwischen selbständigen, einer Innung angehörenden Gewerbetreibenden und deren Gesellen, Gehilfen und Lehrlingen durch die Innungsvorsteher unter dem Vorsitz eines Mitgliedes der Kommunalbehörde entschieden werden.

Diese handwerksfreundliche Regelung war auf die Verhältnisse Ostelbiens zugeschnitten, wo ein großer Teil der Zünfte auch noch nach der Aufhebung der Korporationen durchaus aktiv fortlebte. Die Verbände konnten als Innungen im Sinne der Gewerbeordnung die Aufgaben, die ihnen der § 139 übertrug, problemlos übernehmen. In Westfalen dagegen, wo lediglich noch im Kreis Wittgenstein Zünfte existierten, mußte die neue Vorschrift weitgehend ins Leere laufen. Die erhoffte Wiederbelebung des Innungsgedankens stieß in weiten Teilen der Handwerkerschaft des Landes, die so lange und vehement für die Neugründung von Korporationen gestritten hatte, auf Ablehnung, da die Meister der staatlichen Bevormundung und Kontrolle, der die neuen Innungen, wie man nur zu gut wußte, von Anfang an unterworfen wurden, überdrüssig waren. So erlangte die Bestimmung, wonach ein außerhalb der Innung stehender Handwerker zur Entscheidung arbeitsrechtlicher Streitigkeiten die Ortspolizei-Behörde anzurufen hatte, in Westfalen weit größere Bedeutung als in den ostelbischen Provinzen der Monarchie.

Soweit es – insbesondere in einigen größeren Städten des Landes, so in Münster, Paderborn, Minden oder Soest – doch zur Errichtung neuer Innungen kam, nahmen sich diese der wichtigen Aufgabe der Arbeitsrechtsprechung bereitwillig an. Dabei sahen sie, wie es für die Arbeitsgerichtsbarkeit noch heute typisch ist, ihre Hauptaufgabe nicht in der streitigen Entscheidung, sondern in der Herbeiführung von Vergleichen. Diese spezifische Verfahrensweise bewährte sich nicht nur in den immer wiederkehrenden Auseinandersetzungen zwischen den Meistern und Gesellen. Der zünftigen Tradition entsprechend und über den von der Gewerbeordnung gezogenen Rahmen hinausgehend, mühten sich die Innungen auch um die Schlichtung von Streitigkeiten zwischen den Gewerksgenossen selbst. So bestimmte das Statut der „Vereinigten Schlosser-, Huf-, Nagel-, Messer-, Kupferschmiede-, Klempner- und Zinngießer-Innung zu Herford“ aus dem Jahre 1852, daß bei solchen Auseinandersetzungen der gerichtlichen Entscheidung ein Sühnversuch vor der Innung vorauszugehen habe. Wurde dieser unterlassen, verwirkte der Kläger eine Ordnungsstrafe der Innung in Höhe von einem Taler[87].

[87] So § 12 des Statuts der vereinigten Schlosser-etc.-Innung zu Herford vom 15. 11. 1852, in: Stadtarchiv Herford VII 146.

Den Kommunalbehörden wurde über die schon genannte judizierende Tätigkeit hinaus eine weitere richterliche Aufgabe zugewiesen: Nach § 122 der Gewerbeordnung waren sie zur Entscheidung über Streitigkeiten wegen der Aufnahme und Ausschließung von Innungsmitgliedern sowie über die Rechte und Pflichten derselben wie auch der Gewerks-Vorstände berufen. Nach § 153 der Gewerbeordnung entschieden sie außerdem unter Ausschluß des Rechtsweges über die Aufhebung eines Lehrverhältnisses vor Ablauf der Lehrzeit, wenn der Lehrherr seinen Pflichten zur ordnungsgemäßen Ausbildung der Lehrlinge nicht nachkam.

Mit der „immer stärkeren Zuspitzung der sozialen Verhältnisse“[88], welche die vierziger Jahre des 19. Jahrhunderts zunehmend verdüsterte, stieg die Zahl der aus den Arbeits- und Lehrverhältnissen resultierenden Streitigkeiten sprunghaft an. Besonders häuften sich die Vollstreckungsverfahren gegen entlaufene Lehrlinge[89], deren nicht selten tragische Schicksale in den Akten vielfältigen Niederschlag gefunden haben. Hinzu kamen nun wieder die sattsam bekannten Verfahren gegen sog. Pfuscher, die, ohne die notwendige Prüfung abgelegt zu haben, Lehrlinge ausbildeten.

Den Kommunalbehörden waren demnach durch die Gewerbeordnung neue, umfangreiche Aufgaben zugewachsen. Deren ganz unzureichende rechtliche Bewältigung in dem Gesetz von 1845 schuf allerdings nicht die Voraussetzungen für schnelle und sachgerechte Entscheidungen, ja verhinderte diese geradezu. Niemand war daher mit den Bestimmungen zufrieden; die interessierte Öffentlichkeit forderte schon bald geradezu stürmisch eine grundlegende Änderung der Bestimmungen zur Rechtspflege in Gewerbesachen, welche die Gewerbeordnung von 1845 getroffen hatte.

Die vielfache Kritik blieb denn auch nicht fruchtlos: Wie wichtig die preußische Politik gerade diesen Problembereich bald nahm, zeigte die Entwicklung des Jahres 1848: Unter dem Eindruck jenes ereignisschweren Frühjahrs wandte sie sich unverzüglich der Reform des gewerblichen Rechtsschutzes zu, da ihr gerade in der schnellen Befriedung der aufgebrachten Gesellen und Handarbeiter einer der erfolgversprechendsten Schlüssel zur Rettung der bestehenden Ordnung vor dem drohenden Untergang zu liegen schien[90].

Durch die Bildung von gemeinsamen Kommissionen aus Gewerbetreibenden und Arbeitern sollte der revolutionären Bewegung die Spitze genommen

---

[88] So *Stieda* (1890), S. 36, 42.

[89] z. B. STAM, Regierungsbezirk Arnsberg I, Nr. 553.

[90] Von dieser Schicht gingen auch in Westfalen im Jahre 1848 die – wenngleich geringfügigen – Unruhen aus. In Lippstadt beispielsweise waren es Besenbinder, Fuhrknechte und Tagelöhner, die sich im März 1848 an Tumulten in der Stadt beteiligten; vgl. *Schütte* (1985), S. 705 ff. (719).

werden. Dementsprechend bestimmte eine Verordnung vom 8. Mai 1848[91], daß zur Schlichtung von Streitigkeiten zwischen Gewerbetreibenden und den von ihnen beschäftigten Arbeitern sog. „Ausschüsse" gebildet werden sollten, an denen nicht nur Fabrikanten und Arbeiter, sondern auch Meister und Gesellen teilhatten. Beide Seiten, die gewerblichen Arbeitgeber und Arbeitnehmer, wurden aufgefordert, gemeinsam Lokalausschüsse zu bilden, die die strittige Sache behandelten. Den rechtlichen und organisatorischen Rahmen für deren Tätigkeit sollten, den lokalen Erfordernissen entsprechend, Ortsstatuten abstecken. Die zweite Instanz des neuen Rechtsweges für gewerbliche, insbesondere arbeitsrechtliche Streitigkeiten bildeten nach dieser Verordnung die sog. Bezirksausschüsse, welche die Beschlüsse der Lokalausschüsse zu prüfen und, falls notwendig, zu vervollständigen hatten. Sog. Zentralausschüsse waren als letzte Instanz befugt, die Verhandlungen der „Unterausschüsse" zu untersuchen und zu korrigieren und aus dieser Tätigkeit zudem „legislative Anordnungen zur Beförderung der Gewerbsamkeit und zur Verbesserung der arbeitenden Klassen in Erwägung zu ziehen"[92].

Praktische Wirksamkeit allerdings erlangten die geplanten Kommissionen nirgends. Das unausgegorene Vorhaben des Handels- und Gewerbeministers v. Patow, welches schon den Zeitgenossen als vollständig unrealistisch erschienen sein mußte, sollte offenkundig die revolutionären Energien der Arbeiter wie der Handwerksgesellen kanalisieren und in ruhigere Bahnen lenken. Das Erstarken der Reaktion ließ die Verfügung, deren Ausführungsbestimmungen bereits erlassen worden waren, bezeichnenderweise bald in Vergessenheit geraten[93].

Mit dem schnellen Scheitern dieses Vorhabens, das auf kurzfristige politische Wirkungen zielte und selbst von denjenigen, die es inauguriert hatten, kaum ernstlich für realisierbar gehalten wurde, war der Gewerbestand aber keineswegs beruhigt. Die öffentliche Meinung hörte nicht auf, nach der Einführung wirklicher, effizient arbeitender Gewerbegerichte zu verlangen.

Auch das westfälische Handwerk stand bei dieser Bewegung, die die gewerbetreibenden Massen wie kaum ein Ereignis zuvor aufzurütteln vermochte, nicht abseits. Sowohl das Paulskirchen-Parlament[94] als auch das preu-

---

[91] Text der Verordnung abgedruckt in: Amtsblatt der Regierung Münster vom 3. 6. 1848; S. 193 – 197; desgl. bei *Rönne* Bd. 1 (1851), S. 65 ff.; vgl. dazu *Berléung* (1906), S. 51, 52; *Vietinghoff* (1972), S. 82, 83.

[92] *Rönne* Bd. 1 (1851), S. 64; Stadtarchiv Bielefeld, Rep. I, C 45.

[93] *Teuteberg* (1961), S. 274.

[94] Ein zusammenfassender Bericht über die Petitionen an die Frankfurter Nationalversammlung, welche die Errichtung von Gewerbebetrieben, Gewerberäten, Gewerbekammern forderten, findet sich in: Bericht des volkswirtschaftlichen Ausschusses über den Entwurf einer Gewerbeordnung und verschiedene, diesen Gegenstand betreffende Petitionen und Anträge, in: Verhandlungen der deutschen verfassunggebenden Reichsversammlung zu Frankfurt a. M. (1848/49), S. 884, 885.

ßische Abgeordneten-Haus wurden zu Adressaten zahlloser Petitionen der Handwerker, Gewerbevereine und Innungen. Die westfälischen Meister forderten die Errichtung von speziellen Schiedsgerichten für Handwerker[95]; die Rechtsprechung sollte in Händen der Professionisten selbst liegen[96]. Der Handwerkerverein Bielefeld[97] verlangte gar, daß diese Gerichte nicht nur die Streitigkeiten der Meister untereinander sowie arbeitsrechtliche Auseinandersetzungen schlichten, sondern auch die Prüfungen der Gesellen und Lehrlinge abnehmen sollten. Die Fabrikanten und Kaufleute des Kreises Hagen bevorzugten eine noch weitergehende Regelung: Sie wünschten die Bildung sog. „Gewerbekammern" mit umfassenden Kompetenzen[98]. Diese Einrichtungen sollten nicht nur als Gewerbegerichte und als Aufsichtsbehörden für die verschiedenen Innungen, sondern auch als sog. „Schaugerichte", welche die Qualität der Waren zu prüfen und deren Preis für den Handel zu bestimmen hatten, fungieren[99]. Der unleidliche Marktmechanismus sollte, wie man sieht, außer Kraft gesetzt und stattdessen das Prinzip der Nahrung wiederbelebt werden. Ebenso unbescheiden muten die Forderungen der Handwerker aus den preußischen Kernlanden an. Auch dort, in Ostelbien, wünschte man spezielle, vom Handwerk autonom besetzte Gerichte zur Entscheidung der Streitigkeiten zwischen dem Publikum und den Gewerbetreibenden über Güte und Preis der gelieferten Waren, damit die Meister nicht gezwungen seien, säumige Schuldner im gewöhnlichen Rechtswege zur Zahlung zwingen zu müssen[100]; darüberhinaus sollten die Wechsel- und Konkursverfahren vor den Gewerbegerichten stattfinden[101].

Man verlangte demnach allseits eine berufsständische Gewerbegerichtsbarkeit, die nicht nur mit den – unzweifelhaft besondere Sachkenntnis erfordernden – arbeitsrechtlichen Streitigkeiten und den internen Verwaltungsangelegenheiten der neuen Innungen befaßt war, sondern eine solche, die zudem alle Auseinandersetzungen zwischen den Gewerbetreibenden und ihren Kunden entschied. Daß so weitgehende und unübersehbar selbstische Forderungen vorzugsweise in Ostelbien formuliert wurden, kann nicht verwundern. Das faktische Fortleben der zünftigen Sondergerichtsbarkeit auch nach Einfüh-

---

[95] Eines der Hauptziele des Provinzial-Handwerker-Vereins, welcher allerdings nicht als repräsentative Vertretung der westfälischen Handwerker betrachtet werden kann, sollte die Errichtung von Gewerbegerichten in Westfalen sein; s. Stadtarchiv Soest, XXXII C 8, vol. 1; desgl. Petition des Handwerkervereins der Grafschaft Mark in Hamm vom 8. 8. 1848, in: Bundesarchiv, Außenstelle Frankfurt, DB 51/141, fol. 74.

[96] Petition der Handwerker des Kreises Siegen vom 25. 7. 1848, in: Bundesarchiv, a. a. O., fol. 95.

[97] Petition des Handwerkervereins der Stadt Bielefeld vom 9. 6. 1848, in: Bundesarchiv, a. a. O., fol. 109.

[98] Z STAM, Rep. 120 B I 1 Nr. 62, Vol. 1, fol. 65, 66.

[99] Z STAM, Rep. 120 B I 1 Nr. 62, Vol. 1, fol. 65, 66.

[100] Z STAM, Rep. 120 B I 1 Nr. 62, Vol. 1, fol. 65, 66.

[101] Z STAM, Rep. 120 B I 1 Nr. 62, Vol. 2, fol. 333 ff. (338).

rung der Gewerbefreiheit, wie es für den Osten typisch war, sowie der höhere Organisationsgrad, den das Handwerk dort bewahrt hatte, ließ die Meister in dem Bewußtsein ihrer neugewonnenen politischen Stärke nicht vor der egoistischen Forderung nach einer parteiischen Gerichtsbarkeit und der Gefahr des Rechtsmißbrauchs zurückschrecken.

Ihre Anliegen trugen die Handwerker bald nicht mehr durch Petitionen, sondern in dem wirkungsvolleren Rahmen öffentlicher Kongresse vor. So beschäftigte sich neben dem Handwerkerkongreß in Hamburg, dem Gesellenkongreß[102] und dem Handwerker- und Gewerbekongreß in Frankfurt, dem sog. „Handwerkerparlament"[103], auch der westfälische Handwerkerkongreß in Hamm im Jahre 1848 mit der Errichtung von speziellen Gewerbegerichten. Dort verfestigten sich die verschiedenen Ideen und Planungen sogar zu einem eigenen, genuin westfälischen Gewerbegerichtsstatut[104].

Die vielfältigen und nachdrücklichen Bemühungen um eine eigenständige Gewerbegerichtsbarkeit, zutreffend als „geradezu allgemeines" Verlangen bezeichnet[105], blieben von der Frankfurter Nationalversammlung in der Tat nicht unbeachtet. § 47 der berühmten, 1848 durch Reichsgesetz festgelegten „Grundrechte der Deutschen" forderte: „Die bürgerliche Rechtspflege soll in Sachen besonderer Berufserhebung durch sachkundige, von den Berufsgruppen gewählte Richter geübt und mitgeübt werden"[106]. Der volkswirtschaftliche Ausschuß empfahl die Errichtung von Gewerbegerichten der Gesetzgebung der einzelnen deutschen Staaten. Daraus folgte, daß sich die preußische Nationalversammlung ebenfalls mit diesem Gegenstand befaßte. Die Beratungen konnten aber nicht mehr zum Abschluß gebracht werden[107]. Angesichts des außerordentlichen Potentials an revolutionärer Energie, welches im Handwerkerstand kumulierte, wollte sich die preußische Regierung aber auch nach Auflösung der Nationalversammlung nicht länger der einmal als „dringendes Bedürfnis"[108] erkannten Einführung von Gewerbegerichten verweigern. Sie versprach noch 1848, Gerichte „für besondere Klassen von Angelegenheiten, insbesondere Handels- und Gewerbegerichte an den Orten zu errichten, wo das Bedürfnis solche erfordert"[109].

---

102 Vorschläge des Frankfurter Gesellenkongresses . . . (1980), S. 211, 214.

103 Der deutsche Handwerker-Congreß . . . (1980), S. 178, 179; s. dazu *Bahr* (1905), S. 7.

104 *Bahr* (1905), S. 7; *Geissen* (1936), S. 47.

105 s. *Bahr* (1905), S. 7.

106 Zitiert nach *Bahr* (1905), S. 10, 11; so auch § 180 der Reichsverfassung vom 28. 3. 1849; s. *Düring* / *Rudolf* (1979), S. 95 ff.; dazu allgemein: *Huber* Bd. 2 (1960), S. 763.

107 Dazu genauer *Geissen* (1936), S. 46 – 48.

108 So der preußische Handelsminister in einem Schreiben an den „Central-Handwerker-Verein der Provinz Westfalen" in Paderborn vom 1. 1. 1849, in: STAM, Oberpräsidium Nr. 2794.

109 So Art. 90 des Gesetzes vom 5. 12. 1848, in: Preußische Gesetzessammlung 1848, S. 375 ff.

Damit hatten die Handwerker in Preußen Gehör für ihre Forderung nach einer Revision der relativ liberalen Vorschriften der Gewerbeordnung des Jahres 1845[110] gefunden. Sie verlangten die Einführung einer gewerblichen Gerichtsbarkeit, die, anders als die gescheiterte preußische Fabrikengerichtsbarkeit, auch den Handwerkerstand in angemessener Weise berücksichtigte. Als Vorbild boten sich nunmehr beinahe zwangsläufig die französischen Conseils an, welche ausgedehntere Mitwirkungsrechte der Gewerbetreibenden gewährleisteten. Anziehend wirkte insbesondere der Gedanke der wirklichen, staatsfreien Autojurisdiktion; dessen Realisierung ließ, so jedenfalls träumte es den Handwerkern, die von ihnen rückblickend verklärte, angeblich goldene Zeit der Zunftherrlichkeit wiedererstehen.

Um die geplanten Neuregelungen vorzubereiten, wurde im Januar 1848 in Berlin eine Kommission gebildet, der neben Mitgliedern des Handels- und Justizministeriums auch Vertreter der Handwerkervereine der preußischen Provinzen angehörten. Arbeitgeber und Arbeitnehmer wurden in diesem Gremium gleichermaßen berücksichtigt[111]. Aus Westfalen nahmen der zum Anhang Winkelblechs[112] zählende Drechslermeister Todt aus Minden, der Buchbindermeister Petrasch aus Rüthen sowie der Tuchmachergeselle Faudt aus Bielefeld teil. Diese drei befanden sich allerdings in einer schwächeren Position als die Deputierten der anderen Provinzen, da sie nicht durch einen zentralen, das Handwerk der gesamten Provinz repräsentierenden Handwerksverein, der hier noch fehlte, entsandt worden waren[113].

Gegenstand der Beratungen war ein Gesetzentwurf des Handelsministers, der u. a. Bestimmungen zur Gewerbegerichtsbarkeit enthielt. Nach einigen Modifikationen erschien der Entwurf in Gestalt zweier Verordnungen, wovon eine als „Verordnung über die Errichtung von Gewerbegerichten" am 9. 2. 1849 Gesetzeskraft erhielt. Nachträglich wurden deren Bestimmungen am 20. Januar 1850 von der Kammer genehmigt[114].

In seinen Grundzügen schloß sich dieser neuerliche Versuch zum Aufbau einer standeseigenen Gewerbegerichtsbarkeit der links des Rheines noch

110 s. dazu *Tuchtfeldt* (1955), S. 40; *Meusch* (1949), S. 8.

111 Verhandlungen betreffend die Berathung des Entwurfs einer Verordnung zur Ergänzung der allgemeinen Gewerbe-Ordnung vom 17. 1. 1845 (gedrucktes Protokoll, 1849), in: STAM, Oberpräsidium, Nr. 2794.

112 Der die Handwerkerbewegung des Jahres 1848 stark beeinflussende Nationalökonom Karl Georg Winkelblech (Deckname Karl Marlo) erstrebte auf der Grundlage des Zunftsystems eine sozialistische Wirtschaftsordnung.

113 STAM, Oberpräsidium, Nr. 2794; der Paderborner „Central-Handwerker-Verein der Provinz Westfalen" erstreckte sich keineswegs, wie der Name glauben machen will, auf ganz Westfalen.

114 Preußische Gesetzes-Sammlung, 1849, S. 110 ff.; Preußisch-Deutscher Gesetzes-Codex Bd. 2 (1881), S. 98 – 105; die Verordnung ist ebenfalls abgedruckt bei *Rönne* (1851), Bd. 1, S. 67 – 77; s. auch *Eberty* (1869), S. 11 – 18; *Ferié* (1873), S. 34 – 36; *Tilmann* (1935), S. 40.

immer geltenden, einschlägigen Gesetzgebung französichen Ursprungs an, die allerdings in wesentlichen Fragen in durchaus selbständiger Weise modifiziert worden war.

Danach sollten Gewerbegerichte auf Antrag von Gewerbetreibenden überall dort errichtet werden, wo wegen eines „erheblichen gewerblichen Verkehrs" ein entsprechendes Bedürfnis vorlag. Bevor es zur Gründung der neuen Behörde kam, war die Meinung der gewerblichen und kaufmännischen Korporationen am Orte zu hören und die Genehmigung des Ministeriums einzuholen[115].

Die Kompetenz der von der neuen Verordnung konzipierten Gerichte erstreckte sich im Bereich des Handwerks auf die Streitigkeiten der selbständigen Gewerbetreibenden mit ihren Gesellen, Gehilfen und Lehrlingen, war also auf das Arbeitsrecht beschränkt (§ 2). Neben dem Handwerk unterfielen auch die arbeitsrechtlichen Auseinandersetzungen in der Industrie und im Verlag der neuen Gerichtsbarkeit.

Die Mitglieder des Gewerbegerichts waren, so bestimmte es die Verordnung, „zu einem Theile aus der Klasse der selbständigen Handwerker, der Fabrikinhaber, Faktoren, Ausgeber oder Verleger (Arbeitgeber), und zum anderen Theile aus der Klasse der Gesellen, Gehülfen, Werkführer und Fabrikarbeiter (Arbeitnehmer) auf vier Jahre von den im Gerichtsbezirke wohnenden Arbeitgebern und Arbeitnehmern zu wählen" (§ 4). Die Zahl der Mitglieder des Gerichts sollte „nach dem Umfange und nach den gewerblichen Verhältnissen des Gerichtsbezirks" bestimmt werden, wobei das jeweilige Verhältnis von Arbeitgebern und Arbeitnehmern in der Verordnung bestimmt wurde. In jedem Falle besaßen, und das war bezeichnend, die Arbeitgeber die Stimmenmehrheit. Der Vorsitzende konnte ebenfalls nur aus ihren Reihen gewählt werden. Die eigentliche, höchst brisante Machtverteilung innerhalb der einzelnen Klassen, die Festlegung nämlich, in welchem Verhältnis innerhalb der Klasse der Arbeitgeber die Fabrikinhaber und die selbständigen Handwerker und innerhalb der Klasse der Arbeitnehmer die Gehilfen und Gesellen einerseits und die Fabrikarbeiter andererseits vertreten sein sollten, blieb nach dem Willen des Gesetzgebers den jeweiligen Verordnungen über die Einsetzung der einzelnen Gewerbegrichte überlassen. Voraussetzung für das aktive Wahlrecht zu den neuen Einrichtungen war die Vollendung des vierundzwanzigsten, für die Wählbarkeit die des dreißigsten Lebensjahres (§ 7), sofern die Kandidaten ihr Gewerbe seit mindestens fünf Jahren betrieben.

Dem – vereinfachten – Verfahren vor dem Gewerbegericht hatte ein solches vor dem sog. Vergleichsausschuß, welcher aus einem Vertreter der Arbeitgeber und einem solchen der Arbeitnehmer bestand und der dem französischen „bureau de conciliation" entsprach, voranzugehen, § 17 ff.. Erst wenn der

[115] Vgl. § 1 der Verordnung vom 9. 2. 1849, s. Anm. 114).

Schlichtungsversuch fruchtlos verlaufen war, konnte die Sache auf Antrag des Klägers an das eigentliche Gewerbegericht verwiesen werden. Dort waren die Sitzungen öffentlich (§ 40), die Eidesabnahme gestattet (§ 37); Rechtsmittel wurden zugelassen, wenn die in den verschiedenen Landesteilen geltende allgemeine Prozeßgesetzgebung dies vorsah (§ 54). Als Berufungsinstanz fungierten in diesem Falle die ordentlichen Gerichte. Für die Verhandlungen vor dem Gewerbergericht wurden Gebühren in Höhe von 15 Groschen bis zu 5 Thalern erhoben (§§ 56, 57)[116]. Die Kosten waren demnach gegenüber denen der ordentlichen Gerichtsbarkeit ermäßigt.

Diese Verordnung stellte – im Verein mit derjenigen über die Errichtung von Gewerberäten[117] – einen Höhepunkt der jahrzehntelangen Bemühungen um die Wiederbelebung korporativer Organisationsformen im Handwerk dar[118]. Zwar wurde die alte Forderung nach der neuerlichen Einführung des Innungszwanges nicht erfüllt, doch schuf der preußische Gesetzgeber mit seinen Gewerberäten immerhin die langersehnte, besondere Vertretungskörperschaft des Berufsstandes. Zugleich wurde für nicht weniger als 70 Handwerkssparten der Befähigungsnachweis eingeführt.

Allerdings hielt die neue Gerichtsbarkeit ebensowenig wie die Gewerberäte das, was sich wenigstens einige Handwerker von ihr versprochen hatten[119].

Die Bestimmungen der Verordnung vom 9. 2. 1849 ließen grundsätzliche Mängel in der Konstruktion des neuen Instituts erkennen. So war es unbestritten, daß das Verfahren vor den Gewerbegrichten, das ausschließlich in der Hand des Gerichtschreibers lag, durchaus lückenhaft geregelt war. In praxi nämlich blieb dem Gerichtsvorsitzenden, der ja juristischer Laie war, nichts übrig, als den Anträgen des Schreibers zu folgen. Der Einfluß eigener Rechtsanschauungen der Laienreichter auf den Gang des Verfahrens oder gar auf die Entscheidungen des Gerichts war daher denkbar gering. Außerdem arbeiteten die Gewerbegerichte, ganz im Gegensatz zu den Erwartungen, die man an sie

---

116 Zum Inhalt der Verordnung ausführlich *Geissen* (1936), S. 48 ff.

117 Diese Gewerberäte sollten die Interessen der in ihnen paritätisch vertretenen „Klassen" der Fabrikunternehmer, Handwerker und Kaufleute im jeweiligen Bezirk wahrnehmen und die Einhaltung der Vorschriften über das Innungswesen, die berufsqualifizierenden Prüfungen und die Annahme und Entlassung von Gesellen, Lehrlingen und Gehilfen überwachen. Die 96 in Preußen gegründeten Räte (u. a. in Arnsberg, Hagen, Altena, Schwelm, Iserlohn, Lüdenscheid und Siegen) stellten ihre Arbeit bald wieder ein; vgl. *Mascher* (1866), S. 541; *Risch* (1853), S. 3, 4; *Schloßstein* (1982), S. 133.

118 Von Schloßstein werden diese Bemühungen um den Aufbau einer neuen Handwerkerorganisation wenig einsichtig als „reaktionär" bezeichnet; vgl. *Schloßstein* (1982), S. 133.

119 Die initiierende Ministerialbürokratie hatte den neuen Einrichtungen in Wahrheit ohnehin kein Lebensrecht zugestanden, da sie nur der Beruhigung der aufgebrachten Handwerker dienen sollten.

geknüpft hatte, zu schwerfällig. Einerseits mußte der Vergleichsausschuß selbst für eine einzige anhängige Sache zusammentreten, um, wie erwünscht, Verzögerungen zu vermeiden. Andererseits aber blieben Streitfälle, die allein das versammelte Gericht entscheiden konnte, mindestens 4 Wochen liegen, da zunächst eine für die Durchführung der Verhandlung ausreichende Zahl von Verfahren vorliegen mußte[120]. Noch abschreckender wirkte die Höhe der Verfahrenskosten und die Art und Weise ihrer Verteilung auf die Gewerbetreibenden. Zwar sollte der Aufwand des Gerichts durch Strafgelder und Gerichtsgebühren bestritten werden; soweit diese aber nicht ausreichten, mußten die Gewerbetreibenden und die Arbeiter des Gerichtsbezirks dafür einstehen[121]. Zwar beantragten die Gewerbetreibenden mehrerer, insbesondere ostelbischer Städte trotz dieser Mängel die Einführung des Instituts[122]. Doch geriet der Aufbau der dortigen Gerichte bald ins Stocken. In Westfalen waren es gar nur die Professionisten Mindens, welche Interesse an der neuen Einrichtung zeigten. Dort hatte die Regierung am Orte den städtischen Magistrat aufgefordert, die Bildung eines Gewerbegerichts anzuregen[123]. Die Stadtverordneten zeigten sich auch bereit, dem Ersuchen Folge zu leisten. Es fehlte zunächst aber noch der rechte Adressat ihrer Bemühungen, da in der Stadt bis dahin keine neuen Korporationen entstanden waren[124]. Zudem befürchtete der Magistrat nach dem offenkundigen Desinteresse der ortsansässigen Gewerbetreibenden an der Wahl des Gewerberats, nicht zu Unrecht, wie sich zeigen sollte, daß ein Gewerbegericht auch in Minden keine Zukunft habe und bald nach seiner Gründung wieder in sich zusammenfiele[125].

Nachdem es aber in der Stadt erst einmal zur Errichtung von Innungen gekommen war, stellten diese wider Erwarten am 11., 12. und 13. 2. 1850 die nach § 1 der Verordnung vom 9. 2. 1849 erforderlichen Anträge auf Errichtung eines Gewerbegerichts. Die Meister erhofften sich von der neuen Institution eine Ermäßigung der Prozeßkosten, eine Beschleunigung der Verfahren, welche insbesondere bei der Durchsetzung von Ansprüchen der Meister gegen die hochmobilen Gesellen Vorteile bringen sollte, sowie die Verbesserung der Qualität der Rechtsprechung in Gewerbesachen durch die Nutzbarmachung des Sachverstandes der Handwerker in gewerberechtlichen Fragen[126]. Dies

---

120 Vgl. *Stieda* (1890), S. 45.

121 Die fundierteste Kritik an den Gewerbegerichten findet sich bei *Wolter* (1851); s. *Schloßstein* (1982), S. 187.

122 So in Magdeburg, Wernigerode, Halle/Saale, Stettin, Breslau, Schwedt, Liegnitz, Görlitz, Ratibor und Sagan; vgl. *Schloßstein* (1982), S. 186.

123 Schreiben der Regierung Minden vom 8. 10. 1849, in: Stadtarchiv Minden, F 182.

124 Antwort des Magistrats vom 28. 12. 1849, in: Stadtarchiv Minden, F 182.

125 Schreiben des Magistrats der Stadt Minden an die Regierung Minden vom 17. 1. 1850, in: Stadtarchiv Minden, F 182.

126 Schreiben der Innungsmitglieder an den Magistrat vom 8. 2. 1850, in: Stadtarchiv Minden, F 182.

alles erschien ihnen gerade deshalb so wichtig, weil sich nach Erlaß der Verordnung vom 9. 2. 1849, die den Befähigungsnachweis festschrieb, die Verfahren gegen die sog. „Pfuscher" in ungewöhnlichem Maße häuften; hatte die neue Verordnung doch bestimmt, daß seit 1849 nur noch solche Handwerker, die die Meisterprüfung abgelegt hatten, den selbständigen Betrieb eines Handwerks beginnen durften. Fruchteten Verwaltungsmaßnahmen nichts, wurden die ohne bestandene Meisterprüfung selbständig arbeitenden Handwerker regelmäßig „zur richterlichen Bestrafung angezeigt"[127].

Auch die Handelskammer in Minden setzte sich lebhaft für das Gewerbegericht ein. Sie scheute sich nicht, die bis dahin geübte Rechtspflege in Gewerbesachen in einem düsteren Licht erscheinen zu lassen. Nach der Aufhebung der Zünfte seien die „Streitigkeiten der Gewerbetreibenden zum Theil hervorgerufen und vermehrt durch den Mangel an jedem competenten Forum, den gewöhnlichen Civil-Gerichten überwiesen, und diese, gänzlich unbekannt mit der Materie . . ., erließen nicht selten wahrhaft krasse Urteile"[128]. Inzwischen hatte sich auch der zunächst so skeptische Magistrat der Stadt zu einer zustimmenden Stellungnahme durchgerungen. Er hob in seinem Gutachten all die positiven Aspekte, die die Handwerker für den Aufbau der neuen Gerichtsbarkeit ins Feld führten, als zutreffend hervor[129]. Auch die Verwaltung glaubte, die vergleichsweise Beilegung von gewerblichen Streitigkeiten werde durch die neue Einrichtung erleichtert, das Verfahren vereinfacht und beschleunigt, vor allem aber hebe die standeseigene Gerichtsbarkeit das Selbstgefühl und Selbstvertrauen der Handwerker.

Nachdem die Verordnung vom 9. 2. 1849 zuvor durch ministerielle Verfügungen vom 20. 3. und 13. 7. 1850 erläutert worden war, genehmigte der König auf Grund der einhellig positiven Beurteilung des Vorhabens am 15. 7. 1850[130] die Errichtung eines Gewerbegerichts in Minden.

Zur Teilnahme an den erforderlichen Wahlen waren 32 Fabrikanten, 85 Fabrikarbeiter sowie 490 Handwerksmeister und 256 Gesellen in der Stadt berechtigt. Zum Mitglied des Gewerbegrichts gewählt wurde bei der Wahl am 12. 3. 1851 u. a. der Drechslermeister Todt, der schon an den Berliner Beratungen vor Erlaß der Verordnung vom 9. 2. 1849 teilgenommen hatte[131]. Diese Wahl wurde aber aus formellen Gründen für ungültig erklärt[132]. Der auf

---

127 So der Verwaltungsbericht der Stadt Lippstadt 1850/51, S. 5 (o. O., o. J.).

128 Gutachten der Handelskammer Minden, in: Stadtarchiv Minden, F 182 (undatiert).

129 Gutachten des Magistrats der Stadt Minden vom 21. 4. 1850, in: Stadtarchiv Minden, F 182.

130 Preußische Gesetzes-Sammlung 1850, S. 365.

131 Liste der zu Mitgliedern des Gewerbegerichts Gewählten, vom 15. 3. 1851, in: Stadtarchiv Minden, F 182.

132 s. Schreiben des Landrats des Kreises Minden an den Magistrat der Stadt Minden vom 3. 5. 1851, in: Stadtarchiv Minden, F 182.

den 14. 6. 1851 anberaumte neuerliche Wahlgang erbrachte schon kein Ergebnis mehr, da die Beteiligten zwischenzeitlich jedes Interesse an der Angelegenheit verloren hatten und zum Wahltermin niemand erschien[133].

Damit war der erste und einzige Versuch, auf westfälischem Boden in nachzünftiger Zeit ein autonomes Gewerbegericht zu schaffen, welches vor allem für das lokale Handwerk zuständig sein sollte, schon in der Vorbereitungszeit kläglich gescheitert. Es hatte sich einmal mehr gezeigt, wie schmal der Grad zwischen Euphorie und Apathie in politischen Dingen in jenen nachrevolutionären Zeiten war. Selbst das behäbig-solide Westfalen machte hier keine Ausnahme.

Für Kenner des gewerblichen Lebens zwischen Bochum und Höxter, zwischen Siegen und Ahaus kam der Fehlschlag allerdings nicht überraschend. Der Meister Bartz aus Münster, der auf dem preußischen Landeshandwerkertag, der vom 19. – 24. 8. 1850 in Stettin stattfand, den münsterischen Handwerkerverein vertrat, hatte dort bereits angesichts der Begeisterung, mit der die ostelbischen Delegierten die Errichtung der neuen Gremien diskutierten, davor gewarnt, solche Gerichte an Orten, wo nicht einmal Gewerberäte eingeführt seien, ins Leben zu rufen. Wegen der mangelnden „Unterrichtung“ der Handwerker in den mittleren und kleinen Städten solle man, so ließ sich Bartz mit dem Selbstbewußtsein des Provinz-Hauptstädters vernehmen, die Angelegenheit besser auf sich beruhen lassen[134].

Der erstaunlich hellsichtige Beitrag des Westfalen gründete auf der Kenntnis vom mangelhaften Bildungsstand der Meister[135] und von dem unzureichenden Entwicklungsstand der gewerblichen Wirtschaft in den meisten der kleinen Orte Westfalens sowie auf der zutreffenden Überzeugung, daß es überall dort, wo das korporative Leben der Handwerker – wie in Westfalen – gänzlich erstorben war, besonders schwierig sein würde, solche Einrichtungen zu schaffen und mit dauerhafter Vitalität zu begaben. Und in der Tat ließen die Streitfälle gewerberechtlichen Inhalts, die den biedermeierlichen Frieden in den Dörfern und Kleinstädten störten, das Bedürfnis nach einem neuen Rechtsweg jedenfalls für die Mehrzahl der Handwerker plötzlich nicht mehr als dringend erscheinen[136]. Das Mißtrauen der Meister gegenüber der neuen Einrichtung war in Westfalen schon frühzeitig latent vorhanden gewesen. So wünschte der Handwerkerverein Soest zwar dringend die Einführung von Gewerbegerichten, wollte aber dennoch abwarten, bis sich die größere

---

133 Vgl. *Stieda* (1890), S. 45; *Schmitz* (1894), S. 57.

134 Z STAM, Rep. 120 B I 1 Nr. 62, vol. 2, fol. 187.

135 Im Vergleich zu allen ausländischen Staaten war der Stand der Volksbildung in Deutschland um die Mitte des 19. Jahrhunderts allerdings ein außerordentlich hoher.

136 Wolter, der Schreiber des Gewerbegerichts in Magdeburg, war der Ansicht, daß „solche Institutionen nur bei einem großartigen und umfangreichen Verkehr gedeihen“; s. *Stieda* (1890), S. 13.

Zweckmäßgkeit des neuen gegenüber dem bisherigen Verfahren andernorts erwiesen hatte[137]. Daß eben *die* Meister plötzlich so zurückhaltend waren, die die Errichtung einer standeseigenen Gerichtsbarkeit gerade noch vehement gefordert hatten, fand seine Ursache nicht zuletzt in der bestehenden Rechtslage: Galt doch die Gewerbeordnung des Jahres 1845 und die darin grundgelegte überragende Stellung der öffentlichen Gewalt auch nach Erlaß der Verordnung von 1849 fort. Der wenig genossenschaftsfreundliche Tenor der Bestimmungen förderte das Interesse der Handwerker an der Selbstverwaltung, welches für eine erfolgreiche Arbeit der neuen Gerichte unabdingbar war, nicht eben. Soweit die Arbeitnehmer betroffen waren, trug die ungleiche Vertretung der streitenden Parteien – ein Arbeitgeber mehr – sehr dazu bei, daß die neuen Institute auf Ablehnung stießen[138]. Schließlich ist noch ein weiterer Umstand zu nennen, der von allem Anfang an an der Desavouierung der neuen Gerichtsbarkeit teil hatte: Als unmittelbare Folge der revolutionären Ereignisse des Jahres 1848 wurden durch Verordnung vom 2. 1. 1849[139] die Privatgerichtsbarkeit und alle privilegierten Gerichtsstände (mit wenigen Ausnahmen) in Preußen aufgehoben. Die Bezirke der Gerichte erster Instanz, nunmehr „Kreisgerichte" geheißen, paßte man der Kreiseinteilung an und gliederte sie in zwei Abteilungen, je eine für die streitige und die freiwillige Gerichtsbarkeit. Bei der ersten Abteilung wurden sog. „Bagatell-, Injurien- und Untersuchungskommissionen", besetzt mit Einzelrichtern, gebildet (§ 20 Abs. 2). Diese Bagatellkommissionen waren für sämtliche Zivilsachen bis zu einem Streitwert von 50 Talern zuständig. Die Spruchkörper stellten das notwendige institutionelle Pendant zu den Änderungen der Prozeßvorschriften im Jahre 1833 dar[140]. Damals war das sog. „summarische Verfahren" (§ 6) eingeführt worden, das u. a. für Streitigkeiten der Gewerbetreibenden mit ihren Gesellen über Lohnansprüche, Vorschüsse, sonstige Leistungen und Beleidigungsklagen galt. Diese Bestimmungen hatten die Ladungs- und Klagefristen verkürzt, die Verhandlung auf einen mündlichen Teil konzentriert und den Verzicht auf persönliche Anwesenheit der Beteiligten bzw. ihrer Prozeßvertreter bei der Urteilsverkündung zugelassen. Seither konnte der Einzelrichter bei Streitwerten unter 50 Talern allein entscheiden. Durch dieses Bündel von Vereinfachungen war der Prozeßverlauf erheblich beschleunigt worden. Eine weitere Novelle, die der Gesetzgeber im Jahre 1846 verabschiedet hatte[141],

---

[137] Protokoll der Beratung des Soester Handwerkervereins vom 28. 4. 1849, in: Stadtarchiv Soest, XXXII C 8, Vol. 1.

[138] Die Handwerker in Grünberg verlangten ausdrücklich die paritätische Besetzung der Gerichte mit Arbeitgebern und Arbeitnehmern; Z STAM, Rep. 120 B I 1 Nr. 62, Vol. 2, fol. 333 ff. (338).

[139] Preußische Gesetz-Sammlung 1849, S. 1 ff.

[140] "Gesetz über das summarische Verfahren und den Bagatellprozeß" vom 1. 6. 1833, in: Preußische Gesetz-Sammlung 1833, S. 37 ff.

[141] Gesetz vom 21. 7. 1846, in: Preußische Gesetz-Sammlung 1846, S. 291 ff.

dehnte die geschilderten Erleichterungen, nicht ohne zusätzliche Vorschriften über das Versäumnisurteil hinzuzufügen, auf den gesamten Zivilprozeß, den Eheprozeß ausgenommen, aus.

Dadurch war der Forderung nach einer Sondergerichtsbarkeit für die Gewerbetreibenden bereits manches von ihrer sachlichen Substanz genommen, noch bevor das neue Institut überhaupt realisiert werden konnte. Der allgemeine Zivilprozeß und die ordentliche Gerichtsbarkeit boten den Meistern und ihren Gesellen ebenso effizienten Rechtsschutz wie die standeseigene Jurisdiktion. Daß die Forderung nach einer auf genossenschaftlichen Prinzipien aufruhenden Gerichtsbarkeit dennoch bis zum Beginn der fünfziger Jahre nicht aufhörte, die Handwerkerbewegung umzutreiben, und der durch die revolutionären Ereignisse verängstigte Staat dieses Begehren schließlich – wenn auch durchaus vorsätzlich in untauglicher Weise[141a] – erfüllte, hatte keine anderen als politisch-psychologische Gründe: Die ökonomisch wie rechtlich depossedierten Meister klammerten sich an die Hoffnung auf Wiederbelebung der in rückwärtsgewandter Verklärung ideal überhöhten Zunftinstitute, wobei sie, wie im Falle der Gerichtsbarkeit, die Tatsache heftig verdrängten, daß ihnen das neue Institut keinerlei Vorteile bringen konnte. Der Staat wiederum gab gern solche leichtgewichtigen Geschenke, die die Lage entspannten, die Aufgebrachten besänftigten und dennoch nichts kosteten, nichts bewirkten, mit einem Wort, ein bloßes nullum darstellten. Trotz ihrer objektiven Nutzlosigkeit ließen die düpierten Meister und Gesellen diese Potemkinschen Dörfer der Revolutionsgesetzgebung keineswegs im Zorn hinter sich. Die zahlreichen Mängel in der Verfassung der Gewerbegerichte, die sich auch in den östlichen Provinzen Preußens bald zeigten[142] und die das neugeschaffene Institut dort ebenfalls schnell scheitern ließen[143], nahm man mit

---

[141a] Die beiden Verordnungen vom 9. 2. 1849 waren vor allem zur Besänftigung des aufgebrachten Handwerkerstandes erlassen worden. An eine Realisierung der Bestimmungen über die Gewerberäte z. B. glaubte der zuständige Minister v. d. Heydt nicht; vgl. *Tilmann* (1935), S. 49. Ähnliches dürfte auch für die Einführung der Gewerbegerichte gegolten haben; s. *Tilmann* (1935), S. 65.

[142] Vgl. *Eberty* (1869), S. 13 ff.

[143] Gleichzeitig siechten die westfälischen Fabrikengerichtsdeputationen weiter dahin; dazu ausführlich *Schloßstein* (1982), S. 136 – 141. Die Behauptung Vietinghoffs (*Vietinghoff – Scheel* (1972), S. 145), diese hätten erfolgreich gearbeitet, entbehrt der Grundlage, wie ein Bericht des Kreisgerichts Lüdenscheid an das Appellationsgericht Hamm zeigt: „Im allgemeinen kommen nur wenige gesetzlich zur Cognition des Fabriken-Gerichts gehörige Streitigkeiten vor, so daß schon aus diesem Grunde die Einrichtung desselben von sehr untergeordnetem Interesse ist, es ziehen aber auch die Beteiligten das einfachere und eben so schnell zum Ziel führende Civil- und Bagatell-Prozeßverfahren vor, sie wenden sich deshalb nicht an das Fabrikengericht und vermeiden die Bezeichnung der Sache als dahin gehörig, weshalb die wenigen anhängig gewordenen, vor die Fabrikengerichtsdeputation gehörigen Sachen, durchgängig reine Schuldklagen, in den ordentlichen Verfahren ihre Erledigung gefunden haben“, in: STAM, Regierung Arnsberg I Nr. 652. Deshalb stellte das Appellationsgericht Arnsberg schon 1853 fest, für die weitere Erhaltung der Fabrikengerichte bestünde kein Bedürfnis; s. Schreiben

Gleichmut zur Kenntnis. Den Westfalen bestätigten diese Ergebnisse die Richtigkeit ihrer zögerlichen Haltung auf's Trefflichste. Es blieb damit für die nächsten beiden Jahrzehnte bei der Regelung der Gewerbegerichtsbarkeit, wie sie in der Gewerbeordnung von 1845 getroffen worden war.

Die von liberalem Geist durchtränkte Gewerbeordnung des Norddeutschen Bundes von 1869[144], auf deren Vorgeschichte an dieser Stelle nicht eingegangen zu werden braucht, lehnte sich mit ihren Bestimmungen zur Gewerbegerichtsbarkeit aufs deutlichste an die preußische Gewerbeordnung von 1845 an[145].

In § 108 des Gesetzes von 1869 wurde die Entscheidung der Streitigkeiten Gewerbetreibender mit ihren Gesellen, Gehilfen oder Lehrlingen, die sich auf den Antritt, die Fortsetzung oder Aufhebung der Arbeits- und Lehrverhältnisse, auf die gegenseitigen Leistungen während ihrer Dauer oder auf Erteilung und Inhalt von Zeugnissen bezogen, den Gemeindebehörden zugewiesen; gegen deren Entscheidung war die Berufung auf den ordentlichen Rechtsweg zugelassen. Damit sind bereits die Änderungen gegenüber der Gewerbeordnung von 1845 skizziert: Eine eigene Gerichtsbarkeit der Innungen war nicht länger vorgesehen. An die Stelle der Ortspolizeibehörde traten die Gemeindebehörden als richterliche Organe.

Darüber hinaus wurde allerdings die Möglichkeit eröffnet, durch Ortsstatut besondere Schiedsgerichte mit paritätischer Besetzung von Arbeitgebern und Arbeitnehmern zu errichten. Nur dort, wo bereits „besondere Behörden" zur Wahrnehmung der gewerblichen Gerichtsbarkeit existierten, blieben diese allein zuständig. Zwar waren die Landesregierungen nach den schlechten Erfahrungen, die Preußen mit der genossenschaftlichen Gerichtsbarkeit gemacht hatte, zunächst wenig geneigt, ein neuerliches Modell dieser Art, wie es die Gewerbeordnung dann doch vorsah, zu forcieren[146]. Doch hatte sich der Reichstag durch die vorangegangenen Fehlschläge nicht davon abhalten lassen, wenigstens die Möglichkeit der Sondergerichtsbarkeit wiederum zu eröffnen. Die vorgesehenen speziellen Schiedsgerichte würden, so hoffte man, für die künftige arbeitsrechtliche Gesetzgebung wertvolles Material liefern[147].

Eine zusätzliche Rechtfertigung fand die neuerlich vorgesehene Bildung von Schiedsgerichten in der vorausgegangenen Aufhebung des Koalitionsver-

---

des Appellationsgerichts Arnsberg an die Regierung Arnsberg vom 14. 5. 1853, in: STAM, Regierung Arnsberg I Nr. 652. Zum Ende der Fabrikengerichte vgl. auch *Ferié* (1873), S. 32, 33.

144 Gewerbeordnung vom 21. 6. 1869, in: Bundesgesetzblatt (1869), S. 245 ff.

145 Zur Organisation der Gewerbegerichtsbarkeit nach Erlaß der Gewerbeordnung von 1869 s. *Stieda* (1890), S. 50 ff.; *Eberty* (1869), S. 19 ff.; *Bahr* (1905), S. 10 ff.; *Syrup / Neuloh* (1957), S. 150; *Schloßstein* (1982), S. 135, 136.

146 Vgl. *Stein* (1891), S. 63, 64.

147 *Schloßstein* (1982), S. 136.

bots: Die von der preußischen Regierung eingesetzte Enquête-Kommission, die sich mit der Reform des Koalitionsrechts befaßte, hatte die Bildung solcher Schiedsgerichte zur Bedingung für die Aufhebung des Koalitionsverbots gemacht[148].

Zur Voraussetzung für die Errichtung dieser Schiedsgerichte wurde gem. § 108 Abs. 4 der Gew. O. allerdings, daß zuvor, nach Anhörung der beteiligten Gewerbetreibenden und mit Genehmigung der höheren Verwaltungsbehörde, ein Ortsstatut entsprechenden Inhalts erlassen worden war. Alle prozessualen Einzelheiten der vorgesehenen Schiedsgerichtsbarkeit überließ § 108 der ortsstatutarischen Feststellung. Auch über die Vollstreckbarkeit der Urteile dieser Schiedsgerichte enthielt das Gesetz keine Vorschriften. Insbesondere wegen der fehlenden Ausführungsbestimmungen wurde aber von der Möglichkeit, Ortsstatute zu erlassen, wiederum kaum Gebrauch gemacht[149]. Bis 1874 waren im gesamten Reich nicht mehr als 57 dieser Gerichte entstanden[150]. Deren Tätigkeit als „kümmerliches Vegetieren" zu bezeichnen, scheute sich der Zeitgenosse und Kenner seines Gegenstandes, C. Ferié, nicht[151].

Auf den dringend notwendigen Erlaß von Bestimmungen zum materiellen Arbeitsrecht wurde, und dies erleichterte den Behörden bzw. den Schiedsgerichten die Streitentscheidung nicht gerade, ebenfalls vollständig verzichtet. In § 105 der Gewerbeordnung hieß es lediglich: „Die Festsetzung der Verhältnisse zwischen den Gewerbetreibenden und ihren Gesellen, Gehilfen und Lehrlingen ist Gegenstand freier Vereinbarung." Der freie Arbeitsvertrag sollte, so wollten es die liberalen Schöpfer der Gewerbeordnung, Johann Miquel und Eduard Lasker, das notwendige Korrelat zu der erstrebten politischen Gleichberechtigung, welche das allgemeine, gleiche und geheime Wahlrecht bringen sollte, bilden[152]. Aus diesen Gründen scheiterte der neuerliche Versuch, der gewerblichen Sondergerichtsbarkeit zum Erfolg zu verhelfen, ebenso kläglich wie all die vorherigen.

---

[148] s. *Eberty* (1869), S. 19.

[149] So *Syrup / Neuloh* (1957), S. 150; *Vietinghoff – Scheel* (1972), S. 145; *Stieda* (1890), S. 52 ff.; *Otto* (1889), S. 42; danach findet sich eine Zusammenstellung aller örtlichen Schiedsgerichte und Gewerbegerichte einschließlich einer Statistik der Prozesse von 1864 bis 1873 in den „Anlagen zu den Verhandlungen des Deutschen Reichstages 1875/76", 3. Bd., Aktenstück Nr. 107. Neben den bereits genannten lebten die auf landesgesetzlicher Grundlage beruhenden Gewerbegerichte fort, nämlich die 12 rheinischen, 5 Gerichte in Elsaß-Lothringen sowie die Gerichte in Meißen, Darmstadt, Hamburg und Bremen, vgl. auch *Stieda* (1890), S. 51; *Schloßstein* (1982), S. 136.

[150] *Schmitz* (1894), S. 5, 58; *Stein* (1891), S. 66.

[151] *Ferié* (1873), S. 37.

[152] Der „freie Arbeitsvertrag" bedeutete für das Handwerk in Wahrheit ein Fortbestehen der alten Arbeitstraditionen. Die Bestimmung war denn auch in erster Linie für Handwerker und nichtindustrielle Beschäftigte gedacht; vgl. *Teuteberg* (1977), S. 51, 52; *Landmann* (1907), S. 21.

Das wiederholte Versagen des Gesetzgebers war um so bedauerlicher, als die Zuständigkeit der Gemeindebehörden und die Appellations- bzw. Revisionsvoraussetzungen[153] verhinderten, daß sich die obersten Gerichte häufiger mit arbeitsrechtlichen Problemen auseinandersetzen mußten. Grundlegende Entscheidungen, aber auch alle Anregungen zur Entwicklung dieses Rechtsgebietes blieben daher noch für lange Zeit aus[154].

Die gemeindlichen Schiedsgerichte wurden auf Grund des Reichsgesetzes vom 18. 7. 1881[155] durch die wieder eingeführten Innungsschiedsgerichte ergänzt, die aber ebenfalls nur vereinzelt errichtet wurden[156]. Erst das Reichsgesetz vom 29. 7. 1890[157] markiert den Beginn der Vereinheitlichung der deutschen Arbeitsgerichtsbarkeit[158]. Damit wurde die Grundlage für die Ausgestaltung und so ungemein erfolgreiche Tätigkeit dieser Sondergerichtsbarkeit im 20. Jahrhundert gelegt.

---

[153] Zunächst 30, später 50 Taler.

[154] Vgl. *Vietinghoff-Scheel* (1972), S. 146.

[155] Gesetz betreffend Änderungen der Gewerbeordnung vom 18. 7. 1881, RGBl 1881, S. 233 ff. (§§ 97 ff.); vgl. *Wenzel* (1965), S. 698.

[156] Zur Entwicklung der gewerblichen Rechtspflege nach 1869 s. ausführlich *Stieda* (1890), S. 50 ff.

[157] Gesetz betreffend die Gewerbegerichte vom 29. 7. 1890 (RGBl 1890, S. 141 ff.).

[158] Das Gesetz von 1890 erreichte die Vereinheitlichung noch nicht vollständig. Die wenigen vorhandenen Innungsschiedsgerichte durften bestehen bleiben (§ 79); für die rheinischen Gewerbegerichte war eine Anpassungsfrist bis zum 1. 4. 1892 eingeräumt worden (§ 80).

V. Rückschau

Wie fruchtbar der Versuch sein kann, Rechtspolitik, Rechtssatz und Rechtswirklichkeit nicht bloß aufzusuchen und darzustellen, sondern ins rechte Verhältnis zueinander zu setzen, läßt sich am Beispiel der Handwerksgerichtsbarkeit exemplarisch zeigen. Trotz zahlreicher, unausgesetzt wiederholter Verbote blieb die standeseigene Jurisdiktion im 18. Jahrhundert allerorten lebenskräftig, und zwar bei den Meistern wie bei den Gesellen, wenngleich das zersplitterte Westfalen auch nicht verbergen kann, welch unterschiedliche Gestalt die Gewerbeverfassung der einzelnen Territorien anzunehmen vermochte.

In den geistlichen Staaten Westfalens fanden die restriktiven Bestimmungen der Reichszunftordnung, wie schon der gestraffte Überblick nachweist, weder unverzügliche noch vollständige Realisierung. Sie vermochten daher auch keine grundlegende Neuordnung der gewerblichen Gerichtsbarkeit herbeizuführen. Retardierendes Moment war, daß es erst spät oder gar nicht zu einer Beseitigung des herrschenden Gewohnheitsrechts und dessen Ersetzung durch umfassendere und eindeutigere Regelungen, sei es in der Form von Landesgesetzen oder von vereinheitlichtem Statutarrecht, kam. Dieses Urteil findet gleich in mehrfacher Weise seine Bestätigung: War es doch die allgemeine Ignorierung der Reformvorschriften während des 18. Jahrhunderts, die den erneuten Erlaß der Reichszunftordnung im Jahre 1772 notwendig gemacht hatte. Daß sich am Fortbestand der autonomen Gerichtsbarkeit der Handwerker auch danach, und zwar bis zum Ende der Zunftzeit, nichts Wesentliches änderte, läßt sich für den engeren Bereich Westfalens zwanglos erklären, wenn man Rechtsnorm und Rechtswirklichkeit in den geistlichen Staaten, in denen darauf verzichtet worden war, einheitliche Privilegien mit reformerischem Impetus zu erlassen, näher betrachtet. Nach den Buchstaben des Reichsschlusses sollte die Obrigkeit zwar das Zunftrecht setzen; die Initiative hierzu verblieb aber bei den Zünften, deren Autonomie also nicht aufgehoben, sondern nur eingeschränkt wurde. Es hätte folglich, wollten die Landesherren Reformmaßnahmen allgemein durchsetzen, einer Änderung jedes einzelnen Privilegiums bedurft. Zur Verwirklichung solchen Vorhabens, daß der Reichsgesetzgeber offenbar vorausgesetzt hatte, fehlte in Paderborn der Wille – und in Münster die Kraft. So waren es in Wahrheit auch nach Erlaß des Reichsabschiedes die Zünfte, die den maßgeblichen Einfluß auf den Inhalt des Statutarrechts behielten. Die sehr unterschiedlichen, immer aber zunftfreundlichen Regelungen in den Paderborner Privilegien weisen dies ebenso nach wie die nur mancherorts, und dann unter Berücksichtigung lokaler Gegebenheiten, reformierten Gildebriefe der Ämter in den westfälischen Nebenländern Kurkölns und im Fürstentum Münster. Damit bestätigt sich auch für den Teilbereich der gewerblichen Gerichtsbarkeit in den geistlichen Territorien Westfalens eine Feststellung des kundigen Zeitgenossen Ortloff, wonach Geist und Buchstaben des Reichsgesetzes an der Schwelle zum 19. Jahrhundert nur den wenigsten Zünften bekannt gewesen seien[1] – ein Umstand, der den Fortbestand der Gerichtsbarkeit der Ämter und Gilden in den traditionellen Formen weitgehend sicherte.

Das absolutistisch regierte Preußen allerdings hatte sich mit größerer Konsequenz der tradierten Formen der Handwerksgerichtsbarkeit zu entledigen versucht. In den Zentren des märkischen Eisengewerbes war die zunfttypische Jurisdiktion des Handwerks schon frühzeitig als unzureichend empfunden und durch leistungsfähigere Entscheidungsgremien auf Gemeindeebene ersetzt worden.

Die Generalpriviliegien brachten dann – weitaus entschlossener als der Reichsabschied – die völlige Beseitigung der Strafgewalt der Zünfte mit Ausnahme geringer Disziplinarmaßnahmen. Klarheit und Entschiedenheit der preußischen Bestimmungen dürfen aber nicht vergessen machen, daß ihre Realisierung ebenso sehr wie die Reformansätze in den geistlichen Staaten zu wünschen übrig ließ: Nicht alle Zünfte im preußischen Westfalen wurden mit Generalprivilegien begabt, und dort, wo diese eingeführt waren, wurde ihr Inhalt kaum mit der nötigen Konsequenz durchgesetzt. So muß auch für das preußische Westfalen festgestellt werden, daß die Rechtswirklichkeit weit hinter den Intentionen des Gesetzgebers zurückblieb; die Zunftgerichtsbarkeit dürfte hier ebenso lebendig geblieben sein wie im übrigen Westfalen.

Die autonome Gesellengerichtsbarkeit schließlich, für Jahrhunderte Stolz, schützende Hülle und einende Klammer der Gesellenverbände, konnte sich trotz ungezählter Auseinandersetzungen mit den Meistern und der Obrigkeit noch bis weit ins 18. Jahrhundert hinein einer ungebrochenen Lebenskraft erfreuen. Selbst der Reichsabschied des Jahres 1731, der dem Handwerkernachwuchs mit seiner weitgehenden Beschränkung der Autojurisdiktion unmißverständlich die Gegnerschaft von Kaiser und Reich erklärt hatte, vermochte den Gesellen nichts anzuhaben. Nicht zuletzt der zähen Vitalität der Verbände und ihres wichtigsten Handlungsinstruments, eben der eigenen Gerichtsbarkeit, verdankten sie, so widersprüchlich das auch erscheinen mag, den lange währenden, stillschweigenden Konsensus mit den Meistern, welche mit der Organisation ihrer Hilfskräfte zugleich auch ihre eigenen Genossenschaften gegen die gelegentlich wütenden Angriffe der wenig zunftfreundlichen Obrigkeiten zu schützen versuchten.

---

[1] *Ortloff* (1803), S. 140.

So bietet sich während des gesamten 18. Jahrhunderts in Westfalen das Bild beinahe ungebrochenen Fortlebens der traditionellen Gesellengerichtsbarkeit. Der Staat im Zeitalter des Absolutismus verfügte in Wahrheit keineswegs über absolute Gewalt, sondern nur über schwache Kräfte, die die zählebige genossenschaftliche Ordnung für lange Zeit nicht zu überwinden im Stande waren. Der in der Auseinandersetzung zwischen einem werdenden und einem vergehenden Ordnungsmodell gelegentlich aufscheinende ohnmächtige Zorn einer in all ihrer Omnipotenz doch hilflosen Staatsgewalt, der es nur unvollkommen gelang, ihren Vorschriften Geltung zu verschaffen, berührt den mit dem herkömmlichen Bild des absoluten Staates vertrauten Historiker eigentümlich. So waren es nur wenige Einschränkungen, die an die Reformgesetzgebung des Reiches und der Territorien erinnerten. In Paderborn etwa hatte das Verbot, nach Handwerksart bei den Hauptladen um Rechtsrat nachzusuchen, Eingang in die Privilegien gefunden und dürfte auch beachtet worden sein. In der Stadt Münster wurden arbeitsrechtliche Streitigkeiten seit 1732 den Bestimmungen entsprechend durch den Magistrat entschieden, während in den Landstädten der ordentliche Richter zuständig war.

Als die in mittelalterlichen Formen denkende und agierende genossenschaftliche Gerichtsbarkeit der Gesellen gegen Ende des 18. Jahrhunderts unter den Schlägen des absoluten Staates schließlich doch zerbrach, war dies ein Fanal. Die späte, nichtsdestoweniger aber energische Realisierung des so viele Jahrzehnte zuvor gefaßten Entschlusses, die Gesellengerichtsbarkeit auszuschalten, verdankte ihren schnellen und durchgreifenden Erfolg der eher zufälligen Bündelung verschiedener, einander eigentlich ganz fremder Wirkkräfte. Es war das Erstarken des absoluten Staates und seiner Verwaltungsorgane, welches mit der durch demographische Veränderungen verursachten Schwächung des Handwerks insgesamt, insbesondere aber der Position der Gesellen, zusammentraf. Unter dem Druck dieser Entwicklungen begannen Selbstbewußtsein und Homogenität der Gesellenschaft zu zerfallen. Die Aufhebung zahlreicher Gesellenladen, insbesondere der Schreiner, kündigte das nahe Ende nicht nur der traditionellen handwerklichen Gerichtsbarkeit, sondern der überkommenden Organisationsformen des Gewerbestandes überhaupt an.

Als die Aufhebung der Zünfte die tradierte Handwerksgerichtsbarkeit schließlich vollständig beseitigt hatte, war ein Vakuum entstanden, welches insbesondere im Bereich der arbeitsrechtlichen Streitigkeiten schmerzlich empfunden wurde. Die geplante Errichtung von Fabrikengerichten im Großherzogtum Berg wurde in Westfalen, anders als in den linksrheinischen Landen, nicht mehr verwirklicht. Als die Preußen nach der Wiederherstellung ihrer Herrschaft ihr Modell einer Fabrikengerichtsbarkeit nach Westfalen zu transferieren suchten, scheiterte dieses Unterfangen kläglich.

Worin lag denn nun, so fragt der verwunderte Betrachter, das eigentümlich andere der westfälischen Sozial- und Rechtsverhältnisse, welches eine Wiederbelebung der auf korporativer Mitwirkung der Rechtsgenossen aufruhenden Gewerbegerichtsbarkeit verhinderte? Es bedarf schon eines besonderen Grundes, wenn der einen Provinz gelang, was der anderen, benachbarten unmöglich blieb.

Im wesentlichen waren es vier Ursachen, die für die so unterschiedliche Entwicklung der Gewerbegerichtsbarkeit im Rheinland und in Westfalen verantwortlich waren: Zum einen hatte die französische Gesetzgebung in den Rheinlanden schon frühzeitig, bald nach dem Ende der Zunftherrlichkeit, das Interesse an der Wahrnehmung ehrenamtlicher Aufgaben in der Gerichtsbarkeit wieder geweckt. So hatte der Gesetzgeber dort Laien mit den Funktionen des Handelsrichters und des Stellvertreters des Friedensrichters betraut[2]. In Westfalen hingegen war die französische Rechtsreform mit ihren Teilhaberechten nach 1815 durch die Wiedereinführung des Allgemeinen Landrechts unverzüglich rückgängig gemacht worden. Zum anderen fehlte es hier, im Gegensatz zum Rheinland, an tragfähigen Fundamenten für die zukunftweisende Entwicklung der Gewerbegerichtsbarkeit, auf denen eine spätere Generation hätte aufbauen können. Nicht zuletzt deshalb waren die verschiedenen, stets zaghaften Ansätze zur Wiederbelebung des ursprünglich französichen Reformprogramms zur Reorganisierung einer Gewerbegerichtsbarkeit in den einzelnen Regionen Westfalens zum Scheitern verurteilt. Vor allem aber ließ, anders als im Rheinland, in den meisten Städten und Ländern Westfalens die Intensität der Gewerbetätigkeit zu wünschen übrig; zugleich war die Bevölkerungsdichte zu niedrig, um ein Institut, das starke wirtschaftliche Aktivität und entwickeltes Gemeinschaftsbewußtsein der Bevölkerung voraussetzte, aufrecht erhalten zu können.

All dies faßte die Arnsberger Regierung in wenigen Worten treffend zusammen, als sie 1853 erklärte, es ergäbe sich schon aus den „Verkehrsverhältnissen, den Gewohnheiten und dem Charakter der Bevölkerung . . . zu Genüge, daß ein Gewerbegericht hier kein Bedürfnis ist, viel weniger einen ergiebigen Boden finden“ könne[3].

Einen Aspekt allerdings, und zwar den einflußträchtigsten, hatten die Beamten in ihrer Analyse übersehen: Es war die den genossenschaftlichen Impetus lähmende Allgegenwart des Staates und seiner wachsamen adlati, welche das Interesse der Meister an einer Wiederbelebung der standeseigenen Gerichtsbarkeit verschüttet hatte. Die Passivität der Handwerker war das Ergebnis einer langen Vorgeschichte: Das 18. Jahrhundert wurde beherrscht von den unausgesetzten Versuchen der Obrigkeit, in die korporativen Strukturen einzudringen, die Handwerksgerichte zu überwachen und möglichst lahmzulegen. Es wurde keine Gelegenheit ausgelassen, die Ämter und Gilden

---

[2] s. *Ferié* (1873), S. 75.

[3] Bericht der Regierung Arnsberg an das Appellationsgericht Arnsberg vom 30. 3. 1853, in: STAM, Regierung Arnsberg I, Nr. 652.

der öffentlichen Mißachtung preiszugeben; die aufgeklärten Staatsdiener konnten sich nicht genug tun, die Sünden der Zünfte gleichsam täglich auf dem Markte auszuschellen. Und als die Korporationen schließlich nach jahrzehntelangem Dauerbeschuß beseitigt waren, fand sich alle Welt in der Überzeugung einig, daß dies ein Ende für immer sein müsse.

Nichts war natürlicher, als daß sich diese Erfahrung dem kollektiven Gedächtnis der Handwerker wie kaum etwas sonst eingegraben hatte. Als der 1848 in die Krise geratene Staat ihnen dann die Wiederbegründung der standeseigenen Gerichtsbarkeit offerierte, erkannten die Meister dieses Präsent wohl mehr instinktiv denn rational als den Köder, der er in Wahrheit auch war: Sie, die sie jahrzehntelang auf die Wiederbegründung der Korporationen und ihrer Funktionen gewartet hatten, winkten ab, als sie sahen, daß der Staat seinen Einfluß auf die gewerblichen Angelegenheiten keineswegs aufzugeben bereit war. So mußten die in der Tat unbeholfenen Versuche des Gesetzgebers, eine spezielle Gewerbegerichtsbarkeit aufzubauen, fruchtlos bleiben, zumal es, sieht man einmal von den dürftigen Bestimmungen des ALR ab, noch immer an einem tragfähigen materiellen Arbeitsrecht fehlte.

Damit teilten die Bemühungen des preußischen Staates um den Aufbau einer neuen Handwerksgerichtsbarkeit, welche das durch die Beseitigung der Zünfte entstandene Vakuum auffüllen sollte, das Schicksal des Scheiterns mit den gleichzeitigen Versuchen der Behörden, handwerkliche Organisationen wie Innungen, Krankenkassen oder berufsbildende Schulen einzurichten. Das depossedierte, zugleich aber der staatlichen Fürsorge mißtrauende Handwerk weigerte sich schlicht, nun aus der Hand des Staates dasjenige zu empfangen, was die Gewerbefreiheit ihm wider alles Recht, wie es glaubte, genommen hatte.

Erst am Ende des Jahrhunderts gelang es in Gestalt der Arbeitsgerichtsbarkeit, eine spezifische, wenngleich nicht auf das Handwerk beschränkte Sondergerichtsbarkeit zu schaffen, deren Bedeutung noch stetig zunimmt.

VI. Quellen- und Literaturverzeichnis

1. Ungedruckte Quellen

a) Staatsarchiv Münster (STAM)

Fürstentum Paderborn, Geh. Rat Nr. 870, 874, 875, 877, 885, 886, 847

Fürstentum Paderborn, Hofkammer Nr. 351, 352, 397, 401, 412, 413, 414, 415, 416, 417, 422, 423, 425, 430, 431, 433, 434, 435, 437, 440, 4081

Spezialorganisationskommission Paderborn Nr. 222a

Fürstentum Münster, Edikte A 5, Nr. 454;

Edikten-Sammlung Landsberg-Velen Nr. 270;

Fürstentum Münster, Gilden und Zünfte, Nr. 61, 97, 102;

Fürstentum Münster, Kabinettsregistratur 3231;

Fürstentum Münster, Geh. Rat. Nr. 358, 386, 377, 379, 402, 383

Herzogtum Westfalen, Landesarchiv III, 59

Kriegs- und Domänenkammer Minden II, 147

Preußischer Interims-Geheimer Rat Paderborn VIII Nr. 3

Oberpräsidium Nr. 2774, 2794, 2776

Regierung Arnsberg I, Nr. 553; I Nr. 652

OLG Hamm II Nr. 51

b) Staatsarchiv Detmold (STAD)

Regierung Minden M1 I U Nr. 32

c) Zentrales Staatsarchiv Merseburg (Z STAM)

Rep. 120 B I 1 Nr. 62, Vol. 1, Vol. 2

d) Bundesarchiv, Außenstelle Frankfurt
DB 51/141

e) Stadtarchive

Stadtarchiv Bielefeld, Rep. I C 45

Stadtarchiv Herford VII 146

Stadtarchiv Minden, F 182

Stadtarchiv Münster A XI 226; A XI 225; A XI 197; A XI 243

Stadtarchiv Paderborn 373 g; 373 I; 373 a

Stadtarchiv Soest, XXX C 8, vol. 1; XXXII C 8, Vol 1

Kreisarchiv Warendorf, Stadt Warendorf, Altes Archiv, 2 E VII, 2; 2 E VII 9; 2 E XVI 1; 2 E X 1
Amt Beckum, A 499

2. Gedruckte Quellen

Amtsblatt der Königlichen Regierung zu Arnsberg, Jahrgänge 1820 und 1830.

Amtsblatt der Königlichen Regierung zu Minden, Jahrgänge 1816, 1826, 1828, 1833.

Amtsblatt der Königlichen Regierung zu Münster, Jahrgang 1848.

Bericht des volkswirtschaftlichen Ausschusses über den Entwurf einer Gewerbeordnung und verschiedene, diesen Gegenstand betreffende Petitionen und Anträge, Berichterstatter: Die Abg. Veit und Hollandt, in: Verhandlungen der deutschen verfassungsgebenden Reichsversammlung zu Frankfurt a. M.; hrsg. durch die Redactions-Commission und in deren Auftrag von dem Abg. K.D. Haßler, 2. Bd., Frankfurt 1848/49, S. 853 ff.

Bulletin des lois du Grand-Duché de Berg – Gesetz-Bulletin des Großherzogtums Berg, 9 Bde., Düsseldorf 1810 - 13.

Bulletin des lois du royaume de Westphalie – Gesetz-Bulletin des Königreichs Westphalen, Cassel 1808 – 13.

Code Napoleon, Edition seule officielle pour le Grand-Duché de Berg – Napoleons Gesetzbuch. Einzig offizielle Ausgabe für das Großherzogtum Berg, Düsseldorf 1810.

Codex Napoleon (Code civil), nach dem beygefügten, von der officiellen Ausgabe abgedruckten, französischen Original ins Deutsche übersetzt von einer Gesellschaft Rechtsgelehrter, und durch Noten erläutert von Spielmann, Straßburg und Paris 1808.

Novum corpus constitutionum Prussico – Brandenburgensium praecipue Marchicarum oder Neue Sammlung Kgl. Preuß. und Churfürstl. Brandenburgischer, sonderlich in der Chur- und Marck Brandenburg publicirten und ergangenen Verordnungen, Edicten, Mandaten und Rescripten von 1781, 1782, 1783, 1784 und 1785, 7. Bd., Berlin 1786.

desgl. Bd. 8, Berlin 1791 (1786 – 1790)
Bd.9, Berlin 1796 (1781 – 1795)
Bd. 10, Berlin 1801 (1796 – 1800).

Düring, G. / *Rudolf,* W.: Texte zur deutschen Verfassungsgeschichte, 2. Auflage, München 1979.

Firnhaber, J.H.: Historisch-politische Betrachtung der Innungen und deren zweckmäßiger Einrichtung, Hannover 1782.

General-Artikel, wornach die sämtliche Zünfte in denen Fürstlich-Oranien-Nassauischen Landen sich zu achten haben, (o. O.), 1779 (in: Staatsarchiv Wiesbaden, Rep. Abt. 172, 3786).

General-Privilegium und Gülde-Brief des Zimmer-Gewercks insonderheit dessen in der Stadt Bielefeld. De Dato Berlin, den 19. April 1771 (in: STAM 4° WK 222).

Gesetz betreffend Änderungen der Gewerbeordnung vom 18. 7. 1881, in: Reichsgesetzblatt, Jahrg. 1881, S. 233 ff.

Gesetz betreffend die Gewerbegerichte vom 29. 7. 1890 in: Reichsgesetzblatt, Jahrgang 1890, S. 141 ff.; auch in: Preußisch Deutsche Gesetzessammlung, hrsg. von G.A. Grotefend, 4. Bd., 1886 – 1895, Düsseldorf 1900, S. 273 ff.

Gesetze vom 2. 3. 1791 und 17. 6. 1791, in: Bormann, K.Th. und Daniels, A.v. (Hrsg.), Handbuch der für die königlich preußischen Rheinprovinzen verkündigten Gesetze, Verordnungen und Regierungsbeschlüsse aus der Zeit der Fremdherrschaft, Bd. I, Köln 1833, S. 51 ff. und 599 ff.

Gesetz-Sammlung für die Königlich preußischen Staaten, Berlin 1806 ff. (1808, 1810, 1814, 1816, 1820, 1825, 1833, 1845, 1846, 1848, 1849, 1850).

Gewerbeordnung des Norddeutschen Bundes vom 21. 6. 1869, in: Bundes-Gesetzblatt des Norddeutschen Bundes vom 21. Juni 1869, Jahrgang 1869, S. 245 ff.

Gottlieb, F.P.: Über die Amtsbefugnisse des Rathes der Gewerbeverständigen und das rechtliche Verfahren bei denselben nach den dahinzielenden französischen und diese theils modifizirenden, theils abändernden preussischen Gesetzen und Verordnungen, Köln 1831.

Grotefend, G.: Preußisch-Deutsche Gesetzsammlung (1806 – 1899), 4 Bde., Düsseldorf 1900.

Gruner, Justus: Meine Wallfahrt zur Ruhe und Hoffnung oder die Schilderung des bürgerlichen und sittlichen Zustandes Westfalens, Bd. 1, Frankfurt/Main 1802.

Der deutsche Handwerker-Congreß und die von demselben entworfene Handwerker- und Gewerbe-Ordnung für Deutschland nach den Mittheilungen der Tischlermeister Bunkenburg und Kielmannsegge, in: Mittheilungen des Centralvereins für das Wohl der arbeitenden Klassen (unveränderter Neudruck der Ausgabe Berlin 1848 – 1858), hrsg. v. Wolfgang Köllmann und Jürgen Reulecke im Auftrage der Harkort-Gesellschaft, Bd. 1, Hagen 1980, S. 165 ff.

Haxthausen, A.v.: Über den Begriff, den Umfang und das Verhältniß des Provinzialrechts zum Allgemeinen Landrecht in der Preußischen Monarchie, in: Jahrbücher für die preußische Gesetzgebung, Rechtswissenschaft und Rechtsverwaltung, hrsg. von v. Kamptz, Berlin 1843, S. 89 ff.

Hoffmann, Joh. Gottfried: Das Interesse des Menschen und Bürgers bei den bestehenden Zunftverfassungen, Königsberg 1803.

Lamprecht, Georg Friedrich v.: Von der Kameralverfassung und Verwaltung der Handwerker, Fabriken und Manufakturen in den preußischen Staaten und insonderheit in der Kurmark Brandenburg, Berlin 1797.

Hochfürstlich Paderbornische Landesverordnungen, 2. T., Paderborn 1786.

Allgemeines Landrecht für die preußischen Staaten vom 5. 2. 1794, hrsg. v. H. Hattenhauer, Berlin 1970.

Langenberg, Al. v.: Die Lage des Bocholter Handwerks. Verfaßt von Geheimrat Al. v. Langenberg (um 1808), in: Stadtarchiv Bocholt Z-LB XXVI Nr. 18.

Mascher, H.A.: Das deutsche Gewerbewesen, von der frühesten Zeit bis auf die Gegenwart, Potsdam 1866.

Meißner, H.A. Spezialgerichte für unsere Fabrikgewerbe, Leipzig 1846.

Meißner, H.A.: Die Fabrikgerichte in Frankreich, Leipzig 1846.

Le moniteur Westphalien. Gazette officielle. Westphälischer Moniteur. Offizielle Zeitung. Dez. 1807 – Dez. 1808, Cassel 1808.

Mylius, Christian Otto: Corpus constitutionum Marchicarum oder Königlich-Preußische und Churfürstlich Brandenburgische in der Chur- und Marck Brandenburg, auch incorporierten Landen publicirte und ergangene Ordnungen, Edicta, Mandata, Rescripta etc.. Von Zeiten Friedrichs I Churfürstens zu Brandenburg, etc. biß ietzo unter der Regierung Friedrich Wilhelms Königs in Preußen etc. ad annum 1736 inclusive, Th. 1 – 6 und Continuatio 1 – 4 + Supplementa. Berlin/Halle 1737 – 55.

Ortloff, J.A.: Das Recht der Handwerker, nach den allgemeinen in Deutschland geltenden Gesetzen und Zunft- und Innungsartikeln, Erlangen 1803.

Policey-Ordnung der Haupt- und Residentz-Stadt Münster in Westphalen, juxta Exemplar sub manu weyland Stadt Secretarii Bernhardi Hollandt, Münster 1740.

Chur-Cöllnischen Herzogthumbs Westphalen Verbesserte Policey-Ordnung De Anno 1723.

Polizeiordnung der Reichsgrafschaft Steinfurt (o. O.) Anno MDCXXII.

Fürstlich Paderbornische Polizeiordnung von 1665, in: Hochfürstlich Paderbornische Landesverordnungen 1. T., Paderborn 1785.

Gräflich Sayn-Hohen- und Wittgensteinische Policeyordnung für die Stadt Laasphe, Berleburg 1772.

Gräflich Sayn-Wittgensteinische Policey-Ordnung, Biedenkopf 1776.

Proesler, Hans: Das gesamtdeutsche Handwerk im Spiegel der Reichsgesetzgebung von 1530 bis 1806 (= Nürnberger Abhandlungen zu den Wirtschafts- und Sozialwissenschaften, Heft 5, Nürnberg/München 1954).

Reichsgesetzblatt, Hrsg. im Reichsministerium des Innern, Jahrgang 1878, 1881.

Rintelen, G.W.F.: Das Particular-Recht des Fürstentums Siegen und der Ämter Burbach und Neuenkirchen, 2 Teile, Paderborn 1838.

Risch, Th.: Die Verordnung vom 9. Februar 1849, betreffend die Errichtung von Gewerberäthen, Gewerbegerichten und verschiedene Abänderungen der allgemeinen Gewerbeordnung, Berlin 1853.

Roenne, Ludwig v.: Die Gewerbe-Polizei des Preußischen Staates, Bd. 1, Breslau 1851.

Sammlung der Präfectur-Verhandlungen des Ruhr-Departements, Jahrgang 1810, Dortmund 1811.

Sammlung der Präfectur-Verhandlungen, Großherzogtum Berg, Ruhr-Departement, Jahrgang 1812.

Sammlung der in der Großherzoglich Hessischen Zeitung vom Jahre 1811 publicirten Verordnungen und Verfügungen, Darmstadt 1812.

Scotti, J.J.: Sammlung der Gesetze und Verordnungen, welche in dem vormaligen Churfürstenthum Cöln über Gegenstände der Landeshoheit, Verfassung, Verwaltung und Rechtspflege ergangen sind (1463 - 1816), Bd. I, Th. 1 - 2, Düsseldorf 1830, Bd. II, Th. 1 - 2, Düsseldorf 1831, Bd. III, Düsseldorf 1831.

Schwarz, Johann Ludwig: Denkwürdigkeiten aus dem Leben eines Geschäftsmannes, Dichters und Humoristen, Leipzig 1828.

Sieber, Jacob Gottlieb: Abhandlung von den Schwierigkeiten in den Reichsstädten das Reichsgesetz vom 16. August 1731 wegen Misbräuchen bey den Zünften zu vollziehen, Goslar und Leipzig 1771.

Starke: Darstellung der bestehenden Gerichtsverfassung in dem preußischen Staate, Berlin 1839.

Struve, Friedrich Gottlieb: Systema Jurisprudentiae Opificiariae . . ., 3 Bde., Lemgo 1738.

Stüve, Johan Carl Bertram: Gewerbswesen und Zünfte in Osnabrück, in: Mitteilungen des historischen Vereins zu Osnabrück, Bd. 7 (1864), S. 23 - 227.

Verhandlungen betreffend die Berathung des Entwurfs einer Verordnung zur Ergänzung der allgemeinen Gewerbe-Ordnung vom 17. 1. 1845, Berlin 1849, in: STAM, Oberpräsidium, Nr. 2794.

Verhandlungen der Präfectur des Sieg-Departements für das Jahr 1810, Herborn 1811.

Verwaltungsbericht der Stadt Lippstadt für das Jahr 1851 (o. O., o. J.), in: Stadtarchiv Lippstadt.

Vorschläge des Frankfurter Gesellen-Congresses zur Hebung der gewerblichen Arbeiter, nach den Mittheilungen der Gesellen Koch und Jordan, in: Mittheilungen des Centralvereins für das Wohl der arbeitenden Klassen (unveränderter Neudruck der Ausgabe Berlin 1848 - 1858), hrsg. von Wolfgang Köllmann und Jürgen Reulecke im Auftrage der Harkort-Gesellschaft, Bd. 1, Hagen 1980, S. 208 ff.

Weiss, Johann Adam: Über das Zunftwesen und die Frage: Sind die Zünfte beyzubehalten oder abzuschaffen? Ein von der Hamburgischen Gesellschaft zur Beförderung der Künste und nützlichen Gewerbe am 25. Oktober 1792 gekrönte Preisschrift, Frankfurt a.M. 1798.

Weißer, Joh. Friedrich Christoph: Das Recht der Handwerker nach allgemeinen Grundsätzen und insbesondere nach den Herzoglich-Wirtembergischen Gesetzen, Stuttgart 1779.

3. Literatur

Bahr, Richard: Beiträge zur Entwicklungsgeschichte des Gewerbegerichts, Leipzig 1904, Phil. Diss. Heidelberg.

Balzer, Manfred: Grundzüge der Siedlungsgeschichte, in: Westfälische Geschichte, Bd. 1, Düsseldorf 1983, S. 231 – 273.

Behr, Hans-Joachim: Die Provinz Westfalen und das Land Lippe 1813 – 1933, in: Westfälische Geschichte, Bd. 3, Münster 1983, S. 45 – 164.

Benario, Rudolf: Wirtschaftsräte in der deutschen Literatur und Gesetzgebung der Jahre 1840 – 1849, Herzogenaurach 1933, Phil. Diss. Erlangen.

Bergemann, Günther: Art. „Gewerbegerichte", in: Internationales Handwörterbuch des Gewerkschaftswesens, Bd. 1, Berlin 1931, S. 638 – 645.

Berléung, Rudolf: Entwicklungsgeschichte des Arbeitsvertrages in den deutschen Territorien seit dem Reichsschluß von 1731 bis zur Einführung der Reichsgewerbeordnung von 1870/71. Kaiserslautern 1906, Staatswiss. Diss. München.

Bernert, Günther: Arbeitsverhältnisse im 19. Jahrhundert, Marburg 1972.

— Die französischen Gewerbegerichte (Conseils de Prud' hommes) und ihre Einführung in den linksrheinischen Gebieten von 1808 und 1813, in: Vom Gewerbe zum Unternehmen, Studien zum Recht der gewerblichen Wirtschaft, Hrsg. v. K.O. Scherner und D. Willoweit, Darmstadt 1982, S. 212 ff.

Braubach, Max: Maria Theresias jüngster Sohn Max Franz, letzter Kurfürst von Köln und Fürstbischof von Münster, Wien 1961.

Brexl, W.: Die Rechtsstellung des französischen Richters unter besonderer Berücksichtigung des Arbeitsrichters (nebst einem kurzen Abriß des arbeitsgerichtlichen Verfahrens), Diss. jur. Würzburg 1971.

Bücher, Karl: Art. ‚Gewerke', in: Handwörterbuch der Staatswissenschaften, hrsg. von Johannes Conrad, Wilhelm Lexis u. a., Bd. 3, Jena 1892, S. 933 f.

Conrad, Hermann: Deutsche Rechtsgeschichte, Bd. 2, Karlsruhe 1966.

Deutsches Wörterbuch, begr. v. Jacob Grimm und Wilhelm Grimm, 7. Bd., Leipzig 1889.

Eberty, Gustav: Die Gewerbegerichte und das gewerbliche Schiedswesen in ihrer geschichtlichen Entwicklung und in ihrem gegenwärtigen Stande, Berlin 1869.

Fehrenbach, Elisabeth: Der Kampf um die Einführung des Code Napoleon in den Rheinbundstaaten, Wiesbaden 1973 (= Mainzer Vorträge 56).

— Traditionale Gesellschaft und revolutionäres Recht, Göttingen 1974.

Ferié, C.: Die Gewerbegerichte vom Standpunkt ihrer historischen Entwicklung und praktischen Notwendigkeit unter besonderer Berücksichtigung der dem deutschen Reichstag vorgelegten Novelle betreffend den § 108 der Gew. O. vom 21. 6. 1869, Barmen 1873, Jur. Diss.

Fischer, Wolfram: Handwerksrecht und Handwerkswirtschaft um 1800. Studien zur Sozial- und Wirtschaftsverfassung vor der industriellen Revolution, Berlin/München 1955.

Fuhse: Die Tischlergesellen – Bruderschaften im 18. Jahrhundert und ihr Ende, in: Jb. des Geschichtsvereins für das Herzogtum Braunschweig 10 (1911), S. 1 – 45.

Gamillscheg, Franz: Zivilrechtliche Denkformen und Entwicklung des Individualarbeitsrechts. Zum Verhältnis von Arbeitsrecht und BGB, in: AcP 176 (1976), S. 197 ff.

Geissen, Paul: Die preußische Handwerkerpolitik unter Otto von Manteuffel, Wuppertal-Elberfeld 1936, Phil. Diss. Köln 1936.

Gellbach, H.: Arbeitsvertragsrecht der Farbrikarbeiter im 18. Jahrhundert, Jur. Diss. München 1939.

Gierke, Otto v.: Das deutsche Genossenschaftsrecht, Bd. 1, Unveränderter Neudruck der 1. Auflage Berlin 1868, Darmstadt 1957.

Globig, Klaus: Gerichtsbarkeit als Mittel sozialer Befriedung, dargestellt am Beispiel der Entstehung der Arbeitsgerichtsbarkeit in Deutschland, Frankfurt a. M./Bonn/New York 1985.

Goebel, J.: Die Gerichtsverfassung des Märkischen Süderlandes von der Entstehung der Grafschaft Mark bis zu den Reformen von 1753, jur. Diss. Bonn 1961.

Grießinger, Andreas: Das symbolische Kapital der Ehre. Streikbewegungen und kollektives Bewußtsein deutscher Handwerksgesellen im 18. Jahrhundert, Frankfurt-Berlin-Wien 1981.

— Handwerkerstreik in Deutschland während des 18. Jahrhunderts. Begriff – Organisationsformen – Ursachenkonstellationen, in: Handwerker in der Industrialisierung. Lage, Kultur und Politik vom späten 18. bis ins frühe 19. Jahrhundert, Hrsg. v. U. Engelhardt, Stuttgart 1984, S. 407 – 433.

van der Grinten, L.: Beiträge zur Gewerbepolitik des letzten Kurfürsten von Köln und Fürstbischofs von Münster, Maximilian Franz 1784 – 1801, (= Beiträge zur Geschichte Niedersachsens und Westfalens, Heft 14), Hildesheim 1908.

Haase, Carl: Die Entstehung der westfälischen Städte, Münster 1960.

Heggen, Alfred: Staat und Wirtschaft im Fürstentum Paderborn im 18. Jahrhundert, (= Studien und Quellen zur westfälischen Geschichte, Bd. 17), Paderborn 1978.

— Paderborn in der Publizistik des 18. Jahrhunderts. Ein Nachtrag, in: Westfälische Zeitschrift Bd. 126/127, 1976/77, S. 451 ff.

Herbig, W.: Wirtschaft und Bevölkerung der Stadt Lüdenscheid im 19. Jahrhundert = Untersuchungen zur Wirtschafts-, Sozial- und Technikgeschichte Bd. 3, Dortmund 1977.

Hinze, K.: Die Arbeiterfrage zu Beginn des modernen Kapitalismus in Brandenburg-Preußen = Veröffentlichungen des Vereins für Geschichte der Mark Brandenburg, Bd. 22, Berlin 1927.

Huber, Ernst-Rudolf: Deutsche Verfassungsgeschichte seit 1789, Bd. 2, 2. Auflage, Stuttgart 1960.

Huber, H.: Die Arbeitsverfassung im Süderländer und Siegener Eisengewerbe und Bergbau während des 17. und 18. Jahrhunderts, jur. Diss. Göttingen 1956.

Hueck, G.: Die Arbeitsgerichtsbarkeit, in: Lehrbuch des Arbeitsrechts, hrsg. v. Hueck / Nipperdey, 7. Auflage, Berlin-Frankfurt 1963.

Jahn, Georg: Zur Gewerbepolitik der deutschen Landesfürsten vom 16. – 18. Jahrhundert, Leipzig 1910.

Jeschke, Jörg: Gewerberecht und Handwerkswirtschaft im Königreich Hannover im Übergang 1815 – 1866, Göttingen 1977.

Kaiser, Hermann: Handwerk und Kleinstadt. Das Beispiel Rheine/Westfalen, Münster 1978.

Kaufhold, Karl Heinrich: Das Handwerk der Stadt Hildesheim im 18. Jahrhundert. Eine wirtschaftsgeschichtliche Studie. (= Göttinger Handwerksgeschichtliche Studien 13), Göttingen 1968.

— Die „moral economy" des alten Handwerks und die Aufstände der Handwerksgesellen. Überlegungen zu einer neuen Veröffentlichung, in: Archiv für Sozialgeschichte Bd. 22 (1982), S. 514 – 522.

Keinemann, Friedrich: Zeitgenössische Ansichten über die Entwicklung von Wirtschaft, Gesellschaft und Kultur in den westfälischen Territorien in der 2. Hälfte des 18. Jahrhunderts, in: Westfälische Zeitschrift 120, 1970, S. 399 – 454.

Klümper, Theresia: Landesherr und Städte im Fürstbistum Münster und Ernst und Ferdinand von Bayern, phil. Diss. Münster 1940.

Knemeyer, F.L.: Regierungs- und Verwaltungsreformen in Deutschland zu Beginn des 19. Jahrhunderts, Köln-Berlin 1970.

Kochendörffer, Hans: Die Berichte des Militär- und Civilgouverneurs in den Provinzen zwischen Weser und Rhein, in: Westfälisches Adelsblatt, Jg. 7, S. 38 ff., Borken 1930.

Kochendörffer, Heinrich: Der Übergang des Herzogtums Westfalen und der Grafschaften Wittgenstein an Preußen, in: Westfälisches Adelsblatt, 5. Jg., S. 188 – 202, Borken 1928.

Koselleck, Reinhart: Preußen zwischen Reform und Revolution. Allgemeines Landrecht, Reform und soziale Bewegung von 1791 – 1848, (= Industrielle Welt, Bd. 7), Stuttgart 1967.

— Die unteren Stände in Preußen um 1800, in: Preußische Reformen 1807 – 1820, hrsg. v. Barbara Vogel, Königstein/Taunus 1980, S. 207 – 233.

Krüger, Horst: Zur Geschichte der Manufakturen und der Manufakturarbeiter in Preußen. Die mittleren Provinzen in der zweiten Hälfte des 18. Jahrhunderts, (= Bd. 3 der Schriftenreihe des Instituts für allgemeine Geschichte an der Humboldt-Universität Berlin), Berlin (-Ost) 1958.

Krumbholtz, Robert: Die Gewerbe der Stadt Münster bis zum Jahre 1661 (Bd. 70 der Publikationen aus den königlich preußischen Archiven), Neudruck der Ausgabe aus dem Jahre 1838, Osnabrück 1965.

Lahrkamp, Monika: Die französische Zeit, in: Westfälische Geschichte, hrsg. von Wilhelm Kohl, Bd. 2, Düsseldorf 1983, S. 1 – 41.

Landmann, Robert von: Kommentar zur Gewerbeordnung für das Deutsche Reich, 5. Auflage, Bd. 2, München 1907.

Lange, Gisela: Das ländliche Gewerbe in der Grafschaft Mark am Vorabend der Industrialisierung, (= Schriften zur rheinisch-westfälischen Wirtschaftsgeschichte, Bd. 29), Köln 1976.

Lentze, Hans: Art. Handwerk (rechtlich), in: Handwörterbuch zur deutschen Rechtsgeschichte, 1. Bd., Berlin 1971, Sp. 1976 ff.

Lidecke, K.: Das Königliche Gewerbegericht zu Solingen und die ältere Fabrikgesetzgebung in der Solinger Industrie, Solingen 1915.

Maier, H.: Die ältere deutsche Staats- und Verfassungslehre (Polizeiwissenschaft), Neuwied 1966.

Merx: Der Aufstand der Handwerksgesellen auf der Gartlage bei Osnabrück am 13. Juli 1801, in: Osnabrücker Mitteilungen 26 (1901), S. 168 – 276.

Meusch, H.: Die Handwerkerbewegung von 1848/49, Alfeld 1949.

Mieck, Ilja: Das Berliner Fabrikengericht (1815 – 1875). Ein Beitrag zur Geschichte der Arbeitsgerichtsbehörden, in: Jahrbuch für die Geschichte Mitteldeutschlands Bd. 7 (1958), S. 249 ff.

Molitor, H.: Handel und Gewerbe in Recklinghausen bis zur Auflösung der Gilden, Recklinghausen 1926.

Neuburg, C.: Zunftgerichtsbarkeit und Zunftverfassung in der Zeit vom 13. bis 16. Jahrhundert. Ein Beitrag zur Geschichte des Mittelalters. Neudruck der Ausgabe von 1880, Wiesbaden 1966.

Ogris, Werner: Geschichte des Arbeitsrechts vom Mittelalter bis in das 19. Jahrhundert, in: Recht der Arbeit 1967, S. 286 – 297.

Otto, D.: Die Streitigkeiten der selbständigen Gewerbetreibenden mit ihren Arbeitern in Theorie und Praxis, Berlin-Neuwied 1889.

Peitsch, Dietmar: Zunftgesetzgebung und Zunftverwaltung Brandenburg-Preußens in der frühen Neuzeit. Frankfurt-Berlin-New York 1985.

Piesch, Heinrich: Das Ravensberger Zunftwesen im Zeitalter der Aufklärung, in: Jahresbericht des Historischen Vereins für die Grafschaft Ravensberg Bd. 60, 1958, S. 56 ff.

Possel – Dölken, Paul: Das westfälische eheliche Güterrecht im 19. Jahrhundert. Ein Beitrag zur Geschichte der preußischen Provinzialgesetzgebung, Münster 1978.

Rachel, H.: Das Berliner Wirtschaftsleben im Zeitalter des Frühkapitalismus, Berlin 1931.

Reekers, Stephanie: Die Bocholter Gewerbe im 18. Jahrhundert bis zur Einführung der Gewerbefreiheit unter besonderer Berücksichtigung der Baumwollverarbeitung, in: Bocholter Quellen und Beiträge, Bd. 1, Münster 1976, S. 155 – 200.

Rempe, Heinrich: Paderborner Gerichtswesen und Juristen im 19. Jahrhundert, Paderborn 1970.

Reininghaus, Wilfried: Zur Entstehung der Gesellengilden im Spätmittelalter, Wiesbaden 1981.

— Die Gesellenladen und Unterstützungskassen der Fabrikarbeiter bis 1870 in der Grafschaft Mark, in: Der Märker, Jahrgang 1980, S. 46 ff.

— Die Gesellenvereinigungen am Ende des Alten Reiches. Die Bilanz von dreihundert Jahren Sozialdisziplinierung, in: Handwerker in der Industrialisierung. Lage, Kultur und Politik, Stuttgart 1984.

— Gesellenvereinigungen als Problem der Kontinuität in der deutschen Sozialgeschichte, in: II. Internationales Handwerksgeschichtliches Symposium, Veszprem 1983, S. 265 – 272.

— Vereinigungen der Handwerksgesellen in Hessen-Kassel vom 16. bis zum frühen 19. Jahrhundert, in: Hess. Jahrbücher für Landesgeschichte Bd. 31/1981, S. 97 – 148.

— Die Unterstützungskassen der Handwerksgesellen und Fabrikarbeiter in Westfalen und Lippe (1800 – 1850), in: Westfälische Forschungen (1985), S. 131 ff.

Roehl, F.: Beiträge zur Preußischen Handwerkerpolitik vom Allgemeinen Landrecht bis zur Allgemeinen Gewerbeordnung von 1845, in: Schmollers Staats- und sozialwissenschaftliche Forschungen, Bd. 17, Leipzig 1900.

Rohrscheidt, Kurt v.: Vom Zunftzwange zur Gewerbefreiheit. Eine Studie nach den Quellen, Berlin 1898.

Rüffer, Fritz: Das gewerbliche Recht des Allgemeinen Landrechts für die preußischen Staaten vom 1. 6. 1794 und die preußische gewerbliche Gesetzgebung von 1810 und 1811. Geschichte-Darstellung-Vergleich, Tübingen 1903.

Schanz, Georg: Zur Geschichte der deutschen Gesellen-Verbände im Mittelalter, Leipzig 1876.

Scherner, Karl Otto und *Willoweit,* Dietmar: Einleitung zu: Vom Gewerbe zum Unternehmen. Studien zum Recht der gewerblichen Wirtschaft im 18. und 19. Jahrhundert, hrsg. von Karl Otto Scherner und Dietmar Willoweit, Darmstadt 1982, S. 1 ff.

Scheuner, E.: Die Wirtschaftspolitik der Nassauer im Siegerland vom 15. – 18. Jahrhundert, Diss. Münster 1926.

Schloßstein, Karl-Hans: Die westfälischen Fabrikengerichtsdeputationen – Vorbilder, Werdegang und Scheitern (= Rechtshistorische Reihe 20), Frankfurt 1982.

Schmelzeisen, Gustav Klemens: Polizeiordnungen und Privatrecht. (= Forschungen zur neueren Privatrechtsgeschichte Bd. 3), Münster/Köln 1955.

— Das polizeiliche Rechtsgebot in der neueren Privatrechtsgeschichte, (= Schriftenreihe der jur. Studiengesellschaft, H. 80), Karlsruhe 1967.

Schmitz: Die Regelung der Handwerkerfrage im Jahre 1777, in: Ravensberger Blätter 1914, S. 77 – 79.

Schmitz, Peter: Die geschichtliche Entwicklung der Gewerbegerichte unter besonderer Berücksichtigung des Königlichen Gewerbegerichts zu Düsseldorf 1844 – 1894, Düsseldorf 1894.

Schmoller, Gustav: Das brandenburgisch-preußische Innungswesen von 1640 – 1806, hauptsächlich die Reform unter Friedrich Wilhelm I, in: Umrisse und Untersuchungen zur Verfassungs-, Verwaltungs- und Wirtschaftsgeschichte besonders des Preußischen Staates im 17. und 18. Jahrhundert, Leipzig 1898.

— Statistische Untersuchungen der Geschichte der deutschen Kleingewerbe, in: Der Arbeiterfreund. Zeitschrift des Centralvereins für das Wohl der arbeitenden Klassen, hrsg. von Victor Böhmert in Verbindung mit Rudolf Gneist, 1869, S. 1 ff.

Schönberg, G. (Hrsg.): Handbuch der politischen Ökonomie und Volkswirtschaftslehre, 2. Bd., 4. Auflage, Tübingen 1896.

Schöne, Manfred: Das Herzogtum Westfalen unter hessen-darmstädtischer Herrschaft 1802 - 1816, Olpe 1966, Diss. Bonn 1965.

Schönlank, Bruno: Art. Gesellenverbände, in: Handwörterbuch der Staatswissenschaften, hrsg. von Johannes Conrad, Wilhelm Lexis u .a., Bd. 3, Jena 1892, S. 820 - 833.

Schöttler, Peter: Die rheinischen Fabrikengerichte im Vormärz und in der Revolution von 1848/49, in: Zeitschrift für neuere Rechtsgeschichte 1985, S. 160 - 180.

Scholz, Klaus: Das Spätmittelalter, in: Westfälische Geschichte, Bd. 1, Düsseldorf 1983, S. 403 - 468.

Schröder, Rainer: Zur Arbeitsverfassung des Spätmittelalters. Eine Darstellung mittelalterlichen Arbeitsrechts aus der Zeit nach der großen Pest, (= Schriften zur Rechtsgeschichte, Heft 32), Berlin 1984.

Schröder, Richard: Lehrbuch der deutschen Rechtsgeschichte, 5. Auflage, Leipzig 1907.

Schubert, Werner: Französisches Recht in Deutschland zu Beginn des 19. Jahrhunderts (= Forschungen zur neueren Privatrechtsgeschichte, Bd. 24), Köln-Wien 1977.

Schütte, Christoph: Kommunalwahlen und Kommunalwahlrecht im 19. Jahrhundert, in: Lippstadt - Beiträge zur Stadtgeschichte, hrsg. von Wilfried Ehbrecht, Bd. 2, Lippstadt 1985, S. 705 - 744.

Schulte, Wilhelm: Iserlohn, Die Geschichte einer Stadt, Bd. 1, Iserlohn 1937.

— Iserlohn, Die Geschichte einer Stadt, Bd. 2, Iserlohn 1938.

Schulz, Knut: Handwerksgesellen und Lohnarbeiter. Untersuchungen zur oberrheinischen und oberdeutschen Stadtgeschichte vom 14. - 17. Jahrhundert, Sigmaringen 1985.

Schulze, Wolfgang: Die Gerichtsbarkeit in Westfalen im 18. Jahrhundert und die Entstehung der Oberlandesgerichte, in: Rechtspflege zwischen Rhein und Weser, Hamm 1970, S. 193 - 205.

Schumacher, Elisabeth: Das kölnische Westfalen im Zeitalter der Aufklärung, Olpe 1967.

Skalweit, August: Das Dorfhandwerk vor Aufhebung des Städtezwanges. (= Abhandlungen des europäischen Handwerks-Institus, Heft 1), Frankfurt a. M. o. J. (1942).

Soboul, A.: Die große französische Revolution, Teil I, Frankfurt 1973.

Specht, H.: Geschichte des Handwerks der Grafschaft Bentheim, in: Beiträge zur Geschichte des Osnabrücker Handwerks, hrsg. von der Handwerkskammer Osnabrück anläßlich des 75-jährigen Bestehens, Osnabrück 1975, S. 241 - 300.

Stein, G.: Die geschichtliche Entwicklung der gewerblichen Gerichtsbarkeit in Frankreich, Deutschland und Österreich, Belgien, der Schweiz und England, Berlin 1891.

Stieda, Wilhelm: Das Gewerbegericht, Leipzig 1890.

— Art. Handwerk, in: Handwörterbuch der Staatswissenschaften, hrsg. von J. Conrad, L. Elster, W. Lexis und Edgar Loening, 4. Bd., 2. Auflage, Jena 1900, S. 1097 - 1114.

Stievermann, D.: Städtewesen in Südwestfalen – Die Städte des Märkischen Süderlandes im späten Mittelalter und in der frühen Neuzeit (= Tübinger Beiträge zur Geschichtsforschung, Bd. 16), Stuttgart 1978.

Stoob, Heinz: Minderstädte. Formen der Stadtentstehung im Spätmittelalter, in: VSWG 46, 1959, S. 1 – 28.

— Kartographische Möglichkeiten zur Darstellung der Stadtentstehung in Mitteleuropa, bes. zwischen 1450 und 1800, in: Historische Raumforschung I, Forschungs- und Sitzungsberichte der Akademie für Raumforschung und Landesplanung, hrsg. v. Kurt Brüning, Bd. VI, Bremen 1956, S. 21 – 76.

Syrup, F. / *Neuloh,* O.: 100 Jahre staatliche Sozialpolitik 1839 – 1939, bearbeitet von Otto Neuloh, Stuttgart 1957.

Terhalle, Hermann: Gilden und Zünfte in Stadtlohn und Vreden (= Beiträge des Heimatvereins Vreden zur Landes- und Volkskunde, Heft 22), Köln 1983.

Teuteberg, Hans Jürgen: Die Doktrin des ökonomischen Liberalismus und ihre Gegner, dargestellt an der prinzipiellen Erörterung des Arbeitsvertrages im „Verein für Socialpolitik" (1872 – 1905), in: Wissenschaft und Kodifikation des Privatrechts im 19. Jahrhundert, hrsg. von Helmut Coing und Walter Wilhelm, Bd. 2, Frankfurt 1977, S. 47 – 74.

— Geschichte der industriellen Mitbestimmung in Deutschland. Ursprung und Entwicklung ihrer Vorläufer im Denken und in der Wirklichkeit des 19. Jahrhunderts (= Soziale Forschung und Praxis 15), Tübingen 1961.

Thamer, U.: Emanzipation und Tradition. Zur Ideen- und Sozialgeschichte von Liberalismus und Handwerk in der ersten Hälfte des 19. Jahrhunderts, in: W. Schieder (Hrsg.), Liberalismus in der Gesellschaft des deutschen Vormärz, Göttingen 1983, S. 55 – 73.

Tilman, Margret: Der Einfluß des Revolutionsjahres 1848 auf die preußische Gewerbe- und Sozialgesetzgebung (Die Notverordnung vom 9. Februar 1849), Berlin 1935, Phil. Diss. Berlin 1935.

Trende, Adolf: Aus der Werdezeit der Provinz Westfalen, Münster 1933.

Tuchtfeldt, Egon: Gewerbefreiheit als wirtschaftspolitisches Problem (= Volkswirtschaftliche Schriften 18), Berlin 1955.

Tümpel: Politische Geschichte von Minden-Ravensberg unter der Herrschaft der Hohenzollern, Festschrift zur Erinnerung an die 300-jährige Zugehörigkeit der Grafschaft Ravensberg zum brandenburgisch-preußischen Staate, Bielefeld 1909, S. 1 ff.

Vietinghoff – Scheel, Eckhardt Frh. v.: Gewerbliches Arbeitsvertragsrecht in Preußen während des 19. Jahrhunderts. Göttingen 1972, jur. Diss.

Vollrath, H.: Das Mittelalter in der Typik oraler Gesellschaften, in: Historische Zeitschrift 223 (1981), S. 571 – 594.

Wegener, W.: Der Reichsschluß von 1731 (Die sog. Reichszunftordnung), in: Annales Universitatis Saraviensis Bd. 5, 1956, S. 36 ff.

Weidemann, Johannes: Neubau eines Staates. Staats- und verwaltungsrechtliche Untersuchung des Königreichs Westphalen, Leipzig 1936.

Welge, H.D.: Handwerkerrecht und Handwerkerpolitik der braunschweigisch-lüneburgischen Lande von 1648 bis 1731 und die Reichszunftordnung, Stadthagen 1962.

Wenzel, L.: 75 Jahre deutsche Arbeitsgerichtsbarkeit – Rückblick auf die Geschichte eines Gerichtszweiges, in: JZ 1965, S. 697 ff.

Wesoly, Kurt: Lehrlinge und Handwerksgesellen am Mittelrhein, ihre soziale Lage und ihre Organisation vom 14. bis ins 17. Jahrhundert, Frankfurt a. M. 1985.

Wieacker, Franz: Privatrechtsgeschichte der Neuzeit unter besonderer Berücksichtigung der deutschen Entwicklung, Göttingen 1967.

Willoweit, Dieter: Die Entstehung der preußischen Fabrikengerichte im späten 18. Jahrhundert, in: Neue Zeitschrift für Rechtsgeschichte 1982, S. 1 ff.

Wissell, Rudolf: Des alten Handwerks Recht und Gewohnheit, 2 Bde., Berlin 1929.

Wolf, Manfred: Franz Egon von Fürstenberg, in: Die Geschichte des Geschlechts von Fürstenberg im 18. Jahrhundert, Bd. 4, Münster 1979, S. 225 – 309.

Wolter, W.: Mitteilungen über das Gewerbegericht zu Magdeburg aus dem Geschäftsjahr 1850, Magdeburg 1851.

Wurm, Karl: Zur Arnsberger Rechtsgeschichte, Hamm 1971.

Zycha, A.: Deutsche Rechtsgeschichte der Neuzeit, 2. Auflage, Marburg 1949.

Kolibri 360 GmbH
Ferdinand-Jühlke-Straße 7
99095 Erfurt, Deutschland
produktsicherheit@kolibri360.de

Druck:
CPI Druckdienstleistungen GmbH
im Auftrag der
Kolibri 360 GmbH
Ferdinand-Jühlke-Str. 7
99095 Erfurt